カストロが愛した女スパイ

The Spy Whom Castro Loved

布施泰和

Yasukazu Fuse

SEIKO SHOBO

カストロが愛した女スパイ

〔装幀〕――フロッグキングスタジオ
〔カバー写真提供〕――アメリカン・フリープレス
〔帯写真提供〕――毎日新聞社

まえがき

歴史の検証に、「もし」は付き物だ。9・11同時多発テロを受け、米ブッシュ政権がテロ容疑者オサマ・ビン・ラディンをかくまったとしてアフガニスタンを空爆したことがもし正当化されるなら、一九七六年にキューバの民間航空機を爆破、七十三人の乗客・乗員の命を奪ったテロ容疑者オーランド・ボッシュをかくまったアメリカに対して、キューバのカストロ政権が空爆しても正当化されるはずだ。

しかし現実には、カストロ政権はアメリカに攻撃を仕掛けるようなことはしなかったし、そんなことをしたら何倍にもして報復されるのが関の山であった。

なぜか。強者は弱者を一方的に裁くことができるかもしれないが、弱者が強者を裁くことは極めて困難だからだ。強者と弱者の間にある、越すに越せない壁。強者の意見は誇張され、弱者の意見はもみ消される。強者は情報のすべてを握り、そのうちの都合のいい部分だけを公開して世論を操作しようとする。情報操作により侵略戦争は〝正義の戦争〟と称され、革命家や解放者は独裁者のレッテルを貼られ、テロリストは独裁者に立ち向かう英雄に変身する。

湾岸戦争以降とくに顕著かつ巧妙になった情報操作によって、真実の半分だけでも公開されればいいほうであろう。ＣＩＡ（米中央情報局）のよくやる手口だ。強者はイラクが大量破壊兵器を持っているなどと情報すら捏造する。すべてが仕組まれ、強者による大がかりなウソがまかり通る。

こうして真実の大部分は隠され、一般市民の目に触れることもない。ところがごく稀に、暗闇のベールの向こう側から真実の情報が漏れることもある。情報を知りえる立場にいた内部の人間が長い沈黙を破って語り始めるからだ。時には自分の命すら顧みずに……。

本書が紹介するマリタ・ロレンツは、そうした勇気ある証言者の一人である。何度も命を狙われながら生き延びてきた不屈の精神を持つ女スパイ。フィデル・カストロの愛人でありながら、CIAが陰で糸引くカストロ暗殺計画で、意思に反して女刺客にさせられた。

本人自身の証言によると、もしそのときロレンツが、毒入りカプセルを計画通りにカストロの飲み物に混ぜていたら、カストロは一九六〇年には絶命し、おそらくキューバにはアメリカの傀儡政権が誕生していたのである。そして、もしロレンツ証言が正しければ、ジョン・F・ケネディ大統領暗殺事件にはCIAが絡んでいたことになる。いや、絡んでいたどころではない。CIAが周到に計画、殺害を実行したことになるのだ。

筆者自身も、本書を著すにあたって「もし」があった。もし八年前、アメリカの著名ジャーナリスト、ジャック・アンダーソンに会っていなかったら、ロレンツのことを調べようと思うことはなかっただろう。同時にケネディ大統領暗殺事件にも関心をもたなかったかもしれない(注：アンダーソンは二〇〇五年十二月十七日に死去。八十三歳だった)。

それは一九九八年秋のことであった。当時、アメリカの首都ワシントンDCに滞在していた私のところに、日本の大手新聞社から取材の依頼が飛び込んだ。ハーバード大学ケネディ行政大学院とジョンズ・ホプキンズ大学国際高等問題研究大学院を卒業、暫定的な就労ビザを得て取材活動をしているときであった。

依頼は、報道部門でピューリッツァ賞を受賞したこともあるジャック・アンダーソンを取材して、ＦＢＩ（米連邦捜査局）長官として長年君臨したエドガー・フーバーにまつわるエピソードを聞きだすことだった。

私はすぐに電話でアポを取り、ワシントンＤＣ郊外の緑多い広い敷地にある邸宅で暮らしているアンダーソンに会いにいった。約束の時刻より少し早めに邸宅の敷地内に着いたが、建物がいくつもあり、どの建物にアンダーソンがいるのかよくわからない。五分ぐらい歩き回って探していると、大きな家の玄関前で初老の男性が私を見ているのに気がついた。私の方から歩み寄って、「ジャック・アンダーソンさんですか」と尋ねると、「そうだ」と言う。いくつかある建物には、自分の子供たちが孫たちと暮らしているのだという。私にとっては、迷路のような敷地の中で、あちこち歩いた末にようやく本人にめぐり合えたわけだ。

邸宅の中に入っていくと、大きな暖炉がある応接間に通された。そこで私は取材の趣旨を説明し、エドガー・フーバーに関する取材を始めた。

ジャック・アンダーソンが語ったフーバーの話はそれなりに面白かった。強大な権力をほしいままにしていたフーバーを、アンダーソンは執拗に追跡、取材した。フーバーの自宅前で密かに張り込んで二十四時間監視したり、フーバー家が出すゴミの中身を調べたり、あらゆる手段を講じてフーバーを調べ上げた。

アンダーソンによると、フーバーは〝権力の濫用者〟と呼ばれていたが、私生活は意外と質素でやましいことはほとんどなかったらしい。フーバーのゴミを分析した結果、消化器系の病気をもっていたこともわかった、とアンダーソンは話していた。

およそ四十分ぐらいだろうか。依頼されたフーバーの取材はほぼ終わった。そのとき私は、これだけフーバーのことを取材して、なおかつ政府内部に太いパイプをもつアンダーソンならば、ケネディ暗殺の真相についても何か知っているのではないかと、不意に思いついた。断っておくが、私はそのときまでケネディ暗殺事件について、とくに興味をもっていたわけではない。ふと頭に浮かんだので、質問したくなっただけなのだ。

「ところでアンダーソンさん、フーバーがまさに絶頂期にいたとき、ケネディ暗殺事件が起きていますが、何かご存知ではないですか」と私は聞いた。そのとき、返ってきた答えは衝撃であった。アンダーソンの話は次のようなものだ。

アンダーソンはケネディ暗殺直後から、独自の情報網を使って暗殺の真相に迫っていた。そしてFBIやCIAの幹部らから得た情報で、マフィアの殺し屋やカストロが関与している可能性があることに気づいたというのだ。

ジャック・アンダーソンによると、ケネディが暗殺された翌日、新しく大統領に就任したリンドン・ジョンソンとジョン・マコーンCIA長官が極秘に緊急会談した。

その場でマコーンは、CIAによるマフィアを利用したカストロ暗殺計画が失敗したことや、容疑者のリー・ハーヴィー・オズワルドが暗殺の二カ月前にメキシコシティのキューバ領事館を訪ねていたことをジョンソンに話した。そしてＣＩＡの暗殺計画に怒ったカストロが、オズワルドか、ケネディの政策に反感を抱いて寝返ったマフィアを使って、ケネディに報復したように思えると話したというのだ。

マコーン長官はさらに、「もしこのことをわが国の国民が知ったら、国民は激怒し、カストロに制裁を加えろと叫ぶだろう。また、もしカストロに対して報復したら、既に一年前にキューバからのミサイル撤去という政治的屈辱を経験しているソ連のニキータ・フルシチョフ第一書記（首相）は、クレムリンで非常に難しい立場に立たされる。つまり、今ここでキューバに軍隊を派遣しようものなら、フルシチョフはもう妥協しないだろう。核のボタンを押すことになりかねない。だから大統領、私のアドバイスは、カストロの件は伏せておくことです」とジョンソン大統領に伝えたという。

ジャック・アンダーソンの説明は続いた。

この会合の後、ジョンソンはエドガー・フーバーＦＢＩ長官を呼び、ケネディ暗殺の捜査にあたっては、カストロは事件とは関係がないことを前提に進めるよう命令した。ジョンソンは、これは米ソによる核戦争を防ぐためだと説明、フーバーはこれに従った。このためＦＢＩは、カストロとケネディ暗殺を結びつけるような情報はすべて排除、オズワルドの単独犯行という結論が出るような捜査結果のみを意図的にウォーレン委員会に報告した。

ジャック・アンダーソンは、政府関係者だけでなく、マフィアにも取材を広げて情報を収集、カストロによる陰謀説をほぼ確信し、記事に書いたのだという。

確かに動機面では、カストロ陰謀説やマフィア犯行説を匂わせるような状況は存在した。まず、一九六〇年の大統領選で、マフィアはケネディ当選のため暗躍したにもかかわらず、ケネディは大統領に就任するとマフィアを厳しく取り締まった。カストロに閉鎖されたキューバのカジノを取り戻せるとマフィアが期待していたピッグズ湾事件でも、ケネディはCIAが約束していたとみられる空爆などによる反カストロ部隊に対する支援（援護爆撃）を実質的に認めなかった。さらに、マフィアはカストロ暗殺計画でCIAに協力しているという〝貸し〟があるにもかかわらず、ケネディはマフィア糾弾の手を休めなかった。カストロもCIAによる暗殺計画に気づき、報復を考えていた……。

しかし、私にはカストロがケネディを暗殺させたというアンダーソンの説をにわかには信じることができなかった。状況証拠は確かにカストロによる陰謀説を支持しているといえなくもない。それでも、なにか決め手となる証拠や裏付けがないと、その仮説が正しいとはいえない。

「アンダーソンさん、非常に面白い仮説ですが、一つ聞きたいことがあります。カストロによる陰謀説を裏付けるような証拠か、決め手はあるのでしょうか」と私は聞いた。

アンダーソンは答えた。「ジョンソン大統領自身が認めているのです」

「認めている？　まさか」

「本当です。ジョンソンは、ハワード・K・スミスというジャーナリストに真相を話したのです。ケネディがカストロを殺そうとしたが、カストロが先にケネディを殺ったのだ、と」

これは驚愕するような話だった。私の長年の記者経験から言って、現職のアメリカ大統領がジャーナリストとの一対一のインタビューで、ケネディ暗殺事件についてそのように明確な発言をしたのであれば、それはかなり信憑性が高い。それが発表された事実と異なる場合であれば、なおさらだ。

私はアンダーソンに尋ねた。「ジョンソンは本当に、そんなことをハワード・K・スミスに話したのですか」

アンダーソンは言った。「そうです。疑うのならば、スミス本人に聞いてみればいい。まだ生きているはずだ」〔注：スミスは二〇〇二年に亡くなった〕

アンダーソンにそう言われて、確認しないわけにいかない。私は何とかスミスの住所を割り出して、手紙を書いた。その返事は間もなく届いた。アンダーソンの言ったとおりであった。ジョンソンは確かにスミスにそう告げたのだ。「ケネディはカストロを殺そうとしたが、カストロが先にケネディを殺ったのだ」と。

ジョンソン発言は紛れもない事実であった。私はこの発言を突破口にして、ケネディ暗殺事件の謎を解こうと思い立ち、米国立公文書館に日参、カストロとケネディを結びつけるあらゆる資料に目を通した。その膨大な資料の中に、ジョンソン発言の背景、つまりケネディ暗殺事件の謎を解く決定的な証言を見つけたのである。それが、この本の中核をなすマリタ・ロレンツの証言記録であった。

ロレンツははっきりと、ＣＩＡ内部の反ケネディ分子がカストロ暗殺を企て、最後にはケネディ暗殺を実行したのだと証言している。さらに驚くべきことに、カストロ首謀説を採るジャック・アンダーソンがＣＩＡの反ケネディ分子にとって都合のいい「ＰＲマン（宣伝担当者）」

であったとも語っている。アンダーソンは知らないうちに、反ケネディ分子の広報担当の役割を果たしてしまったのだ。

アンダーソンのカストロ首謀説、ジョンソン発言、それにロレンツ証言――。これらの点を結んでいくとどうなるか。

結論だけを先に言えば、何としてでもカストロ政権を打倒したかったCIA内部の反ケネディ分子が、上司であるマコーン長官とジョンソン大統領にケネディを暗殺したのはカストロだと吹き込んだ、という衝撃のシナリオが浮かび上がってくるのだ。

ジョンソンとマコーンは、CIAが極秘にカストロ暗殺を企てていたこともそのとき初めて知らされたのである（ケネディがカストロ暗殺を命じたことはなく、CIA内部の反ケネディ分子がマコーン長官を無視して勝手にカストロ暗殺を企てたことは、一九七〇年代に開かれた米上院の情報活動調査特別委員会などで明らかにされている）。

仰天したジョンソンとマコーンが（反ケネディ分子の意図に反して）カストロ陰謀説を封印したのは、アンダーソンの主張通りである。もちろん実際にケネディを殺したのは、CIA内部の反ケネディ分子だ（マコーン自身は、ピッグズ湾事件の責任を取って解任させられたアレン・ダレスCIA長官の後任としてケネディ大統領が指名した長官で、親ケネディ派であった）。

ケネディ事件の真相を知ったために殺された証言者は数知れない。その中で生き残ったロレンツの証言は、事実がいかに強者によって歪曲・捏造されていくかという、現代の情報戦につながる重大なテーマを内包している。果たして今の政府はどこまで真実を伝えているのか。その政府首脳すら、別の権力者グループによって情報操作されている可能性もあるのだ。

本書は、一九九六年十月に米国立公文書館で全面公開された、下院ケネディ暗殺調査特別委員会におけるマリタ・ロレンツの証言録を中心に、ロレンツの自伝『マリタ』(サンダーズ・マウス・プレス社)などを参考にしながら筆者が当時を知る関係者や周辺を取材、時代背景を踏まえてロレンツの証言を分析・解説したものである。記録性を重視する観点から、ロレンツの証言録は一部省略したもののほぼ全文を収録している。

カストロが愛した女スパイ、マリタ・ロレンツの証言を読み解けば、二十世紀最大の国家的陰謀といえるケネディ暗殺事件の真相だけでなく、手段を選ばない情報戦争という現代外交史の暗部も浮き彫りになってくる。言い換えれば、もしロレンツが証言しなければ、現代史の深遠なる暗闇に一筋の光が当たることもなかったのである。

〔付記〕
このまえがきを書いている最中の二〇〇六年八月一日、カストロ議長が緊急手術を受け、弟のラウルに権限を委譲するというニュースが入ってきた。一時的とはいえ、権限の委譲は一九五九年のキューバ革命以来、初めてのことだ。激動の二十世紀の国際政治の舞台を強い信念で生き抜いた巨人も最終章を迎えたようだ。
カストロは多くのキューバ国民にとって、チェ・ゲバラとともに親米独裁のバティスタ政権を打倒しキューバ革命を成し遂げた最後の革命家であり、社会主義キューバの生みの親だ。一方、ジョージ・W・ブッシュのような連中から見れば、アメリカの国益を脅かす危険極まりない人物である。

革命家か、独裁者か。歴史はどのような判定を下すのか。そして、カストロ後のキューバはどうなるのか。

一つだけ確かなことは、アメリカは再び、キューバを舞台に情報戦争を仕掛けるということだ。プロパガンダが飛び交い、かつてなかったほどの圧力をキューバ政府に加えるであろう。キューバは再び、陰謀渦巻く国際政治の荒波にもまれることになる。

本書がカストロとキューバの歴史に新たな光を投げかけ、キューバのあるべき姿を映し出す鏡の一片にでもなればと願っている。

二〇〇六年九月

カストロが愛した女スパイ〔目次〕

8. 身に迫る危険

9. オズワルドとジャック・ルビー

10. ベネズエラ

11. ニューヨーク

マリタ・ロレンツ Marita Lorenz（1939～　）

主要登場人物の紹介

マリタ・ロレンツ●カストロの愛人でありながら、ＣＩＡからカストロ暗殺の指令を受けた女スパイ。ケネディ暗殺事件の重要証人でもある。

フィデル・カストロ●バティスタ独裁政権を倒したキューバ革命の指導者。国家元首。政権誕生当初は反米ではなかったが、ＣＩＡによる度重なる政権転覆計画が発覚すると親ソ・反米へと傾斜した。

フランク・スタージス（フィオリーニ）●暗殺集団「オペレーション40」のリーダーで、ケネディ暗殺事件への関与が疑われている。ウォーターゲート事件で逮捕。

ハワード・ハント●ＣＩＡ課報部員で、スタージスの〝上司〟でもある。ケネディ暗殺事件で暗躍。スタージスとともにウォーターゲート事件で逮捕された。

ペレス・ヒメネス●ベネズエラの元独裁者。アメリカに逃亡中、反カストロ活動を支援した。ロレンツを愛人にして子供をもうけるが、ケネディ政権の意向でベネズエラへ強制送還される。

オーランド・ボッシュ●訓練中に負傷したロレンツを治療した医者。だが本当の顔は、多くのテロや暗殺に関与した亡命キューバ人の悪名高いテロリスト。

リー・ハーヴィー・オズワルド●ケネディ大統領暗殺の容疑者。犯行を否認していたが、移送中にジャック・ルビーに射殺される。

ジェリー（ジェラルド）・パトリック・ヘミング●元海兵隊員でCIA工作員。オズワルドとは日本の厚木基地で一緒になるなど接点が多い。暗殺集団のメンバーでもある。

ペドロ・ディアス・ランツ●元カストロ部隊の空軍パイロット。後に反旗を翻し、スタージスとともにカストロ政権打倒作戦に従事する。

ノボ兄弟●反カストロ亡命キューバ人のテロリスト兄弟。一九七六年に米国の首都ワシントンで起きたチリ元外相オーランド・レテリエル爆殺事件などに関与した疑いがある。

ジャック・ルビー●オズワルドを射殺したチンピラ・マフィア。キューバの賭博場利権に絡んでいた疑いがある。服役中の一九六七年に〝病死〟する。

アレックス（アレクサンダー）・ローク●FBI捜査官とみられ、CIAの秘密工作にもかかわっていた。ロレンツによるカストロ暗殺計画に関与。ロレンツからは信頼されていた。

ジャック・アンダーソン●ピューリッツァ賞を受賞した著名ジャーナリスト。ケネディ暗殺事件ではカストロ陰謀説を唱えたことから、スタージスに〝PRマン〟と呼ばれた。

アリス・ロレンツ●マリタ・ロレンツの母親。元々は女優兼ダンサー。ヨーロッパ旅行中にドイツ人の船長と知り合い結婚。第二次大戦中からアメリカ政府のために諜報活動をしていたとみられる。

ハインリッヒ・ロレンツ●マリタ・ロレンツの父親。ドイツの豪華客船の船長。第二次大戦中は海軍大佐としてドイツ海軍補給部隊の管理などに従事した。

モニカ・ヒメネス●マリタ・ロレンツとペレス・ヒメネスの間に生まれた娘。現在はスタント俳優として活動をしている。ワシントンで爆殺された元チリ外相の息子と結婚し、一男をもうけた。

ローレンス・クリーガー●下院ケネディ暗殺調査特別委員会に召喚されたロレンツの弁護士。証言中のロレンツにアドバイスをしたことから委員会メンバーと対立した。

ジョン・F・ケネディ●第三十五代アメリカ大統領。カストロ政権に対する宥和政策を打ち出した矢先の一九六三年十一月、遊説先のテキサス州ダラスで暗殺される。

ロバート・ケネディ●ケネディ大統領の弟で、ケネディ政権時代の司法長官。一九六八年六月、民主党の大統領予備選のさなかに暗殺される。

リンドン・ジョンソン●ケネディ暗殺後、大統領に就任した副大統領。カストロ陰謀説を信じたため、米ソ間の戦争への発展を憂慮し、オズワルド単独犯行という捜査結果を発表させたとみられる。

リチャード・ニクソン●第三十七代アメリカ大統領。カストロ政権打倒計画に関与した疑いがある。ウォーターゲート事件が発覚し、後に大統領を辞任。

ジョージ・ブッシュ（父ブッシュ）●第四十一代アメリカ大統領。キューバ航空機爆破事件容疑者ボッシュにアメリカ滞在を認める〝恩赦〟を与えた。

〔参考〕**ジョージ・W・ブッシュ（子ブッシュ）**●第四十三代アメリカ大統領。〝捏造情報〟を基にイラクを侵略して悪名を馳せた。大統領選で不正を働いた疑いも。

プロローグ

二〇〇六年三月二十一日、野球の国・地域別対抗戦ワールド・ベースボール・クラシック（WBC）で王ジャパンが優勝して日本中が沸いていたとき、日本に敗れたものの大リーガーぞろいの強豪を撃破して準優勝を勝ち取ったキューバチームもまた、首都ハバナで国民により熱烈な歓迎を受けていた。沿道を埋め尽くす人、人、人。約一万五千人が集まったキューバ政府主催の式典では、フィデル・カストロ国家評議会議長が「国中でテレビを見たので停電になりそうだった」「何百万人の市民と同様、私も皆さんの偉業に胸を躍らせた」などと約二時間の演説〔注：カストロの演説時間としては比較的短い〕で野球チームの健闘を称え、ナインをねぎらった。

この野球の「偉業」とは別に注目されたのが、チームドクターのアントニオ・カストロ・ソト・デル・バジェだ。カストロ議長の息子である。

注目されたのには理由がある。長年キューバの最高指導者として君臨するカストロ議長の私生活がほとんど知られていないからだ。一体、子供は何人いるのか。いつどのような女性と結婚し、どのような生活を送っているのかは、依然として謎のベールに包まれている。カストロの家族の写真はほとんど公開されておらず、アントニオのように公の場に姿を現すのは極めて珍しいことであった。カストロはキューバのメディアに、自分の私生活を報道することを原則的に禁じているのである。

カストロ自身が語ったとされているが、その理由は主にCIAや反カストロ亡命キューバ人による暗殺の企てを警戒してのことであるという。カストロによると、一九五九年に政権を奪取して以来、実に六百回を超える暗殺の企てがあった。私生活を明らかにすれば、カストロの行動パターンを明らかにすることになってしまううえに、家族も危険にさらすことになりかねないのを危惧しているのだ。

理由はそれだけではない。国の首長たる者は公私を混同してはならないというカストロ自身の信念があるともいわれている。公的な言動は報じても構わないが、私生活は国政とは別であるので報じるべきではないとの考えだ。

それでも亡命したキューバ人ジャーナリストなどから、カストロの私生活が断片的に伝えられてきている。これまでのところわかっているのは、カストロには正妻との間に五人の息子がいるということだ。

カストロの最初の結婚は、一九五〇年前後のミルタ・ディアス－バラルトとのもので、息子を一人もうけた後、二、三年で離婚している。ミルタは息子を連れてキューバを離れたが、後に息子だけキューバに戻り、物理学者として活躍しているという。

カストロは一九六〇年代に、学校の教師であったといわれるダリア・ソト・デル・バジェと二度目の結婚、ダリアとの間には四人の息子が生まれる。その三番目がキューバ野球チームのドクターとなったアントニオであった。

しかし、カストロの子供は正妻との間に生まれた五人の息子だけではない。愛人や恋人が何人かいて、ほかにも三人ほど子供がいるというのだ。

そのカストロが愛した女性の一人が、この本の主人公であるドイツ生まれの女スパイ、マリタ・ロレンツである。


ロレンツとカストロが最初に出会ったのは一九五九年二月、キューバ革命の直後であった。父親が船長を務める豪華客船でハバナを訪れた十九歳のロレンツは、船上でカストロと運命的な対面を果たす。二人はたちまち恋に落ち、愛し合うようになった。その後ロレンツは、ひょんなことからCIAによりスパイとしてスカウトされ、アメリカ合衆国のためにカストロの部屋から手紙を盗み出す仕事を手伝った。その後ある事件に巻き込まれ、キューバを一時脱出。CIAに洗脳されながら各種殺しのテクニックを学び、今度はカストロ暗殺の刺客となった。

しかし、暗殺計画は失敗。米国に戻ると、六一年のピッグズ湾事件で知られるキューバ侵攻計画の要員として、CIA傘下の殺人集団「オペレーション40」で再訓練を受ける。訓練で非情なまでに優秀な成績を残したロレンツは「冷たいドイツ女」と呼ばれるようになった。ロレンツにとって幸いだったのは、この訓練中に怪我を負い、キューバ上陸作戦に参加せずにすんだことだ。参加していたら、ピッグズ湾事件で命を落としていたかもしれない。作戦は多くの犠牲者を出し大失敗に終わったのだから。

カストロ暗殺計画など反カストロ工作にかかわったことさえ、ロレンツの波乱の人生にとって序の口にすぎなかった。ベネズエラの元大統領であるマルコス・ペレス・ヒメネス将軍に近づき、CIAや反カストロ分子のための情報収集を命じられたのだ。ロレンツは間もなく将軍の愛人となり、しかも将軍との間に女の子をもうけた。だがやがて将軍が本国送還となり、子供のための信託基金も悪徳弁護士により取り上げられる。途方にくれたロレンツは、再び「オペレーション40」に助けを求めた。

ロレンツはそこで、ジョン・F・ケネディ大統領を殺したとされるリー・ハーヴィー・オズワルドを含む暗殺集団が大統領暗殺直前、マイアミからダラスに暗殺用の武器を運搬するところに立ち会ったと主張する。ダラスではオズワルドを殺したジャック・ルビーやウォーターゲート事件で国中に悪名を馳せたCIA情報部員ハワード・ハントがその暗殺集団と接触するのも目撃したという。

ケネディ暗殺事件後、あまりに多くを知りすぎたロレンツに危険が迫った。その危険から逃げるように、ロレンツは赤ん坊を連れてベネズエラにヒメネス将軍の後を追った。だがロレンツは、ベネズエラ政府当局に捕まった挙げ句、ヤノマミ族が住むジャングルの奥深くに、赤ん坊と二人きりで置き去りにされる。そこで死にそうになりながらも驚異的な生命力で生き残り、約八カ月後に母親が要請した捜索隊により救出された。

何という波乱の人生か。まるでジェットコースターに乗ったような、息もつかせぬスリルとサスペンスに満ちているではないか。

その後も何度か危機を脱出したロレンツは一九七八年五月、ようやく重い口を開き、ケネディ暗殺事件の真犯人を特定できる決定的な目撃情報を米下院ケネディ暗殺調査特別委員会で語ったのだ——。

I. 特別委員会

キャピタル・ヒルへ

一九七八年五月三十一日水曜日の早朝、米国の首都ワシントンDCで目を覚ましたロレンツは少し憂鬱（ゆううつ）だったにちがいない。この日、ジョン・F・ケネディ暗殺事件を調査している下院暗殺調査特別委員会に呼ばれ、証言することになっていたからだ。委員会のメンバーはどのような人物なのか。彼らはロレンツの証言をどう受け止めてくれるのか。ケネディ暗殺の真相究明がこれで進むのか、あるいは止まってしまうのか。真実をしゃべりすぎたら、命を狙われるのか。生き延びるにはどうすればいいか。いろいろな不安や思いがロレンツの頭の中を駆け巡っていた。

ロレンツは別に証言したいとは思わなかったのだ。実際、子供たちを無事に育て上げ、自分自身と家族が一日一日生きていくのにやっとだった。証言をすることで世間の注目を浴び、再びマスコミの餌食（えじき）となるかもしれない。ロレンツはそのような生活に対応していく余裕などなかった。それでも一度証言すると決めたのだから、もう後には引けなかった。何もかも話して自由になりたいという気持ちもあった。証言さえしてしまえば、あの煩わしいマスコミの群れからも解放されるかもしれない。いや、証言した結果、もっとマスコミに追われることになるのか。ロレンツに再び不安がよぎった。

証言の行われるアメリカ合衆国議事堂のあるキャピタル・ヒルの周辺には青々した芝生の臭いが立ちこめていた。丘の上にそびえるドーム型の議事堂が、手前にある池にくっきりと映し出され、時おり風で波紋が立つ以外は美しい絵のように静止していた。

このキャピタル・ヒルこそが、歴代合衆国大統領が就任演説をした場所でもある。ケネディ大統領が「アメリカ人のみなさん。国があなたに何をしてくれるかを問うてはいけない。あなたがあなた方の国に何ができるかを問いなさい」と国民に呼びかけた、あの有名な大統領就任演説もこの場所だった。そのケネディは若くして暗殺者の凶弾に倒れた。凶弾を発したのは、ウォーレン委員会が結論づけたように、リー・ハーヴィー・オズワルドという精神を病んだ男の単独犯行だったのか、それとも背後に巨大な陰謀が存在したのか――。それを見極めようとする世論が七〇年代後半になってようやく高まり、一九七六年に下院に暗殺調査特別委員会が設置された。ロレンツはそのケネディ暗殺の背後にひそむ巨大な闇を知る数少ない生き残りの一人であったのだ。

マリタ・ロレンツは目がパッチリと大きく、目鼻立ちのくっきりとした美しい女性である。いつも快活で、笑顔もチャーミングだ。半面、妖艶な美しさもそなえている。カストロがすぐに恋に落ちたというのもうなずける。ただこの美貌ゆえに、ロレンツは波乱の人生を送ることになった。

ロレンツがケネディ暗殺事件解明の重要証人として注目されるようになったのは、一九七七年九月二十日。ニューヨーク・デイリー・ニューズがケネディ暗殺事件にかかわったとするロレンツの話を載せたためだ。ロレンツはその中で、ケネディ暗殺の直前、リー・ハーヴィー・オズワルドや後にウォーターゲート事件で逮捕されたCIA工作員、フランク・スタージスら暗殺集団とともに車でダラスに行ったと語った。この記事がきっかけとなって、ロレンツは米下院の暗殺調査特別委員会に召喚され、この日を迎えた。

しかし、その証人として召喚されるきっかけとなった記事は、ロレンツの望んだものではなかった。「フランクがあんなことを言わなければ……」——。ロレンツはこんなにも騒がれたことに関して、フランク・スタージスことフランク・フィオリーニを恨んでいた。

ロレンツは、あの忌々しいスタージスとの最初の出会いを思い出していた。それは一九五九年の革命直後のキューバ。ロレンツはまだ二十歳になったばかりのころだった。

工作員スタージスとの接触

フランク・スタージスは一九二四年生まれで、一九四二年に米海兵隊に入隊、第二次世界大戦などに従軍したことがあるとされている。その後ナイトクラブの経営などをしていたが、一九五六年ごろ中南米諸国に移り、怪しげな闇の世界の住人になる。キューバ革命当時、カストロに武器を調達した功績でカストロ革命政権では事実上の〝賭博大臣〟をしていたが、カストロが米国マフィアや賭博を取り締まり始めると、一転、反旗を翻し、CIAの工作員として反カストロ工作に携わるようになった。ロレンツに近づいたのも、それが理由だった。

当時ロレンツは、カストロの子を身ごもっていた。だが、カストロになかなか会えず、いらいらする毎日を送っていた。そういう事情を知っていたスタージスは、ハバナのヒルトンホテルに滞在していたロレンツに近づいた。ロレンツがロビーのコーヒー・ショップにいるとき、スタージスはメッセージを書いたテーブル用の紙マットをこっそりと渡した。そこには「おれはあんたを助けることができるよ、マリタ」と書かれていた。このときは、ロレンツの護衛が間に入り込み、スタージスはすぐに退散した。

二度目は、一九五九年八月下旬、ハバナの高級ホテル「リヴィエラ」のロビーだった。カストロ政権が豪華ホテル群のギャンブル経営を査察しているときだ。査察といっても、目的は最初から決まっていた。アメリカのマフィア絡みのギャンブル利権を一掃することだった。カストロの弟のラウルは部下に命じて、スロットマシーンを押収させたり、カードテーブルやルーレットのテーブルを使えないように横倒しにさせたりした。

そのときだ。「キューバの軍服を着た、角張った顔の男」、すなわちスタージスがロレンツに近づいてきて、こうささやいた。

「やつ（カストロ）はとんでもない間違いを犯している」

困惑しているロレンツに向かって、スタージスはさらに続けた。

「わかっているのか？」

ロレンツはますます、困惑した。このキューバの軍服を着た男は、明らかにカストロのことを嫌っていた。キューバ軍服を着ているのに、カストロの部下ではないのか。この胡散臭い男は誰なのか。敵か、それとも味方か？

ロレンツにはそのとき、この男が敵に思えた。「ねえ……」とロレンツは言い返した。「誰だか知りませんが、余計なお世話だわ」

その男はそれ以上、何も言わず、静かに立ち去った。ロレンツはカストロの側近から、その男がフランク・フィオリーニ（スタージス）であることを初めて聞いた。

「うるさくつきまとうあの男、何が目的かしら。どうも信用できない」と、ロレンツは護衛の一人につぶやいた。

これは後にわかったことだが、スタージスはカストロの愛人だったロレンツをキューバでスパイとしてスカウトしようとしていたのだ。ロレンツはカストロに近づくことができる。情報を盗み出すことぐらいわけないはずだと考えた。

そして、ある事件をきっかけにしてスタージスはロレンツをだまし、事実上ＣＩＡのスパイとして利用することに成功する。カストロがロレンツを裏切ったと思い込ませたのだ。やがてスタージスはロレンツを訓練し、カストロ暗殺の刺客に育て上げた。ロレンツがカストロ暗殺に失敗した後も、スタージスはロレンツの上司として、ロレンツをキューバ侵攻計画に参加させるべく訓練したりもした。これがロレンツとスタージスの出会いと、ロレンツがスタージスの下で働くようになった簡単ないきさつだ。詳細はおいおい、明らかにされる。

証言までの経緯

ロレンツにとって、あの忌々しい一九六三年十一月のケネディ暗殺事件以降、スタージスとは手を切ったはずだった。ジャック・ルビーのようなマフィアとかかわりをもつようになったスタージスのグループには、二度と戻るまいと決めたのだ。実際、その後約十四年間はグループとのつき合いはなかった。少なくともスタージスがロレンツのことを、マスコミを通じて非難し始めるまでは、彼のグループとは縁が切れたと信じていた。

スタージスはロレンツのことを共産主義のスパイだと非難した。ロレンツは同じ共産主義のシンパであるオズワルドと仲がよく、ダラスでも一緒だったと吹聴し始めた。スタージスはあたかも、ケネディ暗殺の背後には共産主義の陰謀があるかのように新聞記者たちに話し始めたのだ。

ロレンツにとって、共産主義のスパイだなどというのは全くの濡れ衣だった。もちろんカストロの愛人だったのは事実だ。しかし、愛していたのはカストロであって、共産主義が好きだったわけではない。たまたま共産主義者となったカストロと愛し合っただけだ。

ロレンツは、このいわれのない共産主義スパイという噂を打ち消さなければならなかった。スタージスに対する反撃だ。ロレンツは、スタージスこそケネディ暗殺実行犯グループであるとの確信に近い疑いを持っていた。それが九月二十日のニューヨーク・デイリー・ニューズの記事になった。

メディアは、カストロの愛人であるという女スパイ、ロレンツを興味本位で大々的に取り上げた。ここまで騒ぎになれば、ＣＩＡの暗殺団も簡単にはロレンツを殺せまい。ところが、この一連の騒ぎのせいで、ロレンツに注目が集まり、下院の特別調査委員会から呼び出されたのだ。

キューバ革命とその波紋

ここで、ロレンツがカストロの愛人だったという一九五九年当時のキューバ情勢と、キューバの歴史について簡単に触れておこう。

キューバの近代史は圧政と腐敗の歴史でもある。十九世紀の終わりにようやくスペインの抑圧から解放されたと思ったら、二十世紀のキューバには、腐敗政治と圧政とアメリカの干渉が待ち受けていた。一九〇二年に誕生した共和制初代大統領トマス・エストラダ・パルマ（一八三五〜一九〇八年）の政権では、退役軍人の年金をめぐる不正と政治改革の失敗により各地で反乱が起こり、アメリカが介入することになった。

暫定的なアメリカの統治が終わった一九〇九年から二五年にいたるゴメス、メノカル、サヤスの三政権は、いずれも腐敗政治の代名詞となり、内乱や暴動が後を絶たなかった。

一九二五年に誕生したマチャド政権は、最初は改革の旗手を標榜したが、すぐに独裁政権へと変貌した。マチャドは反対勢力を押さえ込み、言論や出版、集会に制限を加えるなど徹底的な恐怖政治を展開した。マチャド政権は一九三三年に、反対勢力の台頭で崩壊するが、そのときに軍部の実権を握った軍人のフルヘンシオ・バティスタ・イ・サルディバル（一九〇一〜一九七三年）は新たな独裁政治を敷いた。軍部の力を背景に政治を表や裏から意のままに操ったのだ。

そのバティスタの独裁に立ち向かったのが、一九五三年に蜂起したフィデル・カストロだった。一時メキシコに亡命していたが、五七年に帰国してからは革命軍を率いて山間部でゲリラ戦を展開、勢力を拡大していった。

約二年にわたる内乱の末、フィデル・カストロの革命軍は一九五九年一月一日、悪名高いバティスタ政権を打倒、ハバナの目抜き通りを凱旋した。二十年以上にわたり権力をほしいままにしていたバティスタは、国外へ逃亡した。

カストロの革命は当初、アメリカでは好意的に受け止められた。しかし、アイゼンハワー政権内では意見が分かれた。国務省のラテンアメリカ担当者の多くは、カストロ政権を早急に承認するよう主張したが、ＣＩＡのアレン・ダレス長官らはカストロが共産主義と結びつかないことがわかるまで承認すべきではないと反対。当時のリチャード・ニクソン副大統領もダレス長官と同様、カストロ政権の承認に反対した。

ニクソン本人は自伝の中で、カストロ政権について触れ、次のように書いている。

「カストロ政権誕生の皮肉な結果とその悲劇は、キューバ人民がやっと右翼の独裁者から解放されたと思ったら、それよりもはるかに悪いと後でわかる左翼の独裁者を受け入れてしまったことだ。米国から見れば、バティスタは少なくともわが国に友好的であった。これに対し、カストロは和解しにくい、危険な敵であることが判明したのだ」

ニクソンとダレスの意見を聞き入れたアイゼンハワー大統領は翌一九六〇年はじめまでに、カストロ政権は合衆国にとって脅威で由々しき政権であると判断、キューバ国内外で反カストロ活動を支援することを容認した。ニクソンとダレス、それに反カストロのキューバ人の関係は、これにより緊密化した。

アメリカ国内で大統領選挙が戦われている最中にも、カストロ政権と米政権の間は悪化していった。誕生直後はアメリカと敵対的な関係になかったカストロ政権も、アメリカの反カストロ政策に対抗して、反米宣伝を開始。同時に共産圏諸国とのいっそう緊密な経済関係を樹立していった。

一九六〇年七月には、米国議会はキューバに対する砂糖輸入割当を他の国にまわすことを承認した。これに対しカストロ政権は六〇年末までに、約十億ドルに達する在キューバのアメリカ資産を接収した。この一連の動きが、一九六一年にカストロ政権打倒のためにアメリカが仕掛け、大失敗に終わったピッグズ湾事件へとつながるのである。

さて、カストロ政権誕生で影響や衝撃を受けたのは、キューバ国民や米国政府だけではなかった。バティスタ政権と癒着して甘い汁を吸っていた米マフィア関係者も後に多大な被害を被った。したたかなマフィアの大半は、カストロ革命軍がバティスタ政権の政府軍と戦っている最中から、カストロ革命軍が勝っても利権を損なうことのないよう、カストロに武器を売って恩も売り、いわば保険をかけていた。

その保険は少なくともカストロが政権を取った直後は効果があった。マフィアは賭博場を運営できたし、カストロは自軍のために武器を調達したフランク・スタージスを事実上の〝賭博大臣〟に指名。短期間ではあるが、マフィアは前政権のときと同様に利益を上げることができた。

ところが、反米色が強まり、カストロがソ連寄りの路線を鮮明に打ち出すにつれ、腐敗した資本主義の象徴である賭博やマフィアを締め出す動きが強まった。ロレンツがスタージスと出会ったのは、このころである。

そしてカストロは一九六一年九月までに、すべてのマフィア関係者を国外追放した。ニューヨーク・タイムズによると、マフィアがキューバの賭博場から得ていた収益は年間三億五千万ドルから七億ドルだったというから、このときのマフィアの損害がいかに巨額であったかがわかる。

こうしてマフィアとCIAの利益が一致、マフィアはCIAによるカストロ暗殺計画を手伝うことになるのである。

委員会開会

三つ揃えのパリッとした女性用スーツを着たロレンツが、二人の子供、それに小犬二匹を伴って首都ワシントンの議事堂に面したロングウォース・ハウス・オフィス・ビルに着いたのは、一九七八年五月三十一日午前九時半の少し前だった。このビルの一三一〇号室で委員会が開かれるのだ。正式名称は、下院暗殺調査特別委員会（HSCA）のケネディ暗殺に関する小委員会（以下、ケネディ暗殺調査特別委員会）。議長はリチャードソン・プレイヤー。ロレンツにとって初めて出会う委員ばかりで、それがよけい不安を募らせた。

ロレンツの証人としての権利を守るため、弁護士のローレンス・クリーガーがそばについていた。

部屋には議長のプレイヤーのほか、二人の議員と九人のスタッフらが席に着いていた。ロレンツとクリーガー、それに子供二人は部屋の後ろの席に腰掛けた。開会前の重々しい緊張感が部屋に満ちていた。

午前九時三十三分、議長がおもむろに口を開いた。

「委員会を開会する。バーニングさん〔注：委員会スタッフの一人、事務官〕、きょうの委員会に選任された議員の名前を読み上げて下さい」

「議長であるあなたのほかに、ソーン氏、バーク氏、ドッド氏がケネディ小委員会の常任委員です。フィシアン氏はソウヤー氏の代理です」

「議長は、きょうの聴聞会を執行部の委員会〔注：非公開の委員会〕とするという動議を認める。というのも、委員会にもたらされた情報に基づけば、きょうの証言が他の人々を誹謗中傷したり、有罪にしたりする可能性があるからである」

ここで議員のフィシアンが口を挟んだ。

「そのように動議します。議長」

議長に促されて事務官のバーニングが採決を採った。

「プレイヤー委員」

「賛成」

「ソーン委員」

（返答無し、つまり欠席）

「バーク委員」

（返答無し、同）

「ドッド委員」

「賛成」

「フィシアン委員」

「賛成」

「賛成三名です。議長」

「これにより委員会は非公開とする。証人の準備はできているかね」

議長が委員会スタッフのトリプレットの方を向いて聞いた。トリプレットは「待っていました」とばかりに「はい」と短く返答。後方で待っていたロレンツとその弁護士のクリーガーに対して、前の証言席に歩み出るよう促した。ロレンツは子供二人小犬二匹を後ろの席に残し、弁護士のクリーガーを伴い、ゆっくりと踏みしめるように進み出ると、証人席に腰を下ろした。

議長が口を開いた。

「われわれのきょうの証人は、マリタ・ロレンツ女史である。証人は立って、宣誓をするよう求める。あなたは、あなたがこの小委員会に提供する証言・証拠が真実であり、真実そのものであり、真実以外の何ものでもないことを神に誓って、正式に誓いますか?」

ロレンツは立ち上がって右手を挙げ、左手を聖書に置き「誓います」ときっぱりと言った。

「ありがとう。ではまず、証人の弁護士は記録のために自分自身について述べなさい」と、議長はロレンツの弁護士に向かって言った。

「議長。私の名前はローレンス・クリーガーです。私はロレンツ女史の弁護士です。私の事務所は、ニューヨーク州ニューヨーク市パーク街二三〇にあります。私はニューヨーク州法曹界とワシントンDC法曹界のメンバーです」

「ありがとう。クリーガーさん。ところで、委員会の規則が書かれたコピーが既に証人に手渡されたと思いますが」

「その通りです。議長」

「ありがとう。ここで議長として、この委員会の調査目的について簡単に述べておきたい。これはいつも、それぞれの証人に対して述べることである。

この委員会に与えられた権限は、ジョン・F・ケネディ大統領暗殺と暗殺にまつわる状況について、最大限かつ完全な調査、検討を実施することである。委員会の調査には、大統領を守るということに関する現行の米合衆国の法律、司法権、それにCIAなど省庁の能力が、条款や法律の執行面で適切であるかどうかを決めることも含まれる。また、合衆国政府の省庁や機関が証拠や情報をすべて公開したかどうか、政府機関が関知していない情報や証拠の中に、暗殺の調査に役立つものがあるのかどうか、もしあれば、なぜ、政府機関にそうした情報がもたらされなかったのか、なども調査対象になっている。そして、この特別委員会がもし、現行の法律の改正や新しい法律の制定が必要であると判断した場合、そのことを下院議会に推薦することもわれわれの仕事である。

議長はトリプレット氏の証人に対する質問を認める」

議長の承認を得たトリプレットは早速、質問に入った。

証言開始

「ロレンツさん。生年月日を教えていただけますか?」と、トリプレットの声が響いた。

「一九三九年八月十八日です」とロレンツは答えた。これがこの後六時間を超える証言の幕開けだった。ロレンツの人生を決めるような大決戦が始まったかのようであった。

トリプレットが聞いた。「どこで生まれたのですか?」

「西ドイツのブレーメンです」

「その後、米国で教育を受けましたか?」

「はい」

「あなたの学歴について簡単に説明していただけますか? いつ、どこで、どのような学位を取得したかについて」

「初等教育はドイツとワシントンDCで受けました。初めて米国に来たのは、一九五〇年の五月です。中等教育まで受けた後、ニューヨークの医療学校や商業・金融関係の秘書学校に通ったほか、ニューヨーク市警による訓練も受けたことがあります」

「議長。ここで証人とその弁護士に、JFK証拠物件ナンバー九十四のコピーを手渡し、読むように求めたいのですが」

弁護士のクリーガーが答えた。「議長。その手紙なら読みました。記録のために申し上げますが、私の依頼人のロレンツさんは、職務上知り得た情報の扱いに関して、CIAとの間で、いかなる書類にも署名したこともないし、同意したこともございません」

トリプレットがロレンツに向かって聞いた。「その通りですか、ロレンツさん?」

「その通りです」

「分かりました」

ロレンツとCIAがどのような関係であったのかが、このやり取りからうかがえる。正式に

ＣＩＡに雇用されたのであれば、職務上知りえた情報について雇用期間が切れた後も口外してはならないとの書類にサインするのが常である。それをしていないということは、ロレンツは決して表に出ることのない非公式の工作員であった可能性が強くなる。

事実、ＣＩＡはロレンツを工作員と認めたことはない。ただ、ハワード・ハントやフランク・スタージスといったウォーターゲート事件関係者、つまりＣＩＡの非合法工作員らと「裏の仕事」をしていたのは、まぎれもない事実である。

2. キューバ

カストロとの出会い

トリプレットはロレンツに対する質問を続けた。「これまでにフィデル・カストロと会う機会がありましたか？」

「はい、ありました」

「いつ、どこで最初にフィデル・カストロに会ったのですか？」

ロレンツにとってカストロの話をするのは、個人的には楽しかった日々を思い出す反面、対外的には自分の古傷に触られるような気がして、あまり愉快な話ではなかった。また、その後、ある事件をきっかけにＣＩＡに転向、カストロ暗殺計画に加わった〝前科〟もある。ここは慎重に答えなければならなかった。ロレンツはあらかじめ、弁護士から教えられていた通りにこう発言した。「その質問に対する私の答えが自ら罪を認めることになるおそれがあるので、お答えできません。私は、合衆国憲法修正第五条により保障されているように、自分から有罪を認めるような発言は拒否します」

議長がここで割って入った。「確か、ブライアント判事から証人に免責を認める命令が下りていたと思うが」

トリプレットが答えた。「その通りです、議長」

「この際、証人とその弁護士にその命令書を手渡すように」

「JFK証拠物件百二十二の命令書です」と言って、トリプレットがロレンツとクリーガーに命令書を手渡すと、二人は命令書を食い入るように読み、確認した。そこには発言により犯罪に問われることはないとする免責特権がロレンツに与えられることがはっきりと記されていた。ただ、一カ所だけ誤字があったのでクリーガーは議長に訂正を申し入れた。「一つだけ訂正があります。証人の名前はメリタではなく、マリタです」

「分かりました。その免責命令を考慮して、議長は証人に先の質問に答えるよう命令する」

「トリプレットさん。最後の質問をもう一度繰り返していただけませんか？」とクリーガーは念を押した。

「質問は、いつ、どこで、最初にフィデル・カストロと出会ったかです」とトリプレットはロレンツに向かって質問を繰り返した。

「私はフィデル・カストロに一九五九年二月二十八日に出会いました〔注：実際は二月二十七日。ロレンツの勘違いであるとみられる〕。ハバナ港で、船長を務める父の船の上で出会いました」と、ロレンツは口を開いた。カストロの革命が成功した直後のキューバであった。

「それは乗客船〝ベルリン号〟で間違いないですか？」

「その通りです」

「どうやって、カストロ氏と知り合うようになったのですか？」

「フィデル自身が私に話したのですが、彼がハバナ・ヒルトン・ホテルのバルコニーに立っていると、港に大型客船が見えたのだそうです。彼はそれまで豪華な大型快速船に乗ったことがなかったので、乗ってみたくなり、部下約四十人を連れて、乗り込んできたのです」

「その後、キューバにとどまったのですか？」

「いいえ。私は父とともにニューヨークに戻りました。ただ、フィデルは私の住所を聞き出していたのです」――。

淡い思い出

ここまで話すと、ロレンツに当時の思い出が津波のように押し寄せてきた。カストロとの最初の出会い。ロレンツはまだ十九歳と六カ月だった。

それは、父親のハインリッヒ・ロレンツが船長を務める豪華客船ベルリン号が二カ月に及ぶ西インド諸島への航海を経て、最後の停泊地であるハバナに寄港した一九五九年二月二十七日の午後のことだった。熱帯のジャスミンの甘い香りがマンボとルンバのリズムに乗って、甲板までそよそよと漂ってきていた。

船の上は当時、おてんばのロレンツの遊び場であった。乗客のランチを運んでいるウェイターから薄切りハムをかすめとったり、客室に忍び込みほかの客の靴と取り替えたり、父親が不在のときに金庫からピストルを持ち出して空に向かって撃ったり、ロレンツが〝発案〟した悪戯は数え切れなかった。

おてんば娘から大人の女性へ――。この航海が終わると、ロレンツはニューヨークにいる秘書養成学校に入ることになっていた。そこで技術を学び、ゆくゆくは両親が決めた許婚であるいいなずけ若きドイツ人医師と結婚し、落ち着いた家庭を築き、子供たちを育てるという平凡の生活が待っていた。

だが、ロレンツがあこがれたのは海。海の上は自由と冒険に満ちた刺激のある世界だ。多感なロレンツは若さにあふれ、恋にあこがれ、思いっ切り背伸びをして大人の世界をのぞき見たい、そんな好奇心に満ちた年頃の娘でもあった。カストロはその好奇心を十分に満たしてくれる人物だった。

ベルリン号が寄港したときカストロは、革命本部があるハバナのヒルトン・ホテル二十三階のバルコニーから、豪華客船が港に入ってくるのを見ていた。そして、一度も外洋航海船に乗ったことがなかったので、部下を引き連れて見学しようと思い立ったのだ。

カストロが部下とともに大型ボートでベルリン号に向かってくるのを見た乗客は、色めきたった。カストロたちが武器を携帯し、しかも弾薬をいっぱい詰めた弾帯を身に着けていたからだ。カストロがベルリン号を乗っ取りに来たのではないか。乗客の間に動揺が広がった。

カストロの一団がベルリン号に近づいているとき、船長であるロレンツの父親は深夜の出航に備えて昼寝の最中で、誰も正午から午後三時までは起こしてはいけないことになっていた。乗客の動揺を気にした船室係の一人が、ロレンツに父親を起こしてもらいたくて、「何とかしてくれ」と言ってきた。

しかしやんちゃなロレンツは、父親を午後三時まで起こしてはならないという命令を逆手にとって、船長代行を演じることにした。大型ボートに乗ったカストロの一団（もちろんそのときは、乗客もロレンツもカストロだとは気づいていない）を見渡せるトップ・デッキに登ったロレンツは、乗船用デッキに接舷しようとしている大型ボートの一団に向かって甲高い声で叫び、指で口笛を吹いた。

いきなりの叫び声と口笛に驚いた兵士の何人かはバランスを崩し、あやうく海に落ちそうになった。その中で一人の男が顔を上げ、ロレンツを見上げた。ほんの一瞬だが目と目が合った。これがロレンツとカストロの最初の出会いであった。

ロレンツは一団に対して、そこで待つように叫び、自分は乗船用デッキへと続くタラップへと急いだ。タラップの最上段に足を伸ばしたそのとき、先の男と再び目が合ってしまった。その男、カストロはじっと、ロレンツのことを見つめていた。カストロが一段階段を踏み出したのを機に、ロレンツも階段を下り始めた。ロレンツの胸はどきどきしていた。この男は何者なのか、友好的な男だろうか。

全員が固唾を飲んで見守るなか、二人はタラップの真ん中で出会った。潮の混じった熱帯の風がタラップを時おり激しく揺らした。お互いが相手の出方を待って、しばらく沈黙が続いた。やがて、カストロが口を開き、緊張感に満ちた沈黙を破った。たどたどしい英語であった。

「私、私の名前はドクター、カストロ、フィデルです。どうか、あなたの素晴らしい船を見学することができますか？　私、私はキューバ！　あなた、ドイツ人ですか？」

ロレンツは訛（なま）りのないスペイン語で答えた。「私は、イローナ・ロレンツ、ドイツ人です。私は船長の代理を務めています。今あなたが足を乗せている船はドイツです。何のご用ですか？　こんなものは必要ないはずです！」

ロレンツはそう言うと、毅然とした態度で、カストロが持っていたライフルに手を伸ばした。ロレンツは、いかなる武器も船には持ち込ませるものかとの気概をもっていた。

ライフルを取り上げようとしている自分に対して、この男はどう反応するだろうか。いきなり怒り出し、ライフルを発砲するのではないか。あるいは逆上して、部下に命じて船を乗っ取ろうとするかもしれない。カストロは、ライフルを持っている自分の手に視線を落とした。間髪いれずにロレンツは、不測の事態を予測しながら、言葉を続けた。

「ドイツはキューバと友好的な関係にあります。ライフルは没収します。そうでなければ、乗船は認められません」

一瞬、沈黙が走ったような気がした。しかし次の瞬間には、カストロは顔に笑みを浮かべながら、降伏した兵士のようにライフルをロレンツに手渡した。その際、カストロの手とロレンツの手が初めて触れ合った。この光景を見ていた船の上の乗客から拍手が沸き起こった。ロレンツとカストロはそのまま階段を登り、船に乗り込んだ。

カストロはクマのようにひげを伸ばしていたが、精悍な顔立ちをしていた。キューバ軍の軍服と制帽をかぶり、一見怖そうな面持ちだったが、目は澄んで優しそうだった。うつむいたときはちょっと悲しげな顔を見せた。

ロレンツとカストロの後から、二十五名の兵士もひとりずつ乗船してきた。ロレンツは彼らにも声を張り上げた。「さあ、腰の銃もはずして、全員武器をこの床の上においてちょうだい！」

兵士の中には不平を言うものも現れたが、カストロが武器を置くよう命じると、みなそれに従った。ロレンツはちゃんと保管して、後で必ず返すことをカストロに約束した。

カストロは船長にしきりに会いたがったが、ロレンツは午後三時までは自分が船長代理であるとして、自分が船内を案内すると言い張った。実はロレンツは何よりも、カストロの目やその立ち居振る舞いに惹かれ始めていた。彼の射抜くような目や微笑、肉体的魅力を目の前にして、ロレンツは感情が高ぶり、どぎまぎした。

当時のロレンツは、ボーイフレンドもおらず、キスをしたこともない初心（うぶ）な女の子であった。カストロは、葉巻の臭いを漂わせていた。それはロレンツの父の持つ大人の臭いでもあった。そして何よりも、キューバ人民による改革の情熱に燃えた三十二歳の若き革命家であるカストロは、冒険とロマンにあふれた大人の世界をロレンツの目の前に広げて見せてくれたのだ。

ロレンツは、すっかりカストロに夢中になってしまった。カストロも、若くて快活で、少しお茶目なロレンツがすぐに気に入った。

カストロの生い立ち

ここでカストロの生い立ちにも触れておこう。

カストロは一九二六年八月十三日、キューバ・オリエンテ州の裕福なサトウキビ農家に生まれた。父はスペインからの移民であった。

カストロはハバナの私立学校コレジオ・ベレンなどイエズス会の学校で教育を受け、野球に熱中する日々を送った。一九四四年には、最優秀高校スポーツ選手にも選ばれたという。四五年にはハバナ大学法学部に入学。在学中の四八年には、アメリカのメジャーリーグ選抜チームと対戦し、投手として三安打無得点に抑えたこともあったという。五〇年には法学士号を取得した。

在学中から学生運動にも乗り出し、革命運動に身を投じてドミニカ共和国の独裁者トルヒーヨ打倒の遠征軍にも参加した。卒業後、一九五〇年から二年間ほどは、弁護士として貧困者のために活動していたが、五二年の議会選挙に立候補して政治活動を展開中にバティスタ将軍率いるクーデターが起こり、選挙の結果を無効にされた。

カストロは憲法裁判所にバティスタを告発したものの、請願が拒絶されたため、武力によるバティスタ打倒を決意した。

武装勢力を組織したカストロは一九五三年七月二十六日、サンチャゴ郊外のモンカダ兵営を襲撃した。だが、結果は襲撃者の八十人以上が死亡し、カストロは逮捕された。懲役十五年の刑を受けて服役中、五五年五月に恩赦により釈放。二カ月後にメキシコへ渡り、そこでキューバ人亡命者を訓練して革命軍を組織した。

一九五六年十二月二日には、メキシコから約八十人の亡命者とともに秘密裡にキューバに上陸したが、その大部分は殺され、あるいは逮捕された。このとき生き残ったのは、カストロのほか、弟のラウル・カストロ、有名なチェ・ゲバラ、カミロ・シエンフエゴスら十二人だけであった。彼らはかろうじて逃げ延び、シエラ・マエストラ山中に拠点を構え、ゲリラ戦を開始した。この運動は、一九五三年のモンカダ兵営襲撃にちなんで「七月二十六日運動」と名づけられた。

七月二十六日運動は次第に民衆の支持を獲得し、八百人以上の勢力に成長。対するバティスタは十七の大隊を送り出し、革命軍討伐に乗り出したが、政府軍兵士の軍務放棄などもあり、数字の上では圧倒的に不利であったカストロの革命軍が勝利。一九五九年一月一日、暴君バティスタをキューバから追い出し、ハバナに凱旋した。カストロは新政権を掌握し、同年二月、首相に就任。まさに、その革命の勝利の余韻が残る二月、カストロとロレンツの運命的な出会いがあったわけだ。

恋の芽生え

三十二歳の情熱的な若き革命家カストロと、冒険心に富み怖いもの知らずの十九歳のロレンツ――。一目見ただけで、お互いに惹かれあったとしても不思議ではなかった。

その出来事は、ロレンツがカストロをベルリン号の機関室へと案内するエレベータの中で起きた。二人にとって幸いだったのは、お付きの兵士たちはエレベータが狭いため乗り込めず、二人だけになったことだった。二人は無言のままだった。カストロはロレンツを見つめ、二人は狭いエレベータ内で密着していた。カストロの息とあごひげが、ロレンツの鼻をくすぐる。カストロの手はロレンツの腰へと回された。

時間が止まったような気がした。しかし無情にも、エレベータは目的の階に達すると動きを止める。止まる直前、ロレンツは思い切ってカストロに体を預けた。カストロはロレンツを抱きしめた。ロレンツはなおも身を寄せた。ロレンツは突然の恋の芽生えに半ば混乱していたが、この気分が永遠に続けばいいと願っていた。

エレベータの扉が開くと、ロレンツはカストロの手を取り、油のこびりついた階段を降りて、けたたましいピストンの音が鳴り響く機関室へと案内した。カストロの部下たちは、二人の後を追って、エンジンの上に渡した格子状の通路までついてきていた。カストロは騒音に負けまいと、大きな声でロレンツに自分とキューバについて語りかけてきた。ロレンツはにっこりと微笑み返した。

やがてカストロは、ロレンツから一時離れ、部下に機関室の説明を始めた。ロレンツにとって、部下たちは邪魔者にほかならなかった。どうやったら二人だけになれるか、ロレンツはそのことばかり考えていた。

父親が起きる時間まであと四十分はあった。そこでロレンツは、カストロの一行をバーに案内することにした。「皆さんに冷えたドイツビールをご馳走します」と言って、許されてもいないのに、つけでベックス・ブレーメンを人数分注文した。ロレンツ自身はウェイターに父親に黙っているように念を押しながら、ラムとコーラでつくる「キューバ・リブレ」を注文した。飲み物が行き渡ると、カストロが「自由となったキューバに！」と祝杯を挙げた。ロレンツは「ドイツよ、永遠なれ！」と応じた。

ロレンツはバーで、カストロと楽しい時間を過ごした。しかし、当時ロレンツはバーへの出入りを禁じられていた。一等航海士らが噂を聞きつけて、バーにやってきた。父親が起きる時間も近づいていた。そこでロレンツは、一等航海士らにその場を任せ自室に戻ると、午後のコーヒー・タイム用のドレスに着替えた。

カストロとの会食

お下げ髪を解き、ドレスに着替えたロレンツは、父親の部屋へと向かう途中のカストロたち一行に合流した。ロレンツの代わりにカストロたちを案内していた一等航海士は、案内役を再びロレンツに譲った。

ロレンツの父親は既に起きており、上のデッキからロレンツたちを見下ろしていた。「一体、どういうことなんだ?」と、父親は大声でどなった。ロレンツは説明した。「こちらはドクター・フィデル・カストロ・ルス。キューバの指導者よ。船を見学したいんですって。パパに会いたがっているの」

事態を把握したロレンツの父親は、主任船室係を呼んで、サンドイッチとケーキと飲み物を銀のトレイに乗せて持ってこさせ、カストロたちに振る舞った。今度は父親がカストロたちを案内する番だ。海図室と操舵室を回り、客室へと案内した。

客室でカストロとロレンツの父親は、飲みながら三時間も話し込んだ。飲んで話をするうちに、二人は打ち解けていったようだ。

カストロが父親に言った。「船長、今は私がキューバそのものです。私は山を下りて、革命を成功させましたが、政治については学ぶべきことはたくさんあります。人々に対する約束を守っていかなければならないし、バティスタが残したものを一掃する必要もある」

ロレンツの父親がこれに答えた。「あなたが決してやってはいけないことは、どんな形であれアメリカと不和になることです」

「ええ、そのつもりはまったくありません。実際、アメリカと話し合いたいと思っているのです」とカストロは述べながら、共産主義との結びつきを猛然と否定し、自分たちの革命をヒューマニズムであると呼んだ。

午後六時ちょうど、ロレンツの父親はカストロたち全員をファーストクラスの船長席の夕食に招待した。カストロは、ロレンツとロレンツの父親の間に座った。その際、カストロは、ナプキンにメッセージを書いて、それを折りたたみ、テーブルの下からロレンツに渡した。そこには「マリタ、私のアレマニータ（ドイツ娘の意）――永遠に。フィデル。一九五九年二月二十七日」と書かれていた。

あいびき

カストロは英雄視されることを好まないらしく、おそらくその理由で自伝を書かせない。そのため、ロレンツと出会った当時のカストロ自身の心情は推測するほかない。

ロレンツの自伝によれば、カストロはかなり積極的にロレンツにアプローチした。おそらく一目惚れであったのだろう。夕食後、カストロはロレンツの父親に、手紙を翻訳する個人秘書として娘のロレンツを雇いたいと、礼儀正しい口調で申し出た。父親は一瞬、あっけにとられたが、すぐにこう返答した。「実にありがたい申し出ですが、ドクター・カストロ、ちょっとそれはかなわぬことです。娘はニューヨークの学校へ行くことになっているのです。それに娘はまだほんの子供です」

出航時間が迫っていた。ロレンツの父親は出航準備があるため席を立ち、ブリッジへと向かった。残されたロレンツとカストロは、デッキに出た。すでに熱帯の太陽は沈み、カラフルな照明が船を照らしていた。船尾のデッキからは、ジャスミンの香りとルンバのリズムが流れてきていた。

二人がデッキに出たので、カストロの部下たちと二人の上級船員も続いた。カストロはロレンツの手を取った。ロレンツは、ハバナ港の素晴らしい夜景を見せるふりをして、六番と七番の救命ボートの透き間にすばやくカストロを引っ張り込んだ。部下と上級船員たちは、そのまま通り過ぎていった。外界から隔てられた二人だけの世界ができあがった。

カストロはロレンツの体を引き寄せると、きつく抱きしめ、キスをした。ロレンツにとって、初めてのキスであった。カストロのあごひげは、キューバ葉巻の匂いがした。

カストロはロレンツに「ああ、愛しているよ」とスペイン語でささやいた。カストロの優しさにあふれた目は、しっかりとロレンツの目を見つめていた。カストロの言葉はこの上なく甘く、ロレンツの耳に響いた。「そばにいておくれ」

「フィデル、それはできないわ。私たちの船は二時間後には出港するの」とロレンツは答えた。

「行かないでおくれ、アレマニータ」とカストロは懇願する。

「駄目よ、フィデル。行きたくないけれど、行かなくては」

「私のところへ来て、一緒にキューバのために働いてほしい。君が必要なんだ」

「戻ってくるわ」

「私が年上すぎるかな？　君はとても若い」

「そんなことないわ。完璧よ」

それは恋人たちの悲しい別れだった。まるでドラマの主人公になったようでもあった。ロレンツは今でも鮮明に、おそらく生涯を通じて宝物のように大事に、このときのことを覚えているに違いないと感じていた。

二度目の出会い

「次にカストロ氏に会ったのはいつですか？」——。トリプレットの質問にロレンツは我に返った。委員会でのロレンツの証言は、まだ始まったばかりであった。

「五九年の三月初めか、二月末に、私がハバナに再び行ったときです。それが二度目に彼に会ったときです〔注：二月末は物理的に不可能。ロレンツの勘違いであるとみられる〕」

「ハバナで出会った二度目も、お父さんの船で行ったのですか？」

「いいえ。クバナ航空、つまり、フィデルの飛行機で行ったのです」

「だれかの招待でハバナに行ったのですか？」

「フィデル自身の招待です」

そう、すべてはフィデル・カストロがアレンジしたのだ。ロレンツはニューヨークに戻っていた。父親はヨーロッパへ向け航行中、母親は外国任務でドイツにいた。その電話がかかってきたとき、ロレンツは自宅で一人だった。

国際電話の交換手がたずねた。「マリタ・ロレンツですか？」

「はい」とロレンツが答えた。

「ちょっとお待ちください。首相からです」

ロレンツは驚いた。首相って、もしや……。

受話器の向こう側から、聞き覚えのあるしゃがれ声が聞こえてきた。

「君がいないと寂しい」――。カストロの声だった。「戻ってきてくれるかい?」

「わからないわ。パパは今日、出航したの。一カ月は戻ってこないわ」と、ロレンツは困惑しながら答えた。

「だったら、一週間は来られるんじゃないかい」とカストロは言う。そしてスペイン語で「愛しているよ、アレマニータ」と付け加えた。

この電話から二十四時間も経たないうちに、三人のカストロの側近がニューヨークの自宅にいるロレンツを迎えに来た。わざわざチャーターしたとみられるクバナ航空の飛行機がアイドルワイルド空港(現JFK空港)でロレンツを待っていた。カストロの待つキューバのハバナまで、まさに一飛びであった。

愛の日々

「ハバナに着いたとき、あなたは何のために招待されたと思いましたか?」と、トリプレットはロレンツに聞いた。

「私はフィデルのためにドイツ語と英語の手紙の翻訳をするのだと思っていました。しかし、そうではなく、私はフィデルとハバナ・ヒルトンに泊まったのです」――。

そう、ロレンツはカストロと激しく愛し合ったのだ。

ハバナに着いたロレンツが案内されたのは、ヒルトン・ホテル二十四階のスイートであった。

つまり、カストロの部屋である。到着したとき、カストロは不在だった。ロレンツは部屋の中をチェックした。部屋にはカストロがふかしたであろう葉巻の匂いが漂っていた。ダブルベッドが一台置かれ、トロピカルな雰囲気のある装飾が部屋に施され、大きな鏡があちこちにあった。クローゼットは、ビニールで覆われた軍服、帽子、ブーツであふれていた。

一時間くらい待っただろうか。ドアの鍵が開く音がした。カストロが帰ってきたのだ。カストロがロレンツに気づくと、持っていた葉巻の火を消して、ロレンツに近寄り、強く抱きしめた。カストロはロレンツの体を持ち上げ、ぐるぐると回った。ロレンツはふわふわと宙に浮いていた。数え切れないほどのキスをして、ロレンツはこの男に愛されていると感じていた。もちろんロレンツもカストロを愛していた。温かい気持ちでいっぱいになり、安心感で満たされた。

カストロは「ずっと一緒にいないかい?」とロレンツに聞いた。

ロレンツは躊躇せずに答えた。「もちろん、ずっと、ずっと、ずっとね」

おそらくロレンツのことを、カストロの愛人、もしくは情婦であるとみなすカストロの側近は多かったのではないかと思われる。だが、ロレンツとカストロにとっては、お互い恋人同士であった。二人は愛を確かめ合い、部屋の中で即席の二人だけの「結婚式」も挙げている。それは当時、当然の成り行きのように思えた。そして、とても甘美な日々であった。

「実際のところ、あなたはキューバ革命軍の注文仕立ての軍服を着るまでになってしまった。そういうことですね?」と、トリプレットは質問を続けた。

「そうです。フィデルが七月二十六日運動の軍服をつくって、私にくれたのです」――。ロレンツはその後もずっとその軍服を手放すことはなかった。

「七月二十六日運動の会員証を持っているのですか？」

「いいえ。会員証はありません。彼がくれた軍服だけです」

「そのときは、どれくらい、ハバナ・ヒルトンで彼と一緒に過ごしたのですか？」

「彼が四月に初めて米国を訪問するまでです。多分、四月二十五日だと思います。私は彼と一緒にニューヨークに行きました」

ロレンツの妊娠とカストロ訪米

当時のロレンツは、カストロの秘書であり、〝妻〟でもあった。カストロはロレンツに「一九五九年三月、フィデルからマリタへ、永遠に」と彫られたダイヤモンドの指輪を贈っていた。ロレンツは名誉ある七月二十六日の軍服と中尉の階級も与えられた。カストロの最も親しい人たちである弟のラウル、チェ・ゲバラ、ラミロ・ヴァルデス、カミロ・シエンフェゴス、カストロの秘書セリア・サンチェスにも温かく迎えられていた。そして約一カ月後の四月には、ロレンツは自分が妊娠していることを知った。

ちょうどそんなときであった。カストロと彼の側近たちは、十五日間の旅に出ることになった。アメリカへの外交訪問である。当然、ロレンツも秘書として同行した。ただ、ロレンツはつわりがひどく、気分はすっかり落ち込んでいた。

カストロ一行は、ニューヨークではヒーローの凱旋のような歓待を受けた。多くの人がカストロに会いたがり、記者会見では美人女性レポーターに囲まれた。カストロはアメリカからの経済援助の申し出に有頂天になった。

「ニューヨークへ行った後、あなたは彼とハバナに戻ったのですか?」と、トリプレットは聞いた。

「ニューヨークからワシントンへ行き、その後私たちは、ハバナに戻ったのです」

しかし、そのワシントンDC訪問で、カストロのプライドはひどく傷つけられてしまう。ワシントンに到着したときカストロは、当時のアイゼンハワー大統領も歓待してくれるはずだと信じていた。ところが、事前にアポをとっていなかったという理由で面会を拒絶される。ようやく当時のニクソン副大統領と会えたものの、ニクソンはそれほどカストロを歓迎していたわけではなかった。

ニクソンは、カストロを共産主義者とみて警戒していた。ニクソンが一九五〇年代からマフィアの一員であるジャック・ルビーと関係があったことを推測させる証拠書類も残っていることから、キューバに賭博場などの利権をもつマフィア関係者とも関係があった可能性も強い。ニクソンがカストロを気に入るはずがなかった。カストロはニクソンに冷たくあしらわれてしまった。

ロレンツは当時を振り返り、こう述懐する。ニクソンに冷たくされ傷ついたカストロは、共産主義にかぶれていた弟ラウルに感化され、ほどなく共産主義に傾いていった、と。

トリプレットの質問は続いた。「訪米の後、どれだけハバナに滞在したのですか？」

「合計して八カ月ほど滞在しました」

「すべて五九年のことですか？」

「そうです」

一九五九年四月の訪米後、キューバでは政治的な緊張が高まったと、ロレンッは言う。教育と医療の改革は急務だった。バティスタ政権下では、貧しい人々は医療を受けられず、教育は金持ちなど一部のエリートだけのものだった。ラウルは共産主義へとますます傾倒し、カストロはほとんど睡眠時間をとらずに国中を走り回っていた。

残されたロレンッは孤独であった。ロレンッは、ダイヤモンドの指輪をはめ、おなかの赤ちゃんを心の支えにして、カストロを待った。だが来る日も来る日も、カストロは帰ってこない。内政で忙しいのはわかっていた。

カストロの秘書でもあるロレンッのところへは、カストロに会いたがっている美女たちのファンレターや顔写真が毎日のように送られてきた。その中には米女優のエヴァ・ガードナーからのおびただしい数の手紙もあったが、ロレンッは、それらをすべて破り捨てた。

やがてロレンッは疑心暗鬼になる。帰ってこないのは、ほかに女がいるからではないか。ロレンッは情緒不安定となり、泣きわめき、欲求不満であたりかまわず怒鳴り散らした。そのようなロレンッの不安定な心境を利用しようとしたのが、フランク・スタージスであった。スタージスは巧妙に、かつ慎重に、ロレンツの心の透き間に入り込んできたのだ。

トリプレットは聞いた。「ハバナにいる期間中、だれかがあなたに近づいて、フィデル・カストロの命を奪おうとする企てについて話したことはありますか？」

「そういう企ては、五九年にはありません」

「だれかがフィデル・カストロを暗殺する可能性をあなたと話し合ったことはありませんか？」

「五九年にはありませんでした」

「ハバナでフランク・スタージスと出会いましたか？」

「はい。出会いました。フランク・スタージスには、ハバナ・リヴィエラ・ホテルで会いました。フィデルも一緒で、フィデルの部下たちは、ホテルのギャンブル・テーブルをひっくり返していました。そのとき、フランクが私に近寄ってきたのです」

一九五九年八月下旬、カストロとその部下たちが、マフィアの息のかかった賭博場を一掃することを決めたときだ。

残された恨み

カストロ政権による一連の賭博場の手入れで、多くのカジノは差し押さえられ、何人かの経営者は逮捕、投獄された。それを指揮したのは、弟のラウル・カストロであった。フランク・スタージスがこの事態を苦々しく思ったのは間違いない。カストロの革命軍に銃を調達するなど恩を売ったはずなのに、自分たちのカジノをつぶされ、恩を仇で返された、と。だからこそ、ロレンツにその不満をぶつけたのだ。

このとき逮捕された経営者には、ジェイク・ランスキー、サントス・トラフィカント、カルロス・マルセロといったアメリカ人マフィアが含まれていた。いずれもスタージスの〝お友だち〟である。後のCIAによるカストロ暗殺計画にも参加した札付きだ。

しかしロレンツは、このアメリカのマフィアたちを釈放してしまう。ちょうどカストロが不在のときで、連絡も取れなかった。カストロのもう一人の秘書セリア・サンチェスがどうしたらいいかロレンツに聞いてきたので、「アメリカとはうまくやっていく」と言っていたカストロの言葉を思い出し、ロレンツが独断で釈放を決めたのだ。

ロレンツにはカストロが署名入りで渡してくれた便箋があった。これを使えば、カストロの正式な命令書を作成するのはわけもないことだった。マフィアたちは喜んだ。そのままだと、アメリカを毛嫌いするラウル・カストロが、彼らに重罰を与えかねなかったからだ。キューバ軍中尉の制服を着て流暢な英語を話すロレンツに、マフィアたちは感謝した。

これが誤った判断であったことは、明白だった。カストロは後日、ロレンツを笑って許したが、釈放されたマフィアはカストロに対する恨みを募らせ、その後CIAとともにカストロの命をつけ狙うのであった。同時にカストロ政権内でも、ロレンツの存在を疎ましく思う人間が出てきて、ある事件へと発展する。

スパイ活動

「われわれの記録が正確かどうか確認するために聞きますが、われわれが言うフランク・フィオリーニと、あなたが言うフランク・スタージスとは同一人物ですね?」と、トリプレットは聞いた。

「そうです」

「そのとき〈賭博場で手入れがあったとき〉、フランク・フィオリーニと何か話し合いましたか?」

「彼は私のところに来て、こう言ったのです。〝俺はお前がフィデルと一緒なのを知っている〟——。さらに彼は〝俺はお前のことを知っているぞ。俺は合衆国大使館で働いている。お前にやって欲しいことがあるんだ〟と言ったのです。

これに対して私は〝私に話しかけないで。あんたと話しているところをフィデルに見られたくないわ〟と言い返しました。彼はカストロ政権の制服を着ていましたが、私はなぜかフィデルに見られたくないと思ったのです」

「彼があなたに話したがったことが何であるか、当時理解できましたか?」

「いいえ。二度目〔注:実際には三度目とみられる〕に会ったときに分かりました」

「なるほど。では、その二度目はいつだったのですか?」

いつだったのか、という問いに対してロレンツは場所で答えた〔注:時期はおそらく、五九年八月下旬から十月までの間だったと思われる〕。

「ハバナ・ヒルトンのコーヒー・ショップでした。私はフィデルの護衛に見張られていました。フィデルは嫉妬深く、私にコーヒー・ショップのような場所にいてほしくなかったのです。でも、フランクは私の隣に座り、私にフィデルのスイート・ルームから書類を盗んでくるよう言ったのです。私は〝何のために、そんなことをするの？〟と聞きました。彼は〝とても大事なことだ。合衆国政府にとって必要なのだ〟と答えました」

「どのような書類を取ってこいと言ったのか、覚えていますか？」

「私も彼に同じことを尋ねました。彼は〝何でもいいんだ。外国語のものなら何でもいい。どのような通信文でもいい〟と言いました」

「書類を盗んだのですか？」

「しばらくの間は、そんなことはしませんでした。しかし、彼が何度も何度も私に接触してくるので、フィデルの護衛が疑いだすのではないかと思い、仕方なしにいくつかの書類を盗み、彼に手渡したのです」

「あなたはスタージス氏に書類を渡したのですか？」

「はい」

「何回ぐらい、彼に書類を手渡したのですか？」

「二度です」

「何の書類だったか、覚えていますか？」

「当時、大抵の場合、フィデルは私に彼の手紙やチェコスロバキアやドイツからの外国語で書かれたものをくれましたから、そうしたものをフランクに渡したのです。フィデルは読むことができなかったし、私も訳すことができなかったので、フランクに渡したのです」

「それらは手紙でしたか、電報のようなものでしたか？」

「資金提供の話とか、革命後のキューバ再建を支援する話とかでした」

「フランク・スタージスは、政府、おそらくアメリカ合衆国政府のためにやっていると言ったそうですが、彼がその書類をどうしたか知っていますか？」

「彼は米大使館にそれらを渡したり、引き継いだりしたと言っていました。渡した先の名前も言っていましたが、忘れました」

取り巻きの人々

「キューバにいる間、一体何回、フランク・スタージスに会ったのですか？」

「おそらく、全部で五回ぐらいだと思います。一度はホテルのプールサイドでエロール・フリン〔注：当時の有名な米男優とみられる〕と一緒に。五回です。私は彼が書類以外に何か欲しいものがあるのか分かりませんでした」

「エロール・フリン以外に、だれか彼と一緒にいた人を覚えていますか？」

「彼って、フランクのことですか？」

「そうです」

「彼は多くのキューバ人を従えていました。多くは女性でした。あるときは〝リヴィエラ〟を経営していたチャールズ・バロン大佐と話していたこともありました」

「チャールズ・バロンですか？」

「そうです」〔注：チャールズ・バロンについては、ロレンツが話している以上のことは筆者にはわからない〕

「他にはだれがいたか覚えていますか？」

「彼の取り巻きには、男も大勢いました。軍服を着た者から、民間人の服装の者まで様々です。だけど、他にだれがいたか覚えていません。というのも私はいつもフィデルの護衛たちと一緒でしたから。そういうことをフィデルにあまり知られたくなかったのです」

「キューバにいる間に、ペドロ・ディアス・ランツに会ったか、見たか、しましたか？」

「キューバでペドロを見ました。答えはイエスです」

ランツは当時、キューバ空軍の指揮官クラスのパイロットで、経歴には不明なところが多い。後に反旗を翻し、アメリカに亡命、反カストロの亡命キューバ人として暗躍する。

「おおよそ何回、彼を見ましたか？」

「三、四回。スイート・ルーム二四〇八で。当時、そこでフランクもよく見かけました。会議室でした。フィデルの会議室です」

「そこは正式な会議室だったのですか、彼らをよく見かけたという部屋は？　公式の政府の会議室だったのですか？」

「はい、そうです」

「当時、ペドロ・ディアス・ランツには社交的な目的で会ったのですか？」

「いいえ」

「当時、フランク・スタージスの仲間としてペドロ・ディアス・ランツに会ったのですか？」

「そうです」

「会議だけのために部屋があったのですか、それとも別の機会でも使っていたのですか？」

「会議室のスイート・ルームは、ラウル・カストロ、カミロ・シエンフエゴス、それにセリア・サンチェスが使っていました」

「当時、セリア・サンチェスの仕事は何でしたか？」

「セリア・サンチェスはフィデルの私的な秘書でした。彼女はまた、フィデルの会合を計画・準備する仕事をしていました。彼女はスピーチの原稿書きを手伝ったり、フィデルに面会人のことを告げたり、私設秘書のようなことをやっていました」

「あなたは翻訳の仕事では彼女と一緒に働いたのですか？」

「翻訳に関しては、答えはノーです。彼女は、翻訳はしませんでした。私だけが、その仕事をやったのです」

誘拐

「あなたはその後、五九年十二月にハバナから（米国へ）戻ったのですね？　違いますか？」

「九月です」

「九月？」

「九月の後しばらくして、十一月かも」

　一九九三年に出版されたロレンツの自伝では十月中旬になっている。

「なぜ、ハバナから米国に戻ったのですか？」

「なぜなら、私は赤ちゃんを失ったからです。フランク（・スタージス）が後に私に教えてくれたのですが、フランクがカミロ・シエンフェゴスに言って、私を治療して命を救ってくれたのです。そして私を飛行機に乗せて米国に連れ戻してくれたのです」

ロレンツは自分の波乱の人生を語り始めた。五九年十月になると、キューバ国内に暗雲が垂れ込めてきた。カストロとの甘い蜜月生活も終わりはじめていた。カストロはキューバ建国の大事で忙しく、ロレンツにかまっている暇がほとんどなかったのだ。

前政権で甘い汁を吸っていた親バティスタの連中は一時マイアミに逃れていたが、CIAの後ろ盾を得て、再びキューバに戻ってきているものもいた。目的はカストロ政権打倒のための秘密工作であった。ニクソン副大統領が裏で糸を引いていた。

ハバナ郊外のサトウキビ畑に爆弾が落とされることもあった。ロレンツは最初、花火か何かだと思っていたと言う。しかしそれは、反カストロ分子による破壊工作であったのだ。

事件はそのような情勢の中で起きた。妊娠中のロレンツは、部屋からほとんど出ず、ルームサービスで食事を取っていた。カストロが島の別の地域に出張していた十月十五日。その日もいつものように食事が運ばれてきた。グラスにはミルクが注がれていた。ロレンツがそのミルクを飲むと、意識がぼやけてきて、体の動きも急に鈍くなった。眠り薬のようなものがミルクに入れられていたのだ。ロレンツはドアに錠を下ろす間もなく、その場で眠り込んだ。

ロレンツの意識が戻ったのは、車の中であった。ロレンツの知らない男が運転をしている。しかし薬が効いていたため、ロレンツはすぐに再び意識を失った。

その次にロレンツが覚えているのは、金属製の台に乗せられ、腕に注射されたことだった。医者らしき男と、別の男が言い争っているようだった。医者とみられる男が「そんなことはしたくない」と言っていた。

再びロレンツが目を覚ましたとき、赤ん坊がいるはずのお腹がぺちゃんこになっていた。ロレンツの後ろのほうで赤ん坊の泣き声が聞こえた。「私の赤ちゃん、生きている！」とロレンツは思った。ロレンツは赤ん坊を助けたくて、必死でカストロの名を呼んだ。知らない男が現れて、「私がフィデルだ」と話しかけてきたが、ロレンツにはその男がカストロでないことはわかっていた。再び注射をされ、何人かの手でロレンツは抱え上げられ、車に乗せられた。車の中でロレンツは再度、気を失った。

悪夢

ロレンツは自分の部屋のベッドの上で目が覚めた。あれは夢だったのだろうか。いいや、違う。ロレンツのお腹の中の赤ん坊はいなくなっていた。悪意に満ちた陰謀がそこにあった。部屋のドアが開いた。当時のナンバー3、カミロ・シエンフェゴスだった。シエンフェゴスはロレンツの姿を見て驚いて言った。「いったいどうしたんだ!?」

ロレンツはかなり出血していた。のどもカラカラに渇いていた。後で知ったのだが、陣痛誘発剤を急に与えられたせいであったという。シエンフェゴスは、ほぼつきっきりでロレンツを看病した。彼は事情をようやく理解したようだった。カストロの留守中に何者か（おそらくはカストロ政権内でカストロやロレンツに反感を持つ者、あるいはＣＩＡの工作員）が飲み物に眠り薬を入れロレンツを拉致、陣痛誘発剤で無理やりロレンツの赤ん坊を取り上げたのだ。

シエンフェゴスはカストロに電話で事情を説明した。受話器の向こう側でカストロの叫び声が聞こえてきた。「ノー、ノー、何と言うことだ！　誰の仕業だ？」

当時のロレンツにとって、一体誰が何の目的でこのような仕打ちをしたのか、全く理解できなかった。ロレンツは赤ん坊を失ったことで精神的に深く傷つき、敗血症を患い、高熱と出血で体もぼろぼろになっていた。アメリカで治療を受けるほかに、安全な方法はないようだった。シエンフェゴスはニューヨークにいるロレンツの家族に連絡し、すべてを手配した。

ロレンツはカストロのいるキューバから離れたくなかったが、どうしようもなかった。カストロにもらった婚約指輪をはめ、カストロのラブレターをポケットに突っ込み、すぐにキューバに戻ってくるつもりで、アメリカへ向かう飛行機に乗り込んだ。

3. カストロ暗殺計画

マインド・コントロール

ロレンツがハバナで陰謀に巻き込まれ、赤ん坊を奪われたという事情を知らない質問者のトリプレットは、ロレンツが説明する事態の急展開に戸惑った。「だれがあなたを飛行機に乗せて米国に連れ戻したのですか?」

「カミロ・シエンフェゴスです」

「そのとき、あなたはフィデル・カストロと喧嘩別れしたのですか?」

「いいえ、していません。フィデルはこのことが起きたとき、島の反対側にいて、何も知らなかったのです」

ロレンツは、カストロさえ自分のそばにいてくれたら、こんなことは起こらなかったと確信していた。

「米国のどこに戻ったのですか?」

「ニューヨークです」

ようやくニューヨークにたどり着いたとき、ロレンツは貧血と敗血症に苦しんでいた。出血を止めるためには手術が必要で、到着の翌日にはルーズベルト病院に入院した。

ロレンツは空港に到着した直後から、ＦＢＩ（米連邦捜査局）が常に監視する〝保護拘束下〟に置かれた。〝共産主義の独裁者の情婦〟となった危険人物兼被害者であったからだ。病院でもニューヨーク市警の刑事たちのほかに、ＦＢＩ捜査官がロレンツに対する護衛と取り調べを行った。

ＣＩＡとＦＢＩは、ロレンツのレントゲン写真と医療記録をすべて持っていた。診察の結果、キューバでロレンツがされたことは、中絶ではなく正常出産であったことがわかった。やはりロレンツのおぼろげな記憶が正しかったのだ。ロレンツの赤ん坊は生きて生まれたのだ。

しかし、この陰謀の背後にいたとみられるＣＩＡとＦＢＩは、ロレンツが産んだ子は死んでしまったのだとロレンツに告げ、その「証拠」として手足を切断された男の赤ん坊の死体らしきものを写した写真を見せた。ロレンツは混乱した。自分の赤ん坊は死んでしまったのだろうか。殺されたのか。

ＣＩＡとＦＢＩがロレンツに対してマインドコントロールの実験をしているのは明白だった。ロレンツの子を殺したのはカストロであると思わせ、カストロへの憎悪を植えつけようとしたのである。

ロレンツにとって幸いだったのは、病院の警備がそれほど厳しくなかったことだ。カストロの部下がこっそり忍び込んできて、入院中のロレンツに会いに来た。そして赤ん坊は元気に生きており、カストロがロレンツを愛していて、帰ってきてほしがっていると伝えた。その部下は、今回の恐怖の体験とカストロとは無関係であると書いた書類に署名してほしがったが、体が思うように動かないロレンツはファースト・ネームを書くのが精一杯であった。ちょうどそのとき護衛に気づかれたため、カストロの部下はその不完全な署名の書類を持って、静かに去っていった。

それから何カ月も、ロレンツに対するマインドコントロールの実験は続けられた。新聞などの情報は制限され、FBIやCIAが望まないような情報を提供するおそれがある人々には会わせてもらえなかった。実験グループの望みどおりの言動や態度を取れば、何がしかのご褒美がもらえた。

面会が制限され、常に監視されたロレンツは不機嫌になり、殻に閉じこもるようになった。ロレンツはカストロに会いたかった。時々、気が狂いそうになった。

実験グループのエージェントたちは、徐々にロレンツに対して友人のように接するようになった。彼らはFBI捜査官のフランク・オブライエンとフランク・ランドクィストの二人のフランク、それに彼らの上司でCIAの工作にも関与していたアレックス・ロークらであった。孤独で孤立していたロレンツにとって、やがて彼らは家族同然の存在になっていった。これもマインドコントロールのテクニックの一部であった。

とくにロレンツは、アレックス・ロークに惹かれていった。ロークがロレンツに対して見せた同情と悲しみは本心からのように思えた。ロークは敬虔なカトリック教徒で、「共産主義というのは、神を否定する悪なのだ」と、ロレンツに繰り返し説明した。ロークによると、カストロは反キリストで、ハバナはハルマゲドン（善と悪による最終戦争）の地であった。

彼らはカストロを「共産主義の虐殺者」「赤ん坊殺し」などと呼んだ。そして、ロレンツが悪のカストロを殺しても、神は許してくれるであろうと何度も説いた。カストロは革命の邪魔になるからロレンツの赤ん坊を殺したのだとも言った。ロレンツは乱暴に扱われたので、もう二度と子供を産めないかもしれないという医者のメモも見せられた。

ロレンツは、ビタミン剤であると言われて錠剤も飲まされていた。飲むと思考が鈍り、抵抗力を奪われた。見えない邪悪の力がロレンツを追い詰めていくようであった。

情報操作と投薬によるマインドコントロール——。その薬をビタミン剤だと思っていたロレンツは、退院してからも朝晩となくコーヒーとともに錠剤を飲まされていた。睡眠時間は三時間ほどになり、気持ちもすさんでいった。当然、ロレンツの思考力や判断力も鈍っていった。

家族のように接してくるエージェントたちからは、カストロを憎めと常にそそのかされた。カストロがロレンツの赤ん坊を殺したのだと、何度も吹き込まれた。おそらくそのまま外界から完全に遮断されていたら、ロレンツは洗脳されていただろう。しかしロレンツには、別の情報ももたらされた。カストロからの電報であった。

電報には、電話がほしいと書かれていた。ロレンツが知っているプライベートな電話番号も書かれていた。部屋の電話には盗聴器が仕掛けられている疑いがあったので、ロレンツは外の公衆電話へと急いだ。ＦＢＩのボディガードも後をついてきた。

カストロが電話に出た。カストロは、赤ん坊は元気だと言った。事件にかかわっていた者たちは、すぐに投獄されるだろう、事件に加担した医者は銃殺された、とロレンツに告げた。そばではボディガードが耳をそばだてていた。おそらく、カストロが「かわいい男の赤ん坊が新生児室にいる」と言ったのが聞こえたのだろう。彼らはパニック状態となり、ロレンツから受話器を取り上げ、電話を切ってしまった。

二度目にカストロから電話がほしいとの電報があったとき、ロレンツは深夜、部屋からそっと抜け出し、外の公衆電話へと向かった。一九五九年の十二月に入ったころだとみられる。ボディガードはどういうわけか、いなかった。今度は邪魔されずに、カストロと電話で話すことができるかもしれない。ロレンツは、はやる心を抑えて交換手にカストロの電話番号を告げた。

そのときである。電話ボックスのガラスの一枚が粉々に砕けた。ロレンツは驚いた。ドアを強く閉めすぎたのだろうか、と思った。次の瞬間、口笛そっくりの音、つまり弾丸が空気を切り裂く音がしたかと思うと、ロレンツの頭のそばの枠を銃弾が貫通していった。

「狙われている!」――。ロレンツはとっさにしゃがみ込んだ。同時に、しゃがみ込まなかったら当たっていたであろう箇所に三発目の銃弾が撃ち込まれた。

ロレンツは姿勢を低くしながら、電話ボックスから這い出て、命からがら自宅のアパートまでたどり着いた。いつもだったらいるはずのボディガードたちが現れたのは、それから三十分も経ってからだった。全員で同時に休憩を取っていたのだという。しかしそれまでは、誰か一人は必ず残っていたではないか。

誰がロレンツを狙ったのか。カストロか、CIAか。カストロがロレンツを殺せば、ロレンツは悲劇のヒロインになる。そうなれば、カストロ憎しの気運が盛り上がるとでもいうのだろうか。しかしロレンツを狙ったのは、状況証拠的にはアメリカ政府のエージェントである可能性が強かった。ロレンツは背筋が凍る思いだった。ロレンツは反カストロのプロパガンダの道具でしかないようであった。

プロパガンダ

ロレンツの母親もこのプロパガンダ作戦に一役買っていた。実は母親も第二次世界大戦中はドイツでアメリカの情報部員として働き、その後もアメリカ政府のための情報活動に従事していた（この話はロレンツの自伝に詳しいので、興味のある方は是非、読まれるといい）。ヨーロッパでの任務を終えてロレンツのところへ駆けつけた母親は、上司から「娘をプロパガンダに利用せよ」という命令を受けていたようだった。

ロレンツの母親は命令に従った。革命の英雄であるというカストロのイメージを壊して、身の毛もよだつ怪物に仕立て上げるイメージ戦略の手伝いをした。確かにロレンツの母親にとってカストロは、裕福な医者の息子と結婚して暮らすという娘の幸せを奪った悪魔であり、娘はその怪物の犠牲者であった。ソ連をはじめとする共産主義諸国は敵でもあっただろう。

作られたプロパガンダのプロットは次のようなものだ。キューバで深いトラウマを負った瀕死の少女を、アメリカ的な英雄がフィデル・カストロという反キリストの悪魔から救いだしたのだ、と。

プロパガンダはいつの時代も変わらない。一九九〇年代の湾岸戦争、9・11テロ後のアフガン侵略とイラク戦争でも同様なプロパガンダが常に繰り広げられている。邪悪な敵を作り出し、正義の軍隊がその悪を蹴倒す。大衆を戦争へと駆り立てる巧妙なプロパガンダだ。

記憶に新しいところでは、イラク戦争でのジェシカ・リンチ上等兵のケースがある。イラク軍にレイプされた瀕死の少女を米軍が病院を奇襲して助け出すという〝美談〟が、その筋書きであった。その多くがでっち上げであったことは、リンチ上等兵本人の告白により今では誰もが知っている。六〇年代から同じことが繰り返されている。そこには、そのプロパガンダに踊らされるマスメディアと、それに簡単にだまされる国民という図式がある。彼らは歴史から何を学んでいるのだろうか。

カストロを悪魔に、そしてロレンツを悲劇の少女に仕立て上げたセンセーショナルなプロパガンダ記事は、一九六〇年四月ごろ、『コンフィデンシャル』という三流雑誌にロレンツの母親の署名入りで掲載された。推定読者数は千二百万人。情報機関がリークするにはうってつけの雑誌であった。

「カストロは私の十代の娘をレイプした!」「カストロの甘言に乗って、キューバにおびき出された十八歳のマリタ・ロレンツ、誘拐、レイプの挙げ句、残酷にも人工中絶!」などと扇情的な見出しが躍っていた。

記事の中身はもっとひどかった。それによると、カストロは泣いて抵抗するロレンツの服を引き裂き、十字架のネックレスを引きちぎり、ロレンツを陵辱した。レイプとカストロの体重のせいで、ロレンツの椎間板がはずれ、三日間は歩けなかった。カストロはさらに、ロレンツに麻薬を投与し続けて、逃げられないようにしたという。いずれも意図的なリークによるでっち上げであった。

FBI事務所での会合

トリプレットの質問は続いた。「六〇年に、あなたはフランク・スタージスと米国内で会う機会がありましたか？」

「はい、ニューヨークで会いました」

「いつ、どうやって会ったのですか？」

「東六十九番街二〇一にあるFBIの事務所で、アレクサンダー（アレックス）・ロークと一緒に会いました」

「他にはだれがいましたか、ロレンツさん？」

「二人のFBI局員がいました。それは私がルーズベルト病院を退院した後のことでした。アレックス（アレクサンダー・ローク）とその二人のFBI局員に病院で最初に会い、それからFBI事務所に連れて来られたのです」

「あなたは病院から直接、FBI事務所に連れて来られたのですか？」

「いいえ。私たちはニューヨークに住む家を持っていましたから」

「話をちょっと戻しましょう。病院ではどうやってアレクサンダー・ロークと会ったのですか？　彼はあなたに会いに来たのですか、それともあなたは以前から彼のことを知っていたのですか？」

「私の手術が終わって出てきたときに、病院の中で彼が私に会いに来たのです。どうやって私のことを知って、会いに来たのかは分かりません」

「彼のことは前から知っていたのですか？」

「いいえ」

「彼はあなたに、だれかに頼まれて会いに来たとか言っていましたか？」

「いいえ。彼はただ、ＦＢＩで働いているとだけ言いました」

「あなたは先ほど、ほかに二人のＦＢＩ局員がいたと言いましたね？」

「はい」

「彼らの名前を覚えていますか？」

「フランク・オブライエンとフランク・ランドクィストです」

「フランク・ランドクィスト」

「そうです。ランドクィスト」

「そして、あなたはローク氏とＦＢＩ局員、それにフランク・スタージスに会ったのですね？」

「もう一人、局員がいましたが、名前は忘れました。おそらくＣＩＡ局員だと思いますが」

「だれがその人物のことをＣＩＡ局員だと告げたのですか？」

「フランク・スタージスです」

「ＦＢＩ事務所での会合の目的は何だったのですか？」

「その会合では、私たちは長いこと討論しました。彼らは私にキューバに戻り、フィデル・カストロのスイート・ルームからできる限り書類を盗んでくるよう要請しました。私には軍服もあったし、当時はまだ、クバナ航空も運航していました。私がキューバに戻っても怪しまれないぐらいの不在期間であるということで、私もキューバに行くことに同意しました。それに私もフィデルと話をしたかったのです。だけど彼らはちょうどフィデルが島の反対側にいるときを見計らって、私をハバナのスイート・ルームに送り込んだのです」

ここで少し説明を加えなければならない。ロレンツの伝記によると、プロパガンダ記事が掲載される前の一九五九年十二月下旬、CIAはロレンツをキューバに下見に行かせ、カストロがどのような反応をするか様子をみることにしたという。その打ち合わせをしたとみられるFBI事務所での会合は、当然一九五九年のことと思われるが、トリプレットは一九六〇年のことのように質問している。おそらくFBI事務所では何度も会合を開いているため、混乱が生じたのだろう。ロレンツの記憶違いの可能性もある。

一九五九年十二月の話だとして、そのときのカストロとの再会はどうであったのか。実は、この後の委員会でのロレンツの証言と自伝に書かれていることにも矛盾がある。自伝ではカストロに会ったことになっているが、委員会の証言では会っていなかったことになっている。この矛盾点については後で触れるつもりだ。委員会におけるトリプレットの質問に戻ろう。

トリプレットはロレンツに聞いた。

「そのときはフィデル・カストロを暗殺するという話は出なかったのですか?」

「そのときは出ませんでした。その話はさらに後のことです」

「フランク・フィオリーニ、スタージスもその会合に出席していたのですか?」

「はい。事務所の会合に出席していました。そうです。そのとき、私たちは……」

トリプレットはロレンツの答えをさえぎって、質問を続けた。「スタージスについて話を聞かせて下さい。そのときの印象では、彼はＦＢＩかＣＩＡで働いている感じでしたか？　彼の役割は何だったのですか？」

「彼はＣＩＡのために働いていると聞かされました」

「だれがそう言ったのですか？」

「アレックス・ロークです」

「スタージスがＣＩＡのために仕事をしていることを証明するような身分証明書か何かを見ましたか？」

「フランクはたくさんの身分証明書を持っています。シークレット・サービスとか」

「シークレット・サービスの身分証明書を持っていたのですか？」

「ＦＢＩとか、ＣＩＡも」

「ＦＢＩ、ＣＩＡ、シークレット・サービスなどいく種類もの身分証明書を個人的に見たのですか？」

「彼はそれらを異なる身分証明書と呼んでいました」

「そうではなくて、実際にそれらを見たのかという質問です」

「はい。マイアミで見ました」

「分かりました。それではその会合の目的は、あなたをハバナに行かせ、フィデル・カストロのところからもっと書類を取ってこいということですね」

「最初の会合ではそうです」

カストロとの再会

トリプレットは聞いた。「それで、ハバナには行ったのですか？」

「はい、行きました。マイアミまで車で行き、そこからハバナに出発しました」

「あなたは実際にフィデル・カストロのスイート・ルームに戻ったのですか？」

「はい、私は部屋の鍵を持っていましたから」

「そのときは、カストロに会ったのですか？」

「いいえ。その代わり、チェを見ました」

「チェ・ゲバラのことですか？」

「はい。彼は他の部屋で寝ていました。隣接したスイート・ルームがあったのです。私は二四〇八号室に行きました。そこにフィデルは書類を保管していたのです」

再びキューバに戻ったとき、ロレンツはカストロに会わなかったという。しかし、自伝では次のように書かれている。

ハバナ・ヒルトンに着いたとき、私は心配と怒りで半ば気が狂いそうだった。私は自分の赤ん坊に会いたかったが、フィデル（カストロ）は許してくれなかった。彼は赤ん坊が実際にどこにいるのかもわからないと言った。

フィデルは、私が赤ん坊に会えるのは、私がキューバに戻り、キューバ国民とともに永住し、彼と私たちの赤ん坊と一緒に暮らす場合だけであると念を押した。私がキューバに戻れば、三人一緒で暮らすことができるのだ。ただし私は、息子をキューバから連れ戻すつもりも、ちょっと合わせてほしいといって彼を困らせるつもりもなかった。キューバでは、キューバ人の父親によって生まれた子供は、母親ではなく父親のものなのだ。

このように自伝でロレンツは、ハバナではカストロと赤ん坊について話し合ったと主張している。さらに自伝では、カストロの勧めに従ってキューバに残れば、FBIやCIA、それに反カストロのキューバ人から、強烈な圧力がかかることをおそれて、アメリカに戻ったとも書いている。だが、委員会ではカストロに会わずに、ただ書類などを盗んだと証言している。

「そのとき、あなたは実際に書類を盗み出したのですか?」と、トリプレットは聞いた。

「はい、盗みました」

「そのときは、どれだけキューバに滞在したのですか?」

「一泊だけです」

「それでマイアミに戻ったのですか?」

「そうです」

「書類はどうしたのです?」

「アレックス・ローク、フランク、それに他の四人、たぶん政府の人間だと思いますが、彼らに渡しました」

「その四人がだれだったか覚えていますか?」

「いいえ」

こうしてロレンツは委員会では、カストロに会わずに、書類を盗んだだけであると証言した。五九年十二月下旬にロレンツがカストロと再会したのかどうかは不明だ。電話で話しただけなので、会わなかったと証言したのかもしれない。ここでわかっているのは、後にカストロ暗殺の特命を受けてキューバに渡る前に、カストロの反応をみるために一度、ロレンツがキューバを訪ねたということだ。この後、委員会でも、カストロ暗殺計画についてのロレンツへの質問が始まる。

刺客となった女スパイ

「その後、フランク・スタージスと会合を持ちましたか?」

「はい、何度も」

「会話の話題がフィデル・カストロ暗殺をテーマとした会合もあったのですか?」

「はい」

カストロ暗殺計画——。ロレンツは最初にこの計画を聞いたとき途方もない考えだと思った。書類を盗むことぐらいは何でもなかった。しかし、盗みと殺しでは全く違う。そんな大それたことをロレンツに実行しろと言うのか。

そのころ、ロレンツに対する説得工作が執拗に続けられていた。カストロがロレンツの赤ん坊を殺したのだから、カストロを殺して復讐しろと、事あるごとに言われた。ほかにも、アメリカ人が捕虜になってカストロに拷問されているとか、カストロがラテンアメリカ諸国を侵略しながらアメリカに攻めてくるとか、キューバ東部にある米軍のグアンタナモ基地の兵士を皆殺しにする計画が進行中であるとか、ありとあらゆる〝情報〟が吹き込まれた。

ロレンツもカストロを憎もうと努力したという。国家の安泰のため、カストロと戦わなければならないのだと、自分に言い聞かせもした。わざと怒りを高め、復讐は当然であるかのように考えるようにした。しかし、カストロを軽蔑すればするほど、自分自身にウソをついていることがわかり、そのような自分に嫌悪感を覚えるのであった。


「最初にその話題が出たのはいつでしたか？」

「マイアミと、それからニューヨークで」

「いつだか覚えていますか、何年だったとか？」

「六〇年の初めです。アレックスから、私だけが、中に入り込み、仕事をし、脱出できる人間だと言われました」

「それらの討議には、他にだれが参加していましたか？」

「二人のFBI局員がいました」

「その二人の名前を覚えていますか？」

「フランク・オブライエンとフランク・ランドクィストです」

「彼らはニューヨークのFBI局員だったんですね？」

「そうです」

「フランク・フィオリーニ、スタージスも、そうした討議に参加していたのですか？」

「いいえ。彼はマイアミにいましたから。でも彼は、その計画の説明をすることになっていました。だから私たちはマイアミに車を運転して戻ったのです。アレックスと二人のキューバ人が武器を積み込んで、マイアミまで運転したのです」

「その二人のキューバ人とはだれですか？」

「二人のキューバ人の兄弟です。一人はいわゆる訓練を受けるため北か南のカロライナ州で降ろし、もう一人はマイアミまで私たちと一緒に旅を続けました。マイアミで私たちはフランクに会ったのです」

後に判明するが、この二人のキューバ人こそ、忘れもしない一九六三年十一月、ケネディ暗殺直前にマイアミからダラスに向かった車の中にいたとされるキューバ人のノボ兄弟だ。単なる書類の入手から、今度はカストロ暗殺計画の実行へと急展開したこのころから、ロレンツは亡命キューバ人のグループとのつき合いが多くなった。後に出てくる暗殺・非合法集団「オペレーション40」にロレンツが組み込まれるのもこの頃だ。ロレンツはマイアミで、カストロ暗殺に必要な殺しのテクニックを覚えさせられる。

「すみませんが、その二人のキューバ人の名前を覚えていますか？」

「ナバロ、もしくはノボ兄弟です」

「分かりました。それであなた方はマイアミに行き、フランクに会ったのですね？」

「そうです」

「そして、その時点で、あなたたちは計画を実行に移したのですか？」

「おそらくフランクはニューヨークから電話で指令を受け、私を訓練することになったのだと思います。私は隠れ家に連れて行かれました。そこで三週間滞在し、来る日も来る日も、昼も夜も、話を聞かされ続けました」

「だれが話をしたのですか？」

「フランク、アレックス、ペドロ」

「ペドロとは、ペドロ・ディアス・ランツのことですね？」

「その通りです。私だけしかできない、私だけが唯一忍び込める人間だと何度も聞かされました」

「その後、キューバに行ったのですか？」

「はい。私は何度も次のようなことを聞かされました。後にウソだと分かるんですけど、フィデルが私の赤ん坊を殺したって言うんです。私はほとんどそれを信じ込みました。彼らは私を当てにしていたんです。彼らは私に、カストロ暗殺は国のためだと言いました。フィデルは悪いやつで、共産主義者によって洗脳されているとか、私が持ち出してきた書類や手紙によってそれは確認された、などと言ったのです。私がミサイル基地の航空写真のような展望図を取ってきたとも言われました」


一九五九年を振り返ると、共産主義の脅威がアメリカ国民の間に台頭した時代だったともいえる。冷戦は激化、東西の緊張は常に高まっていた。突如、米国の目と鼻の先に誕生したカストロ政権はまさにその象徴だった。次第に共産主義色を強く出していったキューバは米国の国家安全保障上、危険極まりない国の一つとなった。ロレンツがもたらしたというミサイル基地の情報も、キューバに対する不信感を増幅させたであろう。アメリカ国内では反共運動が盛んになり、しきりにキューバの脅威を伝える情報が意図的に流布された。キューバがテキサス州に攻めてくるとの噂も流れるそんな時代だった。その中でロレンツの〝悲劇〟は、格好の宣伝材料を提供した。

「今になって思うと、あのときなぜプロパガンダに反論しなかったのだろう」とロレンツは自問自答した。おそらく当時の反共産主義の風潮に流されてしまったのだ。カストロが自分の子供を殺したかもしれないとの疑惑も頭から離れなかったことも影響したに違いない。ロレンツは当時、内心忸怩たるものを感じながらも、敢えてカストロを弁護する気にもなれず、体に負った傷の痛手とともに心に傷を負いながら内に引きこもってしまっていた。その深い暗闇の中から抜け出す道は、カストロ暗殺しかないのかもしれない、そう思うようになっていた。

トリプレットはロレンツに、カストロ暗殺計画の具体的内容について質問を始めた。

「ロレンツさん。その計画の説明、もしくは訓練を受けた後、実際に何をしたのですか？　ハバナに戻ったんでしょう？」

「私は与えられました。そうです」

「何を与えられたんですって？」

「ボツリヌス菌の毒の入った二つのカプセルです」

「そのカプセルを持ってハバナに戻ったのですか？」

「はい」

「カプセルはどうなりましたか？」

「飛行機からキューバの島影が見えてくると、急に怖くなり始めたのです。私はカプセルを冷たいクリームの入ったビンの中に入れました。ハバナにやってくる旅行者をフィデルの部下が調べると聞いたからです。カプセルが見つかってしまうんではないかと恐れたんです。でも何とかやり過ごし、目指すスイート・ルームにたどり着いたのです」

「スイート・ルームに着いたとき、あなたは何をしましたか？」

「何もしませんでした」

「カプセルはどうしたんです？」

「冷たいクリームの入ったビンの中です」

「スイート・ルームにはどれだけ滞在したのですか？」

「一泊です」

「その冷たいクリームからカプセルを取り出しましたか？」

「いいえ」

「最終的にそのカプセルはどうなったんですか？」

「帰るときに捨てました。私はフィデルと過ごしたんです」


チャンスはあったのだ。殺すチャンスは十分にあった——。

暗殺計画の最中、ロレンツはカストロへの愛とＣＩＡへの義務との間で板挟みになり、心が引き裂かれそうになった。カストロへの愛は、ＣＩＡによる洗脳にもかかわらず、そのときでさえも不思議なことに変わってはいなかった。しかし、同時に頭の中には「お前にしかできないんだ」「カストロは悪だ」「お前の赤ん坊を殺した悪魔だ」「暗殺は合衆国のためだ」など、暗殺を正当化するスタージスやロークの言葉が響いていた。

ロレンツの回想は続いた。ロレンツは、ハバナ・ヒルトン二十四階にあるカストロのスイート・ルームに忍び込んだ。忍び込んだといっても、鍵はカストロからもらってずっと持っていたので簡単に入ることができた。部屋はカストロと過ごした以前のままだった。

バスルームに入り、クリームからカプセルを一つ取り出した。心臓は高鳴り、カプセルを持つ手が震えていた。カプセルに着いたクリームを拭おうとした瞬間、カプセルは手からすべってビデの中へ落ち、ピシャッと音を立てた。波紋が頭の中に広がった。

「もう御免だわ」とロレンツは心の中で叫びながら、残ったもう一つのカプセルもクリームから取り出しビデの中に投げ捨てた。

ロレンツがバスルームを出て、部屋の中を歩き回っているちょうどそのとき、カストロが部屋に入ってきた。カストロはわずかに驚いた様子だったが、すぐにロレンツを抱きしめた。その晩の演説のために少し休まなければならないとロレンツに告げた。

ロレンツは疲れ切った様子のカストロに言った。「赤ん坊はどうなったの?」

カストロはその質問には答えず、ロレンツがカストロのために戻ったのか、それともカストロを殺しに来たのかを尋ねた。ロレンツはその両方だと答えた。

カストロは、ロレンツの拉致事件に関しては自分が関与していなかったことや赤ん坊を取りあげた医者が処刑されたことをロレンツに話したが、赤ん坊については「キューバの父親のもとで生まれた子はキューバに帰属する」としか言おうとしなかった。ロレンツは「私は母親よ」と言い返した。

カストロはそれ以上踏み込まず、「疲れた」と言ってベッドに横になった。そして目をつぶったままロレンツに「やつらが私を殺しにお前を寄こしたのか」と聞いた。ロレンツは一瞬氷りついた。カストロに見透かされていたのだ。「どうしよう」と狼狽しかけたが、同時にカストロが落ち着いた様子だったので、すぐに平静になり、「そうよ、私はあなたを殺しに来たのよ」としっかりと答えた。

驚いたことに、カストロはそれを聞くと、スタンドに掛けてあったガンベルトに手を伸ばした。革命運動の間、肌身離さず携行していた銃を取り出し、ロレンツに「さあ」と言ってそれを手渡したのだ。その銃で殺してみろと言わんばかりだった。ロレンツは銃を受け取り、リリース・ボタンを押して、四十五口径のクリップをはずした。目をつぶって横になっていたカストロは、その音で一瞬ビクッとなったが、身を守ったり逃げようとしたりせず、目も閉じたままだった。

「錆びているわ」とロレンツは言った。「油をささないと」

カストロは静かに、確信に満ちた声で言った。「だれもできないんだよ、マリタ。誰も私を殺すことはできない」

「赤ん坊のためだったらあなたを殺せるわ」――。ロレンツはそう答えながらカストロに飲み物を手渡した。本当だったら毒の入った飲み物のはずだった。カストロはそれを無条件に飲み干した。二人はそのままベッドで横になった。やがて抱きしめ合い、数分後には裸になって愛し合っていた。

カストロを殺そうなどという考えは、二度とロレンツの頭をよぎることはなかった。


「どれだけそこに滞在したんですか？　ほんの一泊して、次の日帰ったんですか？」――。トリプレットの質問が再びロレンツを現実に引き戻した。

「私はフィデルと五時間ほど会いました。私は何も言いませんでした。そして次の朝、帰ったのです」。ロレンツはこう答えるのが一番いいと感じた。

「その滞在で、書類は盗んだのですか？」

「いいえ」

「その後、再びキューバに戻ることはありましたか？」

「フィデルは私に残って欲しかったのです。だけど私は〝できない、帰らなければならない〟と言いました。なぜならフランク（・スタージス）は私に、ある一定の時間内に戻らなければ、フランクが私を探しに来て、私を連れ戻すと話していたからです」

「あなたはフィデル・カストロに、フランクがあなたを連れ戻しに来るだろうと言ったのですか？」

「いいえ。私はどちら側も傷つけたくなかった」

二人が愛し合った後、カストロは演説の準備のために外出しなければならなかった。ロレンツはカストロが部屋から出て行く前に、カストロに抱きつき、赤ん坊に会わせて欲しいと再び懇願した。ロレンツの心に大きな穴が開き、自分の手で息子を抱きしめないと、その穴は埋まりそうになかったのだ。カストロの答えは、かたくなだった。キューバにとどまれば、三人で暮らせるのだとカストロは主張した。

しかしキューバにとどまれば、CIAの連中はロレンツをどこまでも追いかけてくるだろう。裏切り者だとして、ロレンツを殺そうとするかもしれない。ロレンツには、キューバを離れることが最良の方法に思えた。

「その滞在の後、キューバに戻る機会はあったのですか?」と、トリップは質問を繰り返した。

「いいえ、ありませんでした」

「その後、フィデル・カストロと一度でも接触したことはありますか?」

「いいえ、ありません」

「覚えている限りで、その後、フィデル・カストロの配下の者と接触したことはありますか?」

「いいえ」

ロレンツは再び回想する。カストロが部屋を出て行った後、ロレンツはカストロと息子宛てに手紙を書いた。「殺しの費用」として事前にもらっていた六千ドルのうち五十ドルだけをロレンツがもらい、残りは手紙と一緒にドレッサーの上に置いた。

CIAのカストロ暗殺計画は大失敗に終わった。CIAはカストロを殺すためにロレンツをキューバに送り込んだ。ところがロレンツは、殺すかわりに「共産主義者の悪党と寝て、しかも六千ドルをくれてやった」わけだ。

ロレンツは泣きながらホテルを出て、空港へ急いだ。CIAの工作員らはそれを見て、カストロが死んだのでロレンツは泣いているのだと勘違いして、歓喜した。しかし、やがて彼らの歓喜は怒りに変わる。カストロが演説場に元気な姿で現れたからだ。マイアミに戻ってきたロレンツに、罵詈雑言が浴びせられた。

「ちくしょう。これで作戦全部が台無しだ。この馬鹿なあばずれが！　ワシントンに何と報告すればいいんだ」と、工作員の一人が毒づいた。ロレンツも強がって言った。「電話して、だれかほかの人間を使ったらいいでしょう！」

ロレンツにとって、カストロ暗殺はＣＩＡと亡命キューバ人による戦争であり、もはや関係のないことのように思われた。カストロを殺さなかったおかげで、「フィデルはこれからも病院や学校を建てられる」とロレンツは説明したかったが、彼らはそのような話を聞く耳をもっていなかった。

マイアミの隠れ家に戻ってからも、彼らの怒りは収まらなかった。ＣＩＡ工作員の一人が電話をしながら叫んでいた。

「あのアマ、台無しにしやがった。しくじりやがったんだ。畜生！」

ロレンツは落ち込んだ。「私は母親の期待を裏切り、父親の期待を裏切り、そして私自身の期待をも裏切ったわけね。もう、一人きりになりたいわ」と、ロレンツはつぶやくように言った。

ロレンツは当時、自分のせいで作戦が失敗したのだから、ＣＩＡもロレンツのことをあきらめて解放してくれるだろうと、高をくくっていた。当然のことだが、その考えは甘かった。逆に彼らは、暗殺未遂にかかった費用は働いて返してもらうとロレンツに告げた。植えつけられた罪悪感から、ロレンツはその命令に従わざるをえないと感じていた。ロレンツはこうして、暗殺集団とともに抜け出ることのできない泥沼にはまっていったのだ。

4. 殺人集団

オズワルドとの最初の出会い

トリプレットの質問は、カストロ暗殺計画からケネディ暗殺事件の核心となる人物であるオズワルドと謎の暗殺集団、オペレーション40の話に移った。オズワルドとはもちろん、ケネディを暗殺したとされる人物である。暗殺の真相を語る前に、キューバの賭博利権をカストロに奪われたとみられるジャック・ルビーというマフィア関係者に撃ち殺された。オズワルドは口封じのために殺された可能性が強い。

「リー・ハーヴィー・オズワルドに会ったことがありますか？」

「はい、あります」

「いつ、どこで、最初に彼に会ったのですか？」

「最初に彼に会ったのは、マイアミの南西部にある隠れ家でした。当時、私たちはそこで生活していました。フランク（・スタージス）が責任者でした」

「そこには他にだれがいたのですか？」

「ペドロ・ディアス・ランツと、私たち、フランク・フィオリーニ（スタージス）のグループの他のメンバーです」

「あなたたちの他のメンバーとはだれだか教えてもらえますか？」

「アレクサンダー・ローク、ペドロ・ディアス・ランツ、オーランド・ボッシュです」

「あなたたちのメンバーであなたが覚えている人はほかにいませんか？」

「ジェリー・パトリック・ヘミング。私たちの多くはニックネームを持っていました」

悪名高いボッシュのことは後で触れるとして、ヘミングも、オズワルド同様に謎が多い人物である。元米海兵隊員で、一九五九年にＣＩＡの工作員としてキューバに潜入、水面下でカストロ政権に対するテロ活動に従事したとみられている。スタージスと同様にカストロ政権内部に食い込みながら、内部から政権打倒を図った疑いが強い。

同じく海兵隊員だったオズワルドとの接点も多く、二人は一九五〇年代の同時期に同じ海兵隊航空団に所属、日本の厚木基地で一緒に働いていたのである。その後もオズワルドの行く先々でヘミングが現れる。ロレンツも証言で、オズワルドとヘミングが同じ工作部隊に属していたことを明らかにしている。

「あなたが当時、〝グループ〟と呼んでいたのは、このオペレーション40のことですね？」

「はい」

「オペレーション40とは何だったか、簡潔に教えてもらえますか?」

「訓練された暗殺者の集団です」

オペレーション40

「訓練された暗殺者の集団……。殺人の訓練をするに当たって、特別な標的があったのですか?」とトリプレットは聞いた。

「私たちの邪魔をする者はだれでも」

「つまり、キューバ人だろうと、米国人だろうと、だれでもですか?」

「だれでもです」

ロレンツの自伝でも詳細は明らかにされていないが、ロレンツのグループが武器庫を襲撃するときは、事前に衛兵や職員を買収し、それに応じなかったり裏切ったりした場合は衛兵を始末することもあったという。

「だれが訓練したのですか?」

「えり抜かれた人です」

「グループを訓練したのはだれですか?」

「フランク・フィオリーニ(スタージス)です」

「ほかにだれか訓練に携わった人はいましたか?」

「ジェリー・パトリック、ペドロ、ほかにも何人か」

「ペドロとは、ペドロ・ディアス・ランツのことですね?」

「はい」

「ほかの人の名前を覚えていますか？」

「米国人の大佐がいましたが、名前は覚えていません」

「どういう種類の訓練をしたのですか？」

「どういう訓練かですって？　ゲリラ戦争、プラスチック爆弾、武器、攻撃、護身術」

もちろんオペレーション40がやっていたことは軍事訓練だけではなかった。実際には軍の武器庫や民間の銃砲店から武器や兵器を奪い、それを秘密基地に運搬することも日常的に行っていた。運搬用のヨットを盗むことや守衛を殺すことも躊躇しなかった。訓練はそうした盗みや殺しの技術を学ぶものだった。

武器を運搬中に地元警察の職務質問を受けることもあったが、警察内のある電話番号にかけると無罪放免になった。仮に逮捕されても、ワシントンのしかるべき人物に電話すれば、最終的には釈放された。

つまり、このオペレーション40の非合法活動は、ＣＩＡのお墨付きを得ていたのだ。ロレンツたちに報酬が入った封筒を手渡すのは、エドゥアルドことハワード・ハントという、後にウォーターゲート事件で悪名を馳せたＣＩＡ情報部員だったともロレンツは証言している。

「どこで訓練したのですか？」

「フロリダの小島にあるエバーグレイズで」

「武器と言いましたが、どういう種類の武器を使ったのですか？」

「Ｍ－１とか、自動小火器、ピストル、ナイフ、銃剣」

「このグループと一緒にオズワルドにも会ったと言いましたね？」

「はい、初めて」

「どういう名前を使っていましたか？」

「私はいつもオズィーと呼んでいました。私は〝彼はここで私たちと何をしているのか？〟と聞いたんです。オブライエンは〝彼には彼の目的があるのだ。気にしなくていい〟と言っていました。私がそのグループのメンバーだったのは、フィデルと関係があったからです。私はそこではただ一人の女性でした」

軍事訓練

オペレーション40の主要メンバーは、カストロに恨みをもつ亡命キューバ人たちだ。ロレンツは「カストロに赤ん坊を殺された」ことになっていたので、メンバーの資格は十分にあった。ところがオズワルドだけは、キューバやカストロと関係があるようには思えなかった。

「あなたはオズワルドが関係した訓練に参加したことがありますか？」と、トリプレットは聞いた。

「はい」

「それについて教えてもらえませんか？」

「ただの軍事訓練です。一般的な訓練、標的訓練、夜間の上陸訓練、それにプラスチック爆弾のテストとか」

「オズワルドが訓練を受けていたとき、あなたはそこで何回ぐらい居合わせたのですか？」

「三、四回です」

「それはいつ頃ですか？」

「六一年の初めから私がその隠れ家を出たときまでです」

「いつその隠れ家を出たのですか？」

「訓練の最中に私が撃たれたときです。私は怪我を負い、オーランド・ボッシュが傷口の治療をしてくれました。私はマイアミに運ばれました。私は辞退を申し入れたのですが、フランクは、私には非常に利用価値があるということで、辞退させてくれませんでした。彼は私にとって三つ目となる任務があると告げました〔注：おそらくカストロの部屋から書類を盗むことが第一の任務で、カストロ暗殺が第二の任務であったとみられる〕」


ロレンツは、訓練中に受けた首の傷について思い出していた。だれかがロレンツを背後から撃ったのだ。後ろの首から血が流れ出し、痛みが後から襲ってきたのを今でも鮮明に覚えていた。

「医療班を呼べ！」とだれかが叫んでいた。血は背中を伝わってどんどん流れ落ち、止まらない。初期のショック症状が収まると、全身を刺し貫くような痛みがロレンツを襲った。応急手当てだけではどうしようもなかったので、マイアミに住むオーランド・ボッシュという反カストロ・グループに属する医者〔注：後に凶悪なテロリストであることが判明する〕の治療を受けることになった。

だれがロレンツの首を撃ったのか。本当にただのアクシデントだったのか。カストロ暗殺に失敗したロレンツを恨みに思っている反カストロ亡命キューバ人は多かった。そのうちの一人かもしれない、とロレンツは疑っていた。

しかし、不幸中の幸い、この傷のおかげでロレンツはキューバ侵攻作戦、つまり歴史上ではピッグズ湾事件として知られる作戦に参加せずにすんだのである。その作戦に参加していたら、ロレンツは命を落としていたかもしれない。

ピッグズ湾事件

一九六〇〜六一年当時、ロレンツが受けていた訓練は、キューバへの侵攻作戦を遂行するためのものであった。ロレンツ以外のメンバーのほとんどが反カストロの亡命キューバ人で、カストロ政権打倒に命をかけていた。CIAは彼らを利用して、キューバ侵攻作戦を実施する計画を秘密裡に進めていた。

カストロ暗殺に失敗したロレンツは、半ば懲罰のようにこのグループに配属させられた。単独ではカストロを殺せなくとも、グループでなら上司の命令によりカストロの部隊を躊躇することなく攻撃できるのではないかという思惑もあったようだ。事実、訓練では考えるよりも先に相手を殺すことに重点が置かれた。戦争は常に、人間性のかけらさえも兵士から奪っていく。ロレンツの自伝によると、ロレンツのグループはキューバ侵攻の最初の攻撃グループに入っていた。ロレンツは五百人の男とともにエバーグレイズに送り込まれ、一カ月間の強化トレーニングを受けた。その合同訓練の最中にロレンツは何者かに首を撃たれたのだった。

ここで、ロレンツが巻き込まれずにすんだピッグズ湾事件について説明しよう。

アメリカ政府は、目と鼻の先に誕生したカストロ政権がソ連への傾斜を強めると、CIAによる工作を開始した。それがカストロ政権に対する破壊工作であったり、カストロ暗殺計画であったりしたことはすでに述べた。一九五九年後半から六〇年にかけての話である。

当時、アメリカの大統領は共和党のドワイト・アイゼンハワーであったが、副大統領のリチャード・ニクソンがキューバ問題を担当した。この年はちょうど大統領選挙の年で、ニクソンは共和党の大統領候補として選挙活動を展開していた。

CIAの工作員だったロバート・マローの証言によると、ニクソンは一九六〇年十月、CIAの仲介で、ある亡命キューバ人のグループと密約を結んだという。そのグループは反共産主義勢力で、キューバ侵攻が成功した場合は、その他の〝邪魔なグループ〟のリーダーは抹殺し、キューバに親米政権を樹立する。一方アメリカは、亡命キューバ人のグループを軍事訓練し、彼らがキューバに侵攻する際、空爆など必要な軍事支援を実施することを約束したのだという。

ところがここで不測の事態が起きた。大統領選に勝利すると思ったニクソンが、民主党の若き政治家ジョン・F・ケネディに僅差で敗れたのだ。CIAの対キューバ工作班は戸惑った。ニクソンが大統領であれば、すぐにもキューバ侵攻にゴーサインが出されるはずだったからだ。侵攻計画を実現させるには、ケネディを説得しなければならなくなった。

一九六一年一月、大統領に就任したケネディに対して、CIA幹部たちはキューバのカストロ政権がアメリカの安全保障にとっていかに危険であるかということを説き続けた。CIAは、すでに亡命キューバ人のグループが戦闘態勢を整えているとケネディに説明。カストロ政権打倒軍がキューバに上陸さえすれば、〝独裁者カストロ〟の〝圧政〟に苦しめられている国民が蜂起し、容易にカストロ政権を駆逐できると主張した。

当初、作戦は二月に予定されていたが、ケネディは国際世論の動向を懸念して侵攻を認めようとしない。しかし、CIAが絶対にうまくいくと請け負ったことなどから、ケネディはとうとうゴーサインを出す。

四月十六日、偽装のためニカラグアを飛び立った米軍のB－26爆撃機がキューバの空軍基地を爆撃。翌十七日には、千五百人のカストロ政権打倒軍がピッグズ湾からキューバ上陸を開始した。ところがケネディ大統領は、空爆が米軍によるものであることがわかると国際的な非難にさらされるのではないかと恐れて、予定していた二度目の空爆を中止。このためピッグズ湾に上陸した亡命キューバ人の部隊は孤立無援となった。怪我をしなかったら、この中にロレンツがいたかもしれないわけだ。孤立した反カストロ分子の多くはカストロの部隊に殺されたり、捕らえられたりし、計画は大失敗に終わった。

この二度目の空爆中止をめぐっては、ケネディ政権内部でかなり激しい意見対立があったことが知られている。ケネディの側近には、キューバ侵攻への米国の支援が明らかになればソ連の介入を誘発し第三次世界大戦へと発展しかねないと、空爆に反対する者も多かった。一方、アレン・ダレス長官らCIA幹部は、国際世論など無視して徹底的にカストロ軍を空爆でたたくべきだと強硬に主張した。

大統領選に勝っていれば当然この作戦を指揮することになっていたリチャード・ニクソンの自伝には、ケネディは政権内部の空爆反対派とCIAの空爆強硬派の間をとって三回爆撃する計画でいったんは了承した。しかし、国際世論の批判を恐れて三回のうち二回をキャンセルしたのだと記されている。

米ジャーナリスト、クリストファー・マシューズの著作『ケネディとニクソン』によると、CIAのキューバ侵攻計画担当の情報部員ハワード・ハントらは、キューバ侵攻計画に参加する反カストロ部隊から、どうやったらキューバに上陸する少数の部隊がカストロの二十万人もの大軍に対して戦えるのかと聞かれて、空からの米軍による援護爆撃で、あらゆるキューバ軍の戦闘車両や戦闘機を戦闘不能にするから大丈夫だと保証していたという。その保証は、ニクソンが大統領になった場合の保証であったのだろう。少なくともケネディ政権首脳から来ているものではない、ただの空手形であった。

ケネディが空爆を一回しか認めなかったことは、CIAとカストロ政権打倒軍にとっては大誤算であった。ケネディが二回目の空爆を躊躇しているとき、ハントらはCIAの戦争会議室で、早く空爆するよう激しくケネディらをののしっていたという。

ニクソンの自伝によると、ピッグズ湾事件の失敗でケネディはもちろんのこと、CIA幹部も大いに落胆した。うなだれて肩を落としたダレスCIA長官は思わずニクソンに漏らしたという。「ああ、彼（ケネディ大統領）には失敗は絶対許されないと言っておくんだった。もうちょっとで説得できたんだが、できなかった。私の人生で最大の失敗だ」

大統領就任早々評判を落としたケネディは、この事件の責任を取らせて、ダレスらCIA首脳陣を更迭した。ピッグズ湾事件は、CIA強硬派のケネディに対する遺恨となっただけでなく、ケネディは反カストロの亡命キューバ人からも空爆を認めなかった「裏切り者」として記憶にとどめられることになったのである。

三番目の任務

トリプレットは聞いた。「私の質問は、訓練を受けていたリー・ハーヴィー・オズワルドをあなたが三、四回見たというのは、いつの期間かということです。最初に見たのは、六一年の初めごろだと言いましたね？」

「六〇年の終わりごろか、六一年の初めだと思います。というのも私が三番目の任務を与えられたときだからです」

「では、最後にあなたが、オズワルドが訓練を受けているのを見たのは、いつですか？　六〇年の終わりごろから六一年の初めの期間ということですか？」

「はい」と、ロレンツはぼんやりと答えた。

ロレンツがこのとき答えた時期は、実は非常に意味があることにロレンツ本人は気づいていなかった。ロレンツの記憶では確か、オズワルドを見たのはピッグズ湾事件の前だったのだ。しかし、後に分かるが、その時期、オズワルドはソ連におり、米国にはいなかったはずである。ロレンツは六三年夏に再びこのオペレーション40と呼ばれるグループに戻り、そこでオズワルドに会っているとも、自伝などで語っている。既に約十五年が経過しており、ロレンツの記憶が混乱していた可能性は高い。このことは、委員会でも後で問題となる。

「あなたの三番目の任務とは何だったのですか？」

「三番目の任務は……。フランク（・スタージス）は、私がフィデル暗殺でヘマをやったので、辞めさせるわけにはいかないんだ、と言うんです。私はパン・アメリカン航空の国際線に就職しました。スチュワーデスになりたかったんです。フランクは私を訪ね、ベネズエラの元大統領、マルコス・ペレス・ヒメネス将軍から情報を集めるよう命じました。私はそれをやったんです」

訓練中にロレンツが怪我を負ったからといって、スタージスはロレンツを〝無罪放免〟にはしなかった。スタージスらにとって、カストロ暗殺を失敗した〝罪〟は、それほど大きかったのだろう。

ロレンツの次の任務は、少なくとも暴力を伴わないものであった。当時マイアミには、ラテンアメリカ諸国から何らかの理由で逃れてきた金持ち連中がたくさん住みついていた。多くは暗い過去をもっていた。汚職で一財産築いた政府高官のほか、政争に敗れた者、追放された独裁者、負けた軍の指導者もいた。彼らは祖国を逃れるとき、それまでの不正でもうけた巨額の富をもってきていたので、マイアミでは何不自由なく、快適に暮らしていた。その中で、カストロに恨みをもつ者や亡命キューバ人の運動に賛同してくれる者から寄付金や情報を集めるのが、ロレンツの新しい任務であった。

それは一九六一年六月のことだったと、ロレンツは自伝に書いている。ピッグズ湾事件から二カ月ほど経ったころだ。ある日、スタージスがロレンツのところへやってきて、ディアス将軍という人物に会って来いと命令した。

5. 愛人生活

ベネズエラの独裁者

ディアス将軍とは何者だろう。ロレンツはスタージスからマイアミビーチの住所を渡された。そこで将軍がパーティーを開くのだという。ロレンツは身ぎれいにして、化粧をし、いかにも女っぽいフリル付きの白いブラウスを着て出かけた。

ディアス将軍の家は、マイアミビーチではおなじみの大邸宅であった。電流が通じている高さ四メートル近いゲート。邸宅の裏庭を流れる川には、遠洋航海用のヨットが係留されていた。七人もいる警備員の一人が、ロレンツを一人の男のところへ連れて行った。その男は、髪ははげあがって背が低く、おまけに太っていた。そしていかにも女好きそうな顔立ちだった。それが「ディアス将軍」との最初の出会いであった。

ディアス将軍はにっこり笑いながら、灰色の目を細めてロレンツをしげしげと眺めた。そしてロレンツを、応接間らしい上品な部屋に案内した。壁にはベネズエラの地図が張ってあり、高価な家具が部屋を飾っていた。ディアスはロレンツにその部屋で待つように言って、いったん部屋から出て行くと、高級ワインと三千ドルほどの現金が入ったスポーツバッグを持って戻ってきた。

ワインはロレンツへのプレゼントで、金は「大儀のためのほんのはした金」だとディアス将軍は言った。ロレンツが礼を言うと、将軍はこう言い返した。「なあに、たいしたことはない。君の元ボーイフレンドを始末するためのささやかな支援金さ」

ロレンツはこの言葉に切れた。現金の入ったバッグを床に下ろすと、「なんてことを言うの。こんなものいらないわ」と言い放ち、帰ろうとした。ディアス将軍は慌てて、声をかけながら追いかけてきた。「いや、行かないでくれ。悪かった。お願いだ。怒らせるつもりはなかったんだ」

ディアスはロレンツの素性を、おそらくスタージスから事前に聞いていたのだろう。ディアスはお詫びを兼ねてロレンツを食事に誘った。ロレンツは少しもうれしくなかった。

ディアスはその後も、ロレンツをデートに誘った。ディアスはロレンツの日程を知っているようで、ロレンツが非番で隠れ家にいるときに訪ねてきた。運転手が「将軍がお話をしたいそうです」と言ってきたが、ロレンツは「戦争が終われば考えてもいいわ、多分ね」と答えて、追い払った。

その四日後、ディアスの肖像をかたどったコインが付いた十八金のブレスレットが送られてきた。金のブレスレットはずっしりと重かった。コインに自分の肖像が彫られているということは、かなり重要な人物であることは明白だった。このディアスこそ、ベネズエラの悪名高い独裁者マルコス・ペレス・ヒメネス将軍であったことが後にわかるのであった。

「ディアス将軍」からの熱烈なデートの誘いは、その後も執拗に続いた。ロレンツはそのしつこさに負けて、一時間以内に戻ってくることを条件にデートに応じることに同意した。

高級レストランでのディアスとの初デートは、ロレンツにとって楽しいものではなかった。武装したディアスの護衛がレストランのあちこちに立っており、目を光らせていた。そのデートでディアスは初めて、ディアスが本名ではなく、一九五八年に祖国を追われたベネズエラ大統領マルコス・ペレス・ヒメネスであるとロレンツに明かした。

ヒメネスはどのような人物だったのか。彼は当時、ベネズエラ政府から指名手配されていたおたずね者であった。ヒメネス自身はロレンツに詳細を語ることはなかったが、彼の悪行の数々は、ベネズエラの近代史に深く刻まれている。

近代のベネズエラも、他の多くの中南米諸国と同様に、独裁国家としての歴史を歩んできた。長い間、軍部の独裁が続いた後、軍部と文民の混合組織が一九四五年十月、クーデターを起こして、当時の軍事政権を倒した。新政権では首班の文民政治家ロムロ・ベタンクールが穏健な民主主義路線を進め、新しい民主的な憲法と普通選挙制が施行された。これにより一九四七年には総選挙によって著名な作家ロムロ・ガリェゴスが大統領に就任した。

ところが一九四八年十一月二十四日、軍部が再び文民政権を倒し、ベタンクールやガリェゴスら文民政治家は亡命を余儀なくされる。代わって三人の軍人が実権を握った。その三人のうちの一人がヒメネスであった。ヒメネスはやがて独裁者となり、彼を支えるごく一握りの富裕層に有利な近代化を推進、自国に誘致したアメリカ企業から歩合を受け取る仕組みを作るなど驚くほどの私腹を肥やした。逆に政府は巨額の負債をかかえ、農業生産は著しく減少、農民はますます貧困にあえいだ。

忠実な秘密警察庁長官ペドロ・エストラーダを使って、政敵を次々と粛清することにも躊躇しなかった。敵とおぼしき人物は投獄され、多くは拷問を受け、自白しない場合は殺された。ヒメネスは自分が権力の座にとどまるためには、手段を選ばなかった。

しかしヒメネス政権も、膨張する大衆の怒りを力ですべて押さえ込むことはできなかった。大衆に推された陸海空軍によって転覆されると、ヒメネスは千三百万ドルの現金が詰まったスーツケースを持って亡命を企てた。ところが亡命途中のアメリカで発見され、フロリダで足止めを食っていたのだ。

ロレンツによると、ヒメネスは少なくとも七億五千万ドルの金を祖国から計画的に略奪していたという。それらのカネは世界中の銀行、不動産、会社などに隠匿されていた。だから、滞在先のフロリダでも武装した護衛に守られながら、贅沢な日々を送れたわけだ。ただし、フロリダ州デイド郡から出ることは許されておらず、月に一度、移民帰化局で手続きをしなければならなかった。

独裁者との暮らし

「あなたはマルコス・ペレス・ヒメネスから情報を集めたのですか」

「フランク（・スタージス）は知りたかったのです。私は当時、その人がベネズエラの元大統領だなんて知らなかった。私はパーティーに行きました。フランクは、将軍がおコメとか物資とか現金などの形で、どれだけの金額を亡命キューバ人に提供してくれるのか、間接的に知りたかったのです。私はパーティーの後、フランクにそうした情報を教えました。その後、将軍は私とデートをしたがったのです」

「そのパーティーはいつ、どこであったのですか？」

「六一年にマイアミのパイン・ツリー・ドライブ四六〇九番地で。そこは将軍の住宅でした」

「そのパーティーにはほかに誰がいましたか？」

「いろいろな人が大勢いました。数百人規模です。元大将とか、将軍と一緒に亡命して来た人とか、フランクやアレックスもいました」

「そしてあなたは、実際にいくら資金や物資が提供されるかという情報を手に入れたのですね？」

「はい。それに、いつでも彼に話ができるという保証も手に入れました」

実際は、ロレンツの自伝に書かれているように、最初に会ったときにいきなり資金を渡されていた。

「フランクがなぜ、こうした情報を欲しがるのか聞きましたか？」

「いいえ。フランクはただ、将軍が亡命キューバ人の運動にどれだけかかわり、どれだけ資金を提供してくれるか知りたかっただけなのだと思います。要するに、フランクはもっと金が欲しかったのです」

「フランクは将軍から資金を得ようとしたことがあるのですか？」

「分かりません」

ヒメネスは極悪人の独裁者であった。しかし、女性の扱いに関しては紳士的で、女心をよく心得ているようだった。なによりも信じられないくらいの金持ちであった。ロレンツはヒメネスからの誘いをまんざらでもないように思うようになった。

ロレンツは、このヒメネスがベネズエラの独裁者で、権力の座にとどまるためなら、拷問、殺人など手段を選ばなかった冷血漢であることをずっと後になってから知ったと、自伝で述べている。当時のロレンツは、反カストロ運動に富の一部を提供しているベネズエラの前指導者に口説かれているぐらいにしか思っていなかったという。

ロレンツはそのころ、パン・アメリカン航空（パンナム）に就職を決めていた。経済的に自立して隠れ家から脱出したかったのだ。ヒメネスは自分が所有しているアパートメントを貸そうと申し出た。ヒメネスの巨額の財産からみれば、たいした投資ではなかっただろうが、パンナムの給料ではとても住めそうにない二階建ての高級家具付きアパートメントであった。

これが意味することは明らかだった。ヒメネスの愛人になるということだ。そのころロレンツは、ヒメネスの過去をよく知らなかったこともあり、マイアミで豪華に暮らすヒメネスを好きになっていた。訓練所に戻っても、また命を狙われる可能性があった。それよりもヒメネスの愛人になったほうが少なくとも安全だ。ロレンツはヒメネスの申し出を受け入れた。必要から生まれたビジネス上の合意であると考えるようにした。

ヒメネスの正式な妻はペルーのリマに住んでいた。ヒメネスはパイン・ツリー・ドライブの自宅にロレンツを住まわせることも考えたようだが、時々正式な妻が訪ねてくるので、そういうわけにもいかなかった。

ヒメネスは大半の時間をロレンツと過ごした。愛し合うときはロレンツのアパートを使った。

ロレンツは後で知ったのだが、ヒメネスがロレンツを愛したのは、カストロが愛していた女とセックスをすることにより、カストロに屈辱を与えるという考えもあったようだ。時々、カストロよりセックスがうまいかどうかロレンツに尋ねるので、ロレンツはよく激怒した。おそらくは政治的な信条の違いから、ヒメネスはカストロを憎んでいた。

ある日の夕食の席で、ヒメネスはロレンツにこう尋ねた。

「私はお前の次のターゲットなのか、それともお前は私のものなのか?」

ロレンツはそのようなことはまったく考えていなかったので驚いて、ヒメネスに真意をただした。ヒメネスによると、亡命キューバ人の一部とCIA工作員たちは、ヒメネスかロレンツのどちらか、あるいは両方に死んでもらいたがっているということだった。ヒメネスは、ロレンツが訓練中に撃たれたのは事故ではないと思っていた。

「お前は愛人のカストロを殺し損ねたのだ。だから、やつらはお前を殺したがっている」とヒメネスは言った。だが彼らに殺させはしない、とロレンツに約束した。おそらくヒメネスには、CIA工作員や亡命キューバ人の一部をおとなしくさせるには十分なぐらいの財産があったのだろう。武装した護衛も大勢いた。少なくともヒメネスと一緒の間は、命を狙われることはなかった。

正式な愛人になったことを祝う披露宴も開かれた。五十人ほどの男たちがロレンツの家に集まり、ヒメネスとロレンツを祝福した。ヒメネスは皆の前で、彼がかつて陸軍士官学校を卒業したときにもらった指輪を自分の指からはずしてロレンツの指にはめた。それは彼の妻よりもロレンツを大事に扱えという、部下に対する暗黙の宣言でもあった。

普通の平和な生活が始まろうとしていた。ただしヒメネスは、ロレンツがパンナムで働くことに反対した。六カ月の研修が終わり、いよいよ客室乗務員として飛び回ろうとしているときに、会社に手を回してロレンツを解雇させてしまった。

ロレンツは異議を唱えたが、そうこうするうちに、ヒメネスの子供を妊娠していることが判明した。当時、客室乗務員は独身女性ばかりで、妊婦はお呼びではないという風潮が航空会社にはあった。ヒメネスがわざわざ手を回さなくても、ロレンツは会社を辞めるはめになったかもしれなかった。

ロレンツにとって妊娠は、まったく思いがけないことだった。CIAの工作員たちに、もう子供は産めない体になったと吹き込まれていたからだ。それは、カストロに対する憎悪を募らせるためのウソであったわけだ。ロレンツはまったく健康な体だった。洗脳された脳の、一枚一枚の皮が剥がれていくようだった。

妊娠を知ったヒメネスは有頂天になった。ただヒメネスは、ロレンツといる間は誠実でいると約束したにもかかわらず、女遊びを止めなかった。そこで、あるときロレンツは、ヒメネスが自分の島からキューバ女たちとヨットで戻ってくるところを待ち伏せした。ドックに戻ってきたヒメネスに向かって三十八口径の銃を突きつけ、一発発射した。ヨットは波で揺れていたので、弾はヒメネスの膝に命中した。

また、あるとき、ロレンツがヒメネスの浮気を疑って、酔いつぶれて寝ているヒメネスのあそこを粘着テープでぐるぐる巻きにしたことがあったという。翌朝目を覚ましたヒメネスはギャーギャー叫びはじめた。近くの護衛に向かって「この女に殺される！」とわめきちらした。

そこでロレンツが言った一言は――。

「そんなにちっぽけなペニスがどうしてそんなに痛いの？」

こうしたことがあってからヒメネスはすっかり真人間になった、とロレンツは自伝に書いている。

妊娠九カ月目になって二週間が過ぎるとロレンツは、当時、ニュージャージー州フォート・リーに住んでいた母の家に電話をかけた。兄のジョーが電話口に出た。ロレンツは「あと二週間で子供が生まれるの」と言いながら、その子の父親となる人物の名前を告げた。電話の向こう側からは「何だって、また独裁者じゃないだろうな。まさかあの残忍で冷酷な独裁者マルコス・ペレス・ヒメネス将軍なのか？」という叫び声が聞こえた。ロレンツは「そうよ。ママに伝えておいてちょうだい。明日、そちらへ行くわ」と兄に伝えた。

ヒメネスの護衛がニュージャージーまで付いてきた。それが母親の家で出産することに対するヒメネスの条件でもあった。護衛四人と、一万ドルの現金、それにヒメネスから母親へのプレゼントであるゴールドとダイヤモンドのピンを携えて、ロレンツは母親と再会した。母親も兄もロレンツが再び「独裁者」の子供を産むと知って、がっかりしていた。

それでも母親は、ロレンツを温かく迎え入れた。子供部屋も用意してくれた。ヒメネスからは毎日電話がかかってきたが、母親が出るとヒメネスと何時間も話をして、情け容赦なく文句を言い続けた。

出産予定日から一週間以上過ぎた一九六二年三月八日、ロレンツの陣痛が始まった。すさまじい吹雪の日だったが、勇敢な新人警官が運転するパトカーで対岸のニューヨークの病院に運び込まれ、翌九日午前六時、ロレンツはかわいい赤ん坊を産んだ。欲しかった女の子だった。電話口のヒメネスは、男の子でなかったのでがっかりしていた。

ロレンツは幸せだった。ロレンツが初めて抱く自分の赤ん坊であった。ヒメネスは自分の母親の名前を取ってアデラ・マリアと名づけたがったが、ロレンツはモニカ・メルセデス・ペレス・ヒメネスと名づけた。二週間後、ロレンツは赤ん坊を連れてマイアミに戻った。

ハワード・ハント登場

再び、場面は委員会に戻る。トリプレットの質問はエドゥアルドこと、ハワード・ハントの話に移った。言わずと知れたCIAの悪名高い情報部員だ。反カストロの亡命キューバ人とCIAを結ぶカギを握る人物で、ケネディ暗殺直前にロレンツが本当にハントとダラスで会っていたのかが、大きな焦点となっていた。

「この時期〔注：ヒメネス将軍とつき合っていた時期〕、あなたはエドゥアルドと会ったことがありますか？」

「エドゥアルド。エドゥアルドとはその前に会いました」

「最初にエドゥアルドに会ったのはいつですか？」

「一九六〇年です」

「エドゥアルドというのは、ハワード・ハントのことですね？」

「そうです」

「どこで最初にエドゥアルドに会ったのですか？」

「最初に会ったのは、マイアミのブリックル・ガーデンというアパートでした。フランク（・スタージス）がそこに行き、何かを受け取らなければならない、と言ったのです。私たちは皆、車の中にいました。そこへ、エドゥアルドが出てきて、封筒に入ったものをフランクに渡したのです」

「フランクは当時、エドゥアルドを知っているという感じでしたか？」

「はい」

ハワード・ハントは当時、対キューバ問題を担当するＣＩＡ情報部員で、フランク・スタージスは対キューバ工作員。ハントから定期的に工作資金などを受け取っていたとみられる。その後もウォーターゲート事件でスタージスが捕まるまで、あるいはそれ以降も、彼らの密接な関係は続くのである。

「エドゥアルドがフランクに何を手渡したか、知っていますか？」

「お金です」

「いくら？」

「正確にいくらだったかは分かりませんが、私たちがやっていけるに十分な金です」

「次にエドゥアルドを見たのはいつでしたか？」

「何度も見ました。というのも、彼は私たちがやっていけるよう、この種のお金をいつもくれたからです」

「彼がお金を渡すとき、いつもフランク・スタージスに手渡したのですか？」

「フランクが受け取ります。そうです」

「ほかの人はどうですか？　たとえば、ペドロ・ディアス・ランツが受け取ったことはありましたか？」

「いいえ。ペドロは私たちと一緒でした」

「ほかにいつもあなたと一緒にいた人がいるのですか？」

「時々、オーランドが一緒だったり、ノボ兄弟が一緒だったりしました」

「ノボ兄弟のファースト・ネームは覚えていますか？」

「いいえ」

「オーランドとは、オーランド・ボッシュのことですね？」

「オーランド・ボッシュです」


ここでボッシュについて説明しておこう。ボッシュは、一九六一年のキューバ侵攻作戦の訓練中に撃たれたロレンツの怪我を治療した医者だ。もっとも、人の命を救う医者というより、大勢の命を奪う反カストロの亡命キューバ人テロリストと呼んだほうが適切であろう。ボッシュは六〇年代〜七〇年代にかけて反カストロの破壊活動に携わった。一九七六年一〇月にはキューバ民間航空機を爆破、七十三人の乗員・乗客全員の命を奪ったテロの首謀者としてベネズエラで逮捕、勾留された。

しかし不可解なことに、テロリストのボッシュはおそらく駐ベネズエラ米国大使らの策略でまんまとベネズエラを脱出、一九八八年にアメリカに不法入国する。当然、アメリカ当局はボッシュを逮捕、不法入国と約三十ものテロ活動容疑で刑務所に勾留した。

ところが反カストロ亡命キューバ人にとって、ボッシュは英雄である。彼らは強力なロビー活動を展開する。そしてとうとう、一九九〇年にはジョージ・ブッシュ大統領（父ブッシュ）の恩赦とも呼べる特別な計らいで、ボッシュは刑務所から無罪放免され、アメリカでの居住が許されることになったのだ。そのロビー活動の中核を担ったのが、父ブッシュの息子で現フロリダ州知事のジェブ・ブッシュである。

アメリカは、ボッシュだけでなくキューバ民間航空機爆破事件の共謀者とされるルイス・ポサダ・カリレスら反カストロ亡命キューバ人テロリストたちを事実上かくまった〝前科〟がある。今もベネズエラに身柄を引き渡さないことによりカリレスを保護している。ちなみにカリレスは「中南米のウサマ・ビン・ラディン」と呼ばれている人物である。アメリカはウサマ・ビン・ラディンの身柄を渡さなかったという理由で、アフガニスタンを空爆、タリバン政権を倒したのではなかったか。しかも、キューバ民間航空機爆破事件自体、CIAが背後にいた可能性が強い。爆破事件当時のCIA長官は父ブッシュであった。

二〇〇一年九月十一日に発生した同時多発テロ以降、ブッシュの息子のジョージ・W・ブッシュ米大統領（子ブッシュ）は「テロリストを掃討」するため、アフガニスタンとイラクに対して相次いで戦争を仕掛けた。ブッシュはそのときこう言ったはずである。「われわれの側に立つのか、それともテロリストの側につくのか」と。一体どっちがテロリストの側なのであろうか。

「ハワード・ハントとフランク・スタージスが一緒のところを何回ぐらい見たと思います

か?」と、トリプレットは聞いた。

「三十とか、三十五回ぐらい」

「それは六〇年に始まった?」

「そうです」

「最後に彼らが一緒だったのを見たのはいつですか?」

「いつかはよく覚えていませんが、六一年に私が将軍と関係を持ったときと、六三年に将軍が本国送還になった後、彼らが一緒だったのを知っています」

「将軍というのは、もう一度記録のためですが、姓名で述べてもらえますか?」

「マルコス・ペレス・ヒメネス将軍です」

独裁者の強制送還

トリプレットはいよいよ、ケネディ暗殺事件解決の決定的証言となりうる暗殺前のスタージスらの密会について質問することにした。

「オーランド・ボッシュの家での会合に出席する機会がありましたか?」

「はい」

「その会合がいつあったか覚えていますか?」

「六三年の八月以降、十一月よりも前と、十一月下旬です。なぜなら、将軍は本国送還され、私は、私に危害を与えようとする人たちから逃げているときでしたから」

ヒメネスの本国送還と、何者かがロレンツに危害を加えようとした件については、説明が必要だ。
ロレンツとヒメネスの愛人生活も、そう長くは続かなかった。一九六二年十二月十二日、ヒメネスがデイド郡拘置所に連行されたのだ。その背景には、ケネディ大統領の弟であるロバート・ケネディ司法長官、ディーン・ラスク国務長官、アーサー・ゴールドバーグ最高裁判所判事、それにベネズエラのロムロ・ベタンクール大統領の間で、ヒメネスをベネズエラに強制退去させるという合意ができていたことがある。ベネズエラは、祖国を最後に出るときに千三百万ドルを盗んで持ち出した罪でヒメネスを正式に起訴していた。

そもそもヒメネスが安穏と米国に滞在できたこと自体、不思議なことであった。もちろん、その〝不思議〟には理由があった。ヒメネスが巨額の金を法執行機関の職員や政治家にばら撒いていたからだ。

しかし、時代は変わった。ケネディが政権を取り、特に一九六二年十月にキューバ（ミサイル）危機を乗り越えた後は、ケネディ政権は反カストロ運動を積極的に取り締まるようになった。その一環で、反カストロ運動に資金を提供していたヒメネスが狙われたわけだ。十二月にはほかにも、カストロが約五千万ドル相当の食糧、医薬品と引き換えに、ピッグズ湾事件の捕虜千百七十九人を釈放するなど、ケネディ政権とカストロ政権の間で歩み寄りがみられた時期でもあった。

ヒメネスは、一九六三年八月にベネズエラに強制送還されることになった。ヒメネスの妻と三人の娘はペルーのリマに逃れ、長女は米フロリダ州キーウエストに男と駆け落ちした。総額で四十万ドルを上回るヒメネスの不動産は差し押さえられ、窓という窓には板が打ち付けられた。十一台の車を含む私有財産は、すべて船でペルーへ送られた。残った財産はヒメネスの弁護士デービッド・ウォルターズが所属している事務所の所有となった。

強制退去を遅らせる法的戦術も使い尽くされ、唯一残された方法が、ロレンツがヒメネスに対して婚外子扶養請求訴訟を起こすことであった。だが、これには問題があった。ヒメネスが娘モニカのために設定した七万五千ドルの信託基金は、設定者の匿名が条件になっており、ヒメネスであることを受け取り側が明らかにした場合は、支払われなくなってしまうからだ。「世間に知られれば、モニカの信託基金が台無しになってしまうわ」と、ロレンツはヒメネスに訴えた。ヒメネスは「心配するな」と請け負った。最後はロレンツが折れ、仕方なく婚外子扶養請求訴訟を起こした。

助けを求めて

ヒメネスを相手にしたロレンツの婚外子扶養請求訴訟は、新聞各紙の一面を大きく飾った。ほどなく、ロバート・ケネディ司法長官の私的な顧問が二人、ロレンツの家を訪ねてきた。婚外子扶養請求訴訟を全面的に取り下げるよう圧力をかけに来たのだ。

ロレンツは断った。すると二人のうちの一人が言った。「いいか、ロレンツ。アメリカ政府は信託基金の分など埋め合わせてくれるさ。しかも無税で」

ロレンツがそれでも「取引はしない」と言い張ると、二人の男は「お前はデブの独裁者の隣の牢屋にぶち込まれるぞ」と捨て台詞を吐いて帰っていった。

この後、その事件は起こった。ロレンツがベビーカーに娘のモニカを乗せて歩いていると、赤い車がまっすぐロレンツに向かってきた。とっさにベビーカーを押しやり、跳ねてよけようとしたが、ロレンツは車にはねられてしまった。ロレンツは地面に転がりながら、車のナンバープレートを確認した。しかし打撲がひどく、お腹にいた五カ月の息子を流産してしまったという〔注：自伝では誰の子とは書いていないが、ヒメネスの子とみられる〕。

「危害を加えようとしていた人たちとは誰ですか？」

「将軍と私の弁護士である、マイアミのデービッド・ウォルターズです。彼は、私の娘、モニカ・メルセデス・ペレス・ヒメネスのための信託基金の管財人でした」

「それがオーランド・ボッシュの家の会合にあなたが出席した理由だったのですか？」

「はい。私はデービッドから逃げていました」

ロレンツが確認した車のナンバーから、ウォルターズの周辺が浮上した。しかし、ひき逃げ事件の捜査は遅々として進まない。そうこうしているうちに、一九六三年八月十三日、司法当局はヒメネスの国外退去に同意。同十六日、ヒメネスはベネズエラに強制送還された。その日、空港に駆けつけたロレンツが見たものは、独裁者の面影もない、やせ衰えたヒメネスが手錠をかけられて飛行機のタラップを上っていく光景であった。

強制退去から一週間が経って、ロレンツに対する援助は打ち切られ、信託基金も、家も、車もすべて失った。ロレンツが拠り所にできたかもしれない証拠書類も、ウォルターズの事務所の「火事」で燃えてしまった。ロレンツが信託基金をはじめとするヒメネスの米国内における財産を懐に入れようとしているとしか、ロレンツには思えなかった。ロレンツは破産し、ホームレスとなった。

ロレンツは、父親のいない娘モニカとともに身を隠す、あるいは身を寄せるところが必要だった。生き残るために仕方なく、かつての暗殺集団の仲間に連絡を取ったのだ。


「ボッシュの家で開かれた会合の目的は何だったのですか？」

「会合は……」と言ってロレンツは口をつぐんだ。ロレンツは当時を振り返った。ロレンツは会合に出席するためにボッシュの家に行ったわけではなかった。自分を守ってくれる助けが欲しかっただけだった。一瞬、間を置いてロレンツは続けた。「私が車にはねられたので、フランク（・スタージス）に車で私を拾って欲しかったのです。彼は私を車に乗せて連れ出してくれました。私は彼に、助けてもらいたかったのです」

秘密の会合

「会合には、ほかには誰がいましたか？」

「オーランド・ボッシュとその妻、子供たち、オズィー、それにキューバ人兄弟の一人か二人が外に。家の中で開かれていた会合には私はほとんど興味がなかったのです。というのも、デービッド（・ウォルターズ）が私と私の赤ん坊を殺そうとするので、フランクの助けが必要だっただけですから」

「オズィーというのは、確認ですが、リー・ハーヴィー・オズワルドのことですね？」

「はい」

「彼はオーランド・ボッシュの家での会合に出席していたのですか？」

「はい」

「それは六二年八月以降と、十一月下旬ですね」

「はい」

「会合の議題は何だったのですか？」

「彼らはブラインドを降ろし、子供たちを部屋から締め出しました。そして、これから出かける予定の旅行について話し合ったのです。彼らは地図を広げていました。私は兵器庫の襲撃だと思いました」

「兵器庫の襲撃というのは、銃砲店から武器を盗み出す襲撃のことですね？」

「はい」

「それで何を話し合ったのですか？」

「テキサス州ダラスの市街地図が置いてありました」

「実際にダラスだと分かる市街地図を見たのですか？」

「私がそばを通ったとき、コーヒーテーブルに置かれていました。私は興味がなかったのです。ぼやっとしていましたから。でも地図は見ました」

「地図にはダラスの地名が書かれていたのですか？」

「はい」

「あなたはダラスについての話し合いを聞きましたか？」

「彼らはただ、丸を書いたり、地図を読んだりしていました」

「誰が丸を書いていたのですか？」

「フランク（・スタージス）です」

「ほかに丸を書いていた人はいますか？」

「ペドロとオーランドです。ソファに腰掛けていました」

「これに対し、オズワルドは何をしていたのですか？」

「立って、聞いていました」

「当時、彼は何か言いましたか？」

「はい」

「何と言ったのですか？」

「特別なことは何も。相槌を打つように〝分かった〟とか〝いいだろう〟とか言っていました。特別なことは何も言っていません」

「会合はどれだけ続いたのですか？」

「一時間半ぐらいです」

「会合の最後に、彼らは何と言ったのですか？」

「〝よし、それでいこう〟と言って、フランク（・スタージス）は地図をたたみ、ポケットに入れました」

「最終的に計画が決まり、〝よし実行しよう〟ということになったのですか？」

「はい。〝よし、それでいい。準備はできた〟と言っていました」

「次にいつ会うかといった取り決めは聞きましたか？」

「それはいつもでした。彼らはもう一度会おうという趣旨で何か取り決めるのが常でした」

トリプレットはここで一息つき、「メンバーの方で何か質問はありませんか、議長？」とたずねた。

代理出席しているフィシアンが聞いた。「一つだけ。あなたが今述べた会合の日にちが、よく分からなかったのですが」

「正確な日にちは覚えていませんが、マルコス・ペレス・ヒメネス将軍が本国送還になった後、二週間後の六三年八月か、おそらく九月だったと思います。というのもその頃、私は途方に暮れていたからです。私はすべてを奪われ、反乱グループに戻ったのです。フランク（・スタージス）が助けてくれると思ったのです。それにアレックス・ロークのことも探していました」

フィシアンが続けた。「それでは、記憶にある限りでは、会合は六三年九月の何日かだったのですね？」

「はい」

「どこで、でしたか？」

「マイアミにあるオーランド・ボッシュの家です」

「ありがとう、議長」

フィシアンの補足質問が終わった。

次に委員のドッドが手を挙げた。ドッドはかなりロレンツを疑っていた。ロレンツが経験したようなことが本当にあり得るのか信じられないでいた。何度も命を狙われ、数々の修羅場をくぐり抜けてきた女スパイなどいるはずがないとさえ思っていたようだ。ドッドはまずヒメネス将軍とロレンツの関係からただすことにした。

「六一年から六三年までの間に、あなたはヒメネス将軍との関係を発展させるか、新しい関係になったというわけですね？」

「はい」

「どうやって、あなたの顧問弁護士、確かウォルターズ氏でしたか、彼を雇うようになったのですか？」

「彼は将軍の顧問弁護士でした。将軍は私の娘のために三十万ドル〔注：自伝では七万五千ドル〕の信託基金をつくってくれたのです。私は娘が生まれるや、デービッド・ウォルターズの事務所に行きました」

「誰があなたをその弁護士に接触させたのですか？　ヒメネス将軍ですか？」

「はい」

6. 陳述書

A4判のノートに

「一九六一年から六三年までの間、どうもフランク・スタージスやペドロ・ディアス・ランツといった人たちとのつき合いという意味では、空白の期間があるようですね。あなたはその二年間、そうした人たちとは接触しなかったのですか？」と、ドッドはロレンツにたずねた。

「接触はありました。彼らは、私が静かに生活し、子供を育てている間も私に接触してきたのです」

「いつ、どういうときにあなたに接触してきたのですか？」

「彼らはただ、私に連絡を取ってきたのです、特にフランク（・スタージス）とアレックス（・ローク）は。アレックスは私に言いました。〝新しい人生を生きろよ〟って。逆にフランクは、私をグループに戻らせて働かせたかったのです」

「その期間中、彼から手紙を受け取りましたか？　フランク・スタージスから郵便物や電報、手紙といったものを受け取りましたか？」

「アレックスからはあります」

「アレックスから」

「はい」

「受け取ったのですか？」

「はい」

「彼らはあなたに何か専門的な仕事をやるよう求めてきましたか、ちょうどあなたが過去二年間にやってきたように？」

「その三カ月間はありませんでした。私が彼らのグループに戻る可能性はありましたが、私は戻るつもりはありませんでした。私は〝将軍の本国送還によって私の人生は完全に崩壊した。もう昔の自分ではない〟と言いました」

「議長。これが記録として採用されているのか、あるいは採用されるべきなのか分からないのですが……」と、ドッドは言いながら、自分のカバンからＡ４判のノートを取り出した。それはロレンツが書いた一種の陳述書だった。ドッドはロレンツに向かって言った。「私はここに、あなた自身による手書きの陳述書を持っています。多分、あなた自身の手で書かれたと思うのですが。その中であなたは、様々な状況や一九五九年に始まり六三年に至る間のフィデル・カストロとの関係を説明しています」

「フィデルとの？」

ロレンツにはまだドッドが何のことを言っているのか分からなかった。

ロレンツの弁護士、クリーガーが口を挟んだ。「議長。証人にその書類を見させていただけませんか。そうでないと彼女は、それが自分の手書きなのか、ほかの人が書いたのか、見分けられません。ドッド議員が何のことを言っているのか分からないのです」

議長はドッドらに向かって「あなたはそれについて突っ込んで聞くか、あるいは証拠として提出したいですか？」と聞いた。

トリプレットが答えた。「私たちは、それを証拠として提出するつもりはありません、議長。しかしながら、もし議長がお望みであれば、そういたします」

ドッドも発言した。「彼女に私が言及している文書を見せてあげては……」

クリーガーが応じた。「議長。ドッド議員が言及している文書を証人に見せてあげて下さい」

ドッドからロレンツに陳述書が手渡された。ロレンツは陳述書に目を通した。

ドッドはロレンツに聞いた。「それは、あなたが用意した陳述書だと思います。それで聞きたいのですが、それはあなたが用意した陳述書ですか？」

「はい、私の手によるものです」


それはロレンツが書いた陳述書に間違いなかった。六〇年代から七〇年代にかけて、ケネディ暗殺事件に関連する多くの目撃者や証言者が殺された。いつ命を落とすかもしれない危険の中にあって、自分の知る真実を記録にして残したいと思ったロレンツが七七年七月、手書きでA4判のノートに記したのだ。そこにはケネディ暗殺やヒメネス将軍についてのロレンツの思いが忌憚（きたん）なく書かれていた。

陳述書全文

陳述書は十六ページにわたっていた。

〔ページ1〕
マイアミ、フロリダ
七月

私が死んだり（あるいはけがをしたり）、あるいは私の家族の誰かが死んだりした場合を想定して、私こと、イオナ・マリタ・ロレンツ――一九三九年八月十八日ドイツ・ブレーメン生まれ――はフロリダ州マイアミのスティーブ・ズカス氏にこの手紙を託し、しかるべき人物あるいは委員会に手渡していただきたいと願っている者です。

私の娘の父親、マルコス・ペレス・ヒメネスが本国送還になった後、私は途方に暮れ、昔の仲間であるフランク・フィオリーニ（・スタージス）とマイアミにいる彼の手下たちのグループ（国際反共産主義部隊）のところに戻りました。私はフィデル・カストロとの個人的で親しい関係があった後の五九年、キューバで、フランク・フィオリーニとニューヨークのアレックス・ロークに命を助けられたことがあります。私は五九年末までマイアミで活動し、国際反共産主義部隊のメンバーになり、血の誓いをたて、六〇年初めには、フランク・フィオリーニの秘密の殺人集団に加わりました。同時に私は、ニューヨークに本部があるアレックス・ロークの反共産主義国際グループの正式メンバーにもなりました。

私はいつも、この偉大で自由な国を敬愛してきました。

〔ページ2〕

私がこれまでに何をしてこようとも、それはアメリカ合衆国の最大の利益になると信じてやってきたことです。もし、忠実なアメリカ市民として過去に何か過ちを犯したとしても、それは私の無知と臆病、恐れからやったことです。私は、遺される私の子供たち、モニカとマーク・エドワードのためにも、許しを乞う者です。

マルコス・ペレス・ヒメネス将軍の本国送還の直後、私がディーン・ラスク〔注：国務長官〕とボビー・ケネディ〔注：司法長官〕の決定に立腹していると思ったフランク・フィオリーニは、自分の極秘グループに再び私を組み入れたのです。

キューバ侵攻に失敗したピッグズ湾事件以降、私はフランク・フィオリーニのグループに変化が起きたことに気づきました。事件前は〝フィデル・カストロを打倒しろ〟がグループの怒りを真摯に表す合い言葉だったのに、事件後は〝ケネディをやるべきだ〟というスローガンに変わったのです。その数年前、フランク・フィオリーニは私の部隊長で、私を〝訓練〟し、一九六〇年には私に毒入りのカプセルを持たせ、キューバに送り込んだのです（私はフィデル・カストロの五九年七月二十六日運動の〝名誉〟会員で、

〔次ページへ〕

〔ページ3〕
仕立てられた制服と会員カードを持っていました）。私はフィデルとの〝個人的な関係〟を利用して、ハバナ・ヒルトン・ホテルのスイート二四〇八号室に入り、フィデルが飲むであろう飲み物の中に二つのカプセル（ボツリヌス菌が入っていたと思います）を入れ、彼を確実に殺すことになっていたのです。

私は、フランク・フィオリーニがＣＩＡのメンバーで、私は〝合衆国のために素晴らしい奉仕をするのだ〟などと固く信じていました。アレックス・ロークも賛同してくれましたが、彼は同時に私の身の安全のことも心配してくれました。私が飛行機に乗り込むときに私にくれた彼の別れの言葉は、〝自分の心にたずねなさい。そしてすべてを神に委ねるのです〟というものでした。フランクの別れの言葉は、〝あの野郎に近づけるのはお前だけだ。この国の将来はお前にかかっている。お前には二十四時間やろう。無線を聞きながら待っているぞ〟でした。私にはやれないことは分かっていました。アレックスの言葉が耳から離れませんでしたし、それから〝あなたの国があなたに何をしてくれるのかとたずねるのではなく、あなたがあなたの国に何ができるのかをたずねなさい〟というケネディ大統領の言葉も思い出していました。

〔ページ4〕
意図的に他人の命を奪うなんてことは私の性に合わないことでしたが、フィデルの場合で言えば、やろうと思えば簡単にできたであろうと思います。私はフィデルには何も言いませんでした。そしてフィデルのそばにいて初めて、なんて危険なグループに巻き込まれたのだろうということに気づきました。私は歴史を自然の経過に任せることに決めました。政治は私には退屈でした。ところが〝失敗者〟として米国に戻ると、今度は私が命を狙われたのです。フランク・フィオリーニは、フロリダ州マイアミの周辺に巨大な犯罪組織の仲間（ノーマン・ロスマンやサントス・トラフィカント）を持っていました。私はその後沈黙し、友好的に振る舞いもしましたが、彼らとは距離をおくことに決めました。

フランク・フィオリーニは私にマルコス・ペレス・ヒメネス将軍を紹介しました。そして私は、そのキューバを愛する将軍と暮らすようになったのです。彼の子供ももうけました。モニカ・ペレス・ヒメネス、六二年三月九日ニューヨーク生まれです。しかし、その生活も六三年八月の将軍の本国送還の日に終わりました。

将軍はよく、ケネディ兄弟を殺してやりたいと私に個人的に言っていました。

〔ページ5〕

六三年十一月二十二日の約一カ月前、私はフランク・フィオリーニ、オズィー（リー）、それにほかの人、キューバ人たちのグループに加わりました。そして二台の車に乗り込み、オーランド・ボッシュの家に向かったのです。フランク・フィオリーニがノーマン・キーとかマラソンといった地図を調べるのはいつものことでした（過去にも私たちは水路、潮の干満や流れ、バハマ諸島の島々の地図を開いてよく研究しました。バハマ諸島へは盗んだ船を私が操縦して行きました。船に積み込んだ武器をある場所に持って行き、後にどこかへ運ばせるのです）。

しかし、今回のボッシュの家での〝極秘会合〟は、テキサス州ダラスにある特定の街路についての話でした。私は私たちがまた〝武器庫の襲撃〟をやるのだという印象を持っていました。だからそのことはあまり気にせず、私はどちらかというと、私の赤ん坊とどうやって再び人生を切り開いていこうかということばかり考えていました。彼らはそのほかにも〝非常に威力のあるライフル〟の話や〝距離〟〝建物〟〝タイミング〟〝接触〟〝沈黙〟といった関係の話をしていました。

外には四人乗りの別の車が待っていました。家の窓はきっちりと閉められ、扇風機が回っていました。ボッシュ夫人がキューバコーヒーを入れてくれました。子供は部屋から出ていくように言われました。

〔ページ6〕

私はあまり興味がなく、退屈していました。それに疲れており、気分も悪く、もうキューバ人とのつき合いは〝卒業〟したような気分でした。私の考えていたことは、ベネズエラにいるマルコスや私の娘のこと、そして私(それに将軍)の弁護士であるデービッド・ウォルターズのことや、将軍の本国送還のことでした。

そのとき、フランクがボッシュに言った〝ケネディ〟という言葉が聞こえたので、私は思わず〝ケネディがどうしたの?〟と聞き返しました。部屋の中にいたみんなの視線が私に注がれました。私のことを探っているようでした。すると、今度はオズィーが、私がここにいることについて、フランクとボッシュに対して口論を始めたのです。私はそのときフランクにこう言ってやりました。〝こんな敵意のある不快なやつが何で必要なのよ？〟

フランクがみんなに対して私の弁護をしてくれたとき、私は立ち去りたい気持ちでした。抑制し、かつ、静かにフランクは言いました。〝いいか、よく聞け。彼女はボビー・ケネディに刃向かい、そのために本国送還の手続きという罠にはめられすべてを失ったんだ。彼女は残す！〟

（マルコス・ペレス・ヒメネスがデイド郡刑務所に九カ月間拘置されていたとき、彼は毎日電話をくれました）。将軍が千三百五十万ドルの窃盗と四件の殺人容疑で裁判にかけられるため、

〔次ページへ〕

〔ページ7〕

ベネズエラへ強制送還される最終段階になって、将軍は完全に私たちの弁護士を信じなくなり、かつ〝ボビー・ケネディ〟に対して激しくののしるようになりました。彼は復讐を誓い、そして私にするべきことを告げました。

本国送還の手続きを遅らせるために将軍に対して婚外子扶養請求訴訟を起こすというのは、将軍の考えでした。デービッド・ウォルターズがお膳立てをし、私に何をすればよいか、どうやって別の弁護士を雇うかなどを指示しました。

私は、将軍が私の娘と私のために設けてくれた二つの信託基金の女管財人でした。二つの基金は、それぞれ七万五千ドルありました。デービッド・ウォルターズは、マルコスの金を、株、

国債、それに社債の形で持っている〝保証人〟でした。デービッド・ウォルターズはまた、マルコス・ペレス・ヒメネスに対する弁護士としての最大の権限を持っていました。

私が本国送還の手続きを遅らせるためにマイアミで婚外子扶養請求訴訟を起こしたその日の午後、デービッド・ウォルターズから私に電話がありました（私の訴訟のニュースはマイアミ・ヘラルドの一面トップやテレビのニュース番組を大々的に飾っていました）。

〔ページ8〕
デービッド・ウォルターズの電話の後、私はフランク・フィオリーニに電話しました。デービッドは私に〝町から出ていけ。お前は信託基金設立の際に決められた条項に違反したから、お前の権利は消失した！〟と告げたのです。私はその婚外子扶養請求訴訟を起こしたときに、誰が〝発案者〟であるか明らかにしていたにもかかわらずです。その日以降、私はお金も、マイアミの家（ベイパーク・タワーズ）も、車も、家具も、預金も、すべて失ったのです。自分の命も危うく失うところでした。

私はデービッド・ウォルターズに利用され、だまされたのです。マルコスも気づいて、彼もデービッド・ウォルターズに利用され、だまされたと言っていました。ウォルターズはボビー・ケネディとベネズエラのロムロ・ベタンコートの仲介者として二股をかけていたのです。

私は、当時信頼していたフランク・フィオリーニに私の身に起きたことをすべて話しました。

私たちは何度か会合をもち、マルコス・ペレス・ヒメネスをデイド郡刑務所から〝脱獄〟させようと企てました。特に、マルコスとフランクは個人的に親しくしていました。将軍はいつも私たちのキューバ活動の件に同情的で、キューバ人の

〔次ページへ〕

られたのです。

〔ページ9〕

難民に惜しみなく資金を提供してくれました。私たちのマルコスを脱獄させるという計画は失敗しました。そしてついにマルコスはベネズエラのカラカスに追放され、そこで刑務所に入れられたのです。

私は決して、ケネディ家に対する将軍の憎しみや怒りに同調することはありませんでした。実際のところ、私は本国送還手続きに数カ月の遅れを生じさせた〝障害〟について心苦しく思っていたのです。だからこそ、当時の司法長官ロバート・ケネディの命令を受け、国務省の役人二人が家にやって来て、訴訟を取り下げるよう求めたときも、それに応じたのです。そのためにディーン・ラスク国務長官とロバート・ケネディがその件を進めることができたのです〔注：ロレンツがここで主張していることは、自伝に書かれていることと明らかに矛盾している。自伝では「取引には応じなかった」と書かれている。命を狙われたので訴訟どころではなくなり、結果的に応じたということかもしれないが、真相はわからない〕。

ワシントンから来たその二人の国務省の役人の名前は思い出せませんが、私は自分の置かれた状況をその二人に説明しました（信頼できると思ったのです）。私はマルコス・ペレス・ヒメネスが個人的にケネディ兄弟の命を狙っていることも話しました。そうすれば、ワシントン

にいる〝お偉いさんに警告できる〟と思ったのです。
マルコスは、ロバート・ケネディが彼を逮捕・監禁するまで、ＪＦＫの政治運動に一週間で一万ドルぐらい寄付していたのです。それなのに、マルコスは監獄に入れられ、そのまま出ることができなくなったのです。

〔ページ10〕

私はマルコスの信託基金と私が持っていたすべてを失いました。しかし、一度でもケネディ兄弟を非難したことはありません。私は十分に政府を尊重していましたし、正義は正義であると感じてもいました。ボビーの決定は正しかったのです。結局、マルコスと暮らしてみて初めて、彼が罪を犯していると知りました。私は沈黙を守りましたが、耳を傾けていろいろなことを聞きました。マルコス、フランク、ボッシュ、オズィー、それに反カストロキューバ人の地下組織の連中によるケネディ兄弟に対する脅しに、私は辟易するばかりでした。

私は、あの二人の国務省の役人がワシントンにいる上司に警告してくれたことを願うばかりでした。私にはマルコスの脅しの方が、短気なキューバ人のそれよりも真実味を帯びていると思いました。キューバ人たちは皆、ピッグズ湾事件の後、ＪＦＫの〝裏切り行為〟と〝支援をしなかったこと〟により、ＪＦＫを殺したいと思っていました。

私の個人的な復讐は当時、政府に向けられたことは決してなく、私の弁護士であるデー

〔次ページへ〕

〔ページ11〕

ビッド・ウォルターズに向けられていました。ウォルターズは、私の資金源を絶ち、マイアミの地方弁護士、リチャード・ガースタインとともに、チンピラやくざ（フランク・ロッソ）を雇い、私を車でひき殺そうとしました。私は腕に赤ん坊を抱え、モーテルの部屋の外を歩いていたときにその事件が起き、私と赤ん坊はけがをしました〔注：ここでも自伝と微妙に事実関係が異なっている。自伝では赤ん坊は乳母車に乗せられていた〕。私たちは怪我を負いましたが、私はちゃんとナンバープレートを見ていて警察に通報しました。その結果、そのナンバーはリチャード・ガースタインの従業員の車であることが分かったのです。

それから訴訟している間と本国送還の前にも、ウォルターズは〝私の信託基金を取り戻すためだ〟などと言って私をだまして、何かの書類にサインさせようとしました。実際にはカーボン紙とその下の書類の間に、私の養育権を含むすべての権利を放棄するとした紙がはさんであったのです。それによると、私は十八カ月になる娘の養育をあきらめて、養子縁組のための孤児院に預けることになっていました（というのも私にははっきりとした金銭的支援がなかったからです）。

私はどんな書類にもサインしませんでした。その代わり、私はウォルターズの事務所で当たり散らしました。そして再び、フランクの元に逃げ戻ったのです。

以上がマルコス・ペレス・ヒメネスとデービッド・ウォルターズの話です。

〔注：ここまでの陳述書の内容は、ロレンツの自伝の内容と微妙に異なることは指摘したが、その相違について、理解できる面もある。自伝ではウォルターズのことはオブラートに包んで、ロレンツに対する暗殺未遂事件と関係付けるような記述は一切ない。ところが陳述書や委員会の証言では、ウォルターズがロレンツを殺そうとしたのだと、明言している。自伝でそのことに触れると、ウォルターズから訴訟を起こされる可能性があったため、あえて伏せたのだとみられる。自伝よりも陳述書のほうがかなり細かい部分まで言及している背景には、そうした民事裁判上の事情があるように思われる〕

〔ページ12〕

ここで話を、ボッシュの家での怪しげな雰囲気とテキサス州ダラスの街路地図をテーブルに広げた秘密の会合に戻します。私は別のことを考えていました。私は行方不明になっているアレックス・ロークを探す捜索隊を発足させることについてフランクと話をしたかったのです。（アレックスと二人のキューバ人、それにジェフリー・サリバンは、ニカラグアに向け飛行機でフロリダを発ったまま消息不明になっていたのです。

ニューヨーク市のＦＢＩ事務所と緊密に連絡をとって仕事をしていたアレックスは、冒険軍人であると同時に素敵な人物でした。フランクとアレックスはライバル関係にありました。そしてウォーターゲート事件後の七五年に、フランクからアレックスはＣＩＡに殺されたのだと知らされました）。

ボッシュの家で、私はオズィーのことを〝チヴァート〟だとフランクに向かって言いました。

するとオズィーが私に怒って挑みかかってきたので、私は彼に〝どうしてその言葉の意味を知っているの？〟と聞きました（その言葉はフィデルのお気に入りで、〝密告者〟とか〝裏切り者〟という意味です）。彼はキューバで聞いたのだと言っていました。

フランクやほかの仲間が小声で話すので、この会合はいつもより秘密主義的に思えました。

〔ページ13〕

六三年十一月のある日、私はまだフランク・フィオリーニとつながりがありました。そして途方に暮れ、新聞記者たちから隠れていました。そんなとき、私はフランクに〝もちろん行くわ〟と告げたのです。こうして私は彼とその仲間たちと一緒に二台の車に分乗してダラスに行くことになったのです。

私は、以前私たちがやったような〝武器庫襲撃〟に行くのだとばかり思っていました。そして、それがボッシュの家で〝秘密の会合〟が開かれた理由だと思っていたのです。

私は娘を、親しい親友であり、ベビーシッターでもあるウィリー・メイ・テイラーに二、三日預けることにしました。彼女は私がマルコス・ペレス・ヒメネスと暮らしているときの家政婦でした。

私たちは、中古のように見える二台の車に乗って、真夜中過ぎに出発しました。私たちは全部で八人か九人で、車のトランクにはフランクの〝子供たち〟、つまり高性能ライフル、望遠鏡、サイレンサー付きの銃が積まれていました。出発前、フランク、ボッシュ、それにペドロ・ディアス・ランツから指示がありました。それは、電話をかけるな、テキサスではスペイン語をしゃべるな、レストランでは何も残すな、命令には完全に服従しろ、でした。物資、食料、そして〝道具一式〟が車のトランクに投げ込まれました。私たちは黒っぽい外出着を着て車に乗り込みました。

〔ページ14〕

私たちは夜を徹して、海岸線を走りました。誰も多くを話しませんでした。フランクが運転し、私は後ろの席に座り、眠りました。車の中は暑く、混み合っていました。隣にはキューバ人が座っていました。私たちはダラス市街を通り抜け、郊外にあるモーテルまで行きました。私は今でも、モーテルのそばの、広くてとても清潔な通りを覚えています。通りの真ん中にはよく手入れされた植物や花が植えられていました。大きなテキサス牛のレストランがあったことも覚えています。屋根には大きな牛の看板が見えました。〝テキサス州で一番大きなステーキ〟と書かれていました。

〝制限速度内で運転しろ〟とか〝記録に残る違反切符をもらわないようにしろ〟とかの指示もありました。〝(ダラス)市の境界線はここまで〟という標識を見たことも覚えています。そこで車を引き返し、市の郊外にあるモーテルの砂利道の駐車場に車を停めたのです。

フランクとペドロがチェックインを済ませ、私たちは二部屋とりました。大きな二つの部屋は扉でつながっていました。それぞれの部屋には、二つのダブルベッドがありました。オズィーは新聞を持ってきて、みんながそれを読みました。

服を着替え、私はベッドの上に寝転がって眠りました。フランクがサンドイッチやソーダといった食料を持ってきました。

〔ページ15〕

電話がかかってきた場合、フランクとボッシュだけが電話をとっていいことになりました。ちょうどその夜、フランクは〝仲間〟のルビー〔注：ジャック・ルビーのこと〕を待っていました。フランクは外の駐車場でルビーと話をしていました。ルビーは私がいることに驚いたようでした。そしてフランクに私のことを質問していたと確信しています。

私は後で、フランクに対して〝あのマフィアのチンピラをどこで見つけたのよ？〟とか〝一体何が起きているの？〟とか〝一体全体、私たちがここにいる目的は何なの？〟などと矢継ぎ早に質問しました。フランクは私をじろじろ見た後、私を外に連れ出しました。そしてこう答えたのです。〝お前は仲間を苛立たせている。俺が間違っていた。この仕事は大きすぎた。お前はマイアミに帰れ。赤ん坊を受け取って家に帰るんだ〟。私はそれに同意しながら、フランクには、オズィーやルビーといった輩の人選は好きになれないと伝えました。なぜなら彼らは新参者で、本当のメンバーではなかったからです。私がモーテルを立ち去ろうとしていると、〝エドゥアルド（ハワード・ハント）〟が車で乗り付けてきました。そしてマイアミ行きの便が出る空港へは誰が私を送っていくかという議論になりました。フランクとボッシュが私を乗せていきました。エドゥアルドはモーテルで待っていました。私はマリア・ヒメネスという偽名（それについてはほとんど確信しています）で

〔次ページへ〕

〔ページ16〕

飛行機に乗りました。私はマイアミに約一日だけ滞在しました。赤ん坊と一緒になれてとても幸せでした。私はフランクと彼の反カストログループとの関係を完全に断ち切ろうと決心しました。彼らとつき合っていても、ろくなことになりません。それにすべての状況に嫌気がさしていました。

私は、フランクのグループがテキサスに行ったのは、誰か人を殺すためだと薄々感づいていました。すべてが隠密行動だったからです。私は決して、見聞きしたことを考え合わせて推測したことも、誰かから彼らが何をやろうとしていたかほのめかされたこともありません。私が知っていることは、私が書いた、そして書きつつあるすべては真実であるということです。神に誓って。

〔注：陳述書の文中、丸カッコ内はロレンツ自身による〕

以上が陳述書の全文だった。

ロレンツにとってこの陳述書は真実を残しておきたいという遺書のような意味もあった。

7. ダラス暗殺行

偶然の傍観者

「あなたは、オーランド・ボッシュの家での会合の席で、オズワルドが、あなたが会合に出ていることに懸念を表明したと陳述していますね」とドッドが陳述書を基にした質問を始めた。

「はい」

「誰かほかに、あなたがそこにいることに懸念を表明した人はいましたか?」

「いいえ。というのも、彼らは当時、私がそこにいるのは当然な理由があると見なしていましたから。だって私が愛し、子供までつくった将軍が、ボビー・ケネディ（ロバート・ケネディ司法長官）のせいで本国送還になったのです。彼らはケネディ兄弟が大嫌いだったのです」

「彼らと何ができるかを話すために、たまたまそこに行ったということですか……」

「私はフランクが私を助けてくれるのではないかと思ったのです。そのほかには、いかなる政治的利害もありませんでした」

「分かりました。あなたから確認しておきたいことは、つまり、あなたは金銭的状況に関して助けが欲しかったから、フランクたちとの会合をアレンジした。事実は、あなたの証言からも分かるように、あなたが将軍側の人たち、つまり弁護士たちから指名手配を受け、追われていた、ということですね」

ドッドは、ロレンツが当時置かれていた状況をまったく理解していなかった。特に「将軍側の人たちに追われていた」というのは、事実誤認も甚だしかった。ロレンツは言った。

「いいえ、違います。将軍側の人たちではありません。デービッド・ウォルターズです」

「その弁護士だけですか?」

「そうです。それに彼の仲間たち」

「それがボッシュの家にいた理由ですか?」

「はい」

「出席するために会合の場にいたのではないのですか?」

「私がその場にいたのは、フランクに私の身を守ってくれるよう頼むためだったのです」

「あなたはそのとき、スタージス氏と四年以上ものつき合いでしたね。そして、あなたの証言によると、彼はかなり注意深い工作員でもあったわけです。そういうことでよろしいかな、彼はどちらかというと秘密主義者であったと?」

「はい」

「そうすると彼は、ある事実や情報を、知る必要のない人物と分かち合うようなタイプの人間ではなかった、といってよろしいですかな?」

「はい」

「こう質問するのも、ロレンツさん、もしあなたがそこにいた主な理由が将軍の本国送還とあなたの経済状況について話をするということなら、なぜ彼らが、ダラスか何かに関する会合の席にあなたが入り込むことを許したのか、分からないというか、驚きだというわけですよ」

「最初に、私はオペレーション40のメンバーであるということです。二つ目に、私はフランクに経済状況を説明にきたわけではありません。私は保護を必要としていたのです。私はデービッド(・ウォルターズ)が私と娘に対して再び危害を与えることのないよう助けを求めに来たのです。それが理由です。当時、誰もが同じことをしたでしょう。ほかに助けを求めることができる人がいなかったんですから」

「何が言いたいか分かりました。でも私のあなたに対する質問は、会合に出席したフランク・スタージスや他の仲間が、あなたはそこに援助や保護を求めているだけなのに、なぜダラスに関する会合にあなたを出席させたのかということなんです。というのも彼らは、誰が何を知っているかについて警戒するような、高度に専門的な工作員なわけですよね。そのためにグループ分けもしている。つまり、彼らは知る必要もない人間には情報を与えたりしないわけだ」

「それは、フランクが私を信頼していたからです。私も彼のために働きましたし。彼はボッシュの家に着く前に、〝お前は俺たちと一緒にいる十分な理由がある〟と私に言いました。私はその時は、何のことだか分からなかったので、彼が私を訓練し、私は仕事をやっただけだ、とだけ答えました。これに対し、フランクは〝会合があるので、今から一緒に来い〟と私に告げたのです」

「あなたは会合がどれだけ続いたか覚えていますか?」

「一時間ほどです。私は本当に退屈しました。一時間か、それをちょっとオーバーするぐらい」

「その会合が開かれている間に、あなたはそのダラス作戦に関連して何か役割を演じるよう頼まれたり、要求されたりしたことはありましたか?」

「いいえ」

「あなたはその会合では、ただの偶然の傍観者だったのですか?」

「私は肘掛け椅子にすわったり、ボッシュの奥さんがコーヒーを出すのを手伝ったりしていました」

「私はもうこれ以上質問はありません」

ドッドはこう言うと、とりあえず質問を打ち切った。


暗殺の準備?


ロレンツがケネディ暗殺の直前に、フランク・スタージス、オズワルド、ランツら七人と、マイアミからダラスに出かけたとするロレンツの主張は、証言の最大のポイントだった。しかもロレンツは、ダラスで後にオズワルドを射殺したジャック・ルビーとCIA工作員ハワード・ハント(エドゥアルド)とも会っているというのだ。この信じ難い話についてのトリプレットの質問が始まった。

「さて、あなたは何回かオペレーション40のために働いたと言いましたね?」

「はい」

「あなたはオペレーション40の資金的後ろ盾が誰だか知っていますか?」

「ええ、フランク（・スタージス）が資金面の問題を引き受けていました。私たちは毎月もらう資金がなかったらやっていけませんでした」

「その資金とは、エドゥアルドからもらったというお金の一部なのですね？」

「はい」

「エドゥアルドが誰を代表していたか知っていますか？」

「知りません」

「フランクは教えてくれなかったのですか？」

「フランクが言うには、ワシントンの偉い人です」

「誰のことか分かりませんか？」

「ちっとも分かりません」

「サントス・トラフィカントに会ったことがありますか？」

「いいえ」

サントス・トラフィカントは、ロレンツとは別のＣＩＡのカストロ暗殺計画に深くかかわったフロリダのマフィアだ。

「米国でもキューバでもないですか？」

「ありません」

「あなたはマイアミにある米国関税局の代表者を知っていますか？」

「はい、知っています」

「その人の名前は？」

「スティーブ・ズカスです」

ズカスはロレンツが陳情書を託した人物である。

「オーランド・ボッシュの家での会合の話に戻りますが、会合が終わった後、あなたはどこに行きましたか?」

「私はフランクに一体全体何が起こっているのか聞きました。私は既にグループから脱退していましたから。すると彼は〝非常に、非常に重要なことだ。お前が俺たちと一緒に来ることになるのか分からないが、俺たちは旅に出る〟と言ったのです。

これに対して私は〝今の私の状況について話があるの。フランク、助けてちょうだい〟と言いました」

「あなたの状況というのは、当時のあなたの子供が置かれた状況ということですね?」

「将軍との間にできた子供と、デービッド・ウォルターズに関する問題ということです」

「先に述べた弁護士のことですね?」

「はい」

「フランクはそれについて助けてくれましたか?」

「いいえ」

「次にオズィーを見たのはいつですか?」

「私はフランクのところに戻りました。私はモーテルに泊まっていましたが、フランクは私と連絡を取り合っていたのです。彼はデービッド(・ウォルターズ)に接触し、私に近づかないように言うと約束しました。しかし、その前に彼は旅行の用意をしなければならないと言いました。フランクに同行したその旅行で、再びオズィーに会ったのです」

「それが次にオズィーことリー・ハーヴィー・オズワルドに会ったときですね？」

「はい」

「その旅行というのはいつでしたか？」

「十一月二十二日の一週間ぐらい前です」

「ほかには誰がその旅に加わったのですか？」

「ジェリー・パトリック・ヘミング、ペドロ・ディアス・ランツ、ノボ、オズィー、フランクもいました。それに私とオーランド（・ボッシュ）」

「ノボとはノボ兄弟のことですね？」

「ノボ兄弟です」

「過去を思い出しているうちに、ノボ兄弟の名前を思い出しましたか？」

「いいえ」

「ニックネームも覚えていませんか？」

「覚えていません。忘れました。その一年前に名前を聞いたと思うんですが、忘れました」

ロレンツはこのときは思い出せなかったようだが、この兄弟とはギレルモ・ノボとイグナシオ・ノボという名の亡命キューバ人であった。フランク・スタージスやオーランド・ボッシュとともに、一九六〇〜七〇年代に数々の反カストロ・反共産主義のテロ活動や暗殺事件に関与したとみられる札付きテロリストだ。ロレンツがこの委員会で証言する約二年前の一九七六年九月二十一日、チリのアジェンデ政権当時に外務大臣を務めたオーランド・レテリエルを首都ワシントンで爆殺した一味とみられている。

この爆殺を直接指示したとされるのが、多くの国民を拷問、虐殺した悪名高いチリのアウグスト・ピノチェト大統領であった。ピノチェトはブラジル、アルゼンチン、ボリビア、パラグアイなど各国の軍事政権と共同して互いの相手国に亡命した反政府活動家を拘束、もしくは抹殺する「コンドル作戦」を展開していた。前政権の要人であったレテリエルを殺したのもその一環で、実行犯グループにノボ兄弟ら反カストロ亡命キューバ人が名を連ねたのである。

今日では、ラテンアメリカ諸国での一連の軍事クーデターや「コンドル作戦」のような非合法活動の背後にCIAがいたことは常識になっている。つまりオーランド・ボッシュやノボ兄弟らは、事実上CIAが抱える殺し屋たちなのである。

ところで、爆殺されたレテリエルの息子フランシスコ・レテリエル（父親が爆殺された当時は十七歳であった）は後に、ロレンツの娘モニカと結婚、一九九一年には男の子が生まれる。ロレンツと一時期行動をともにしたノボ兄弟がロレンツの娘の結婚相手の父親を殺していたとは、何と言う巡り合わせであろうか。

トリプレットがロレンツに質問した。

「私の計算ではその旅行には全部で七人〔注：トリプレットの計算違いで実際はロレンツを含め八人〕いたのですね？」

「はい」

「その旅行はどこからスタートしたのですか？」

「マイアミです。私はベビーシッターに赤ん坊を預けました。私はベビーシッターを雇わなければならなかったのです。だけど週末も彼女に払えるほどのお金がなかったので、赤ん坊を彼女の家に連れていってもらったのです。私は車にはねられ、怪我をしていましたし。彼女は赤ん坊を自分の家に連れ帰ってくれました。彼女にはすぐに戻るとだけ伝えました」

「それではあなたがた七人は皆、マイアミに集まったのですね？」

「はい」

「どこか特別の家とか、場所とかで？」

「オーランド・ボッシュの家の前です。私たちは車に乗り込みました」

「一台以上の車があったのですか？」

「二台です」

「どんな車ですか？」

「汚くて、古いやつです。メーカーは覚えていませんが、一台は後ろに翼のような、何て言うのかしら、フェンダーがついていました」

「翼のあるフェンダーだと思いますが。私も分かりません」

「青、緑の、古くて、汚い車です」

「フロリダのナンバープレートを付けていましたか？」

「それは覚えていません。というのもフランクは車の後ろにいくつかのプレートをいつも置いていましたから。彼は州境のパトロールから逃れるためプレートを換えるのが常でした。銃を運ぶときはいつも、いくつかのプレートのセットを持っていました」

暗殺の旅

「どういうルートを取ったのですか？」

「ルート？」

「そう。どの都市を通っていったのですか？」

「タンパ、テキサスです」

「フロリダのフライパンの柄を通っていったのですね？」

「フライパンの柄って？　聞いたこともないわ。いいえ」

「アラバマやミシシッピを通って行った？」

「はい」

「ニューオリンズも通った？」

「はい」

「途中、どこかで止まりましたか？」

「食事のために止まりました。フレンチフライを食べました。私たちは窓からトレイを出してくれるような場所で食べました」

「ドライブインですね？」

「ドライブイン。そうです」

「途中、どこかで一泊しましたか？」

「いいえ。ずっと運転していました」

「どうやって？　運転を交替しながらですか？」

「はい」

「それぞれの車には、ずっと同じ人間が乗っていたのですか？」

「はい」

「あなたは交替しましたか？」

「私はフランクと話せるよう、彼と同じ車に乗りたかったのです」

「あなたはずっとフランクと同じ車に乗っていたのですか？」

「はい」

「あなたとフランクのほかに誰が乗っていたのですか？」

ロレンツはこのときうわの空で、当時のスタージスがロレンツに対して取った冷たい態度を思い出していた。スタージスはこれからダラスでやるであろう大仕事のことで頭がいっぱいで、ロレンツの話をほとんど聞いてくれなかったのだ。

ロレンツが答えないでいたため、委員会室に沈黙が走った。委員らの視線がロレンツに向けられると初めて、ロレンツは我に返った。

「すみません、もう一度言って下さい」とロレンツは聞いた。

「ほかに誰が、あなたとフランクが乗った車にいたのですか？」

「フランクとノボ兄弟と私が一台の車に乗り、残りはもう一台の車に乗りました」

「それでは三人が一台の車に乗っていたのですか？」

「いいえ、四人です」

「あなたも運転をしたのですか？」

「いいえ、私は疲れていてとても運転できませんでした。夜間運転だったのです。私は道もよく知りませんでした。彼らは大変よく道を知っているようでした」

「その旅はどれだけ時間がかかったのですか？」

「二日です。目的地には夜遅く着いたのを覚えています」

「どこに着いたのですか？」

「ダラスです」

「ダラスではどこかに泊まったのですか？」

「モーテルに泊まりました」

「モーテルの名前を覚えていますか？」

「名前は思い出せませんが、裏手には砂利を敷いた車道がありました。ダラス郊外のモーテルです」

「車の話に戻りますが、あなたとフランク、そしてノボ兄弟が一台の車に乗りましたね。ではほかの車には誰が乗っていたのですか？」

「オーランド・ボッシュ、ジェリー・パトリック・ヘミング、ペドロ・ディアス・ランツ、それにオズィーです。私はオズィーとは一緒に乗りたくありませんでした。彼を好きではなかったのです」

「どうして好きではなかったのですか？」

「彼の態度が気に入りませんでした。彼は、なぜ私たちのグループと一緒にいるのか話しませんでした。私たちはグループ内で信頼し合っていました。だから私には、彼が部外者のように思えたのです」

「彼と何か話をしたことがありましたか？」

「私はオズィーに、ライフルを持ち運べるほど強そうにみえない、と言ったことがあります」

「もう一度。何と言ったんですか？」とドッドが質問に割り込んだ。

「私はオズィーに、ライフルを持ち運べるほど強そうにみえない、と言ったんです。彼は私がそう言ったことで気分を害し、それ以来……。それは私が最初に彼に会ったときのことです。彼はそれ以来、私のことを気に入らず、私も彼のことが気に入らなかったのです。彼はそういう態度でした。彼は無愛想でした。ある瞬間、知ったかぶりをしたかと思うと、その次の瞬間には不機嫌になるのです」

トリプレットが再び質問した。「彼はどんなことを言ったのですか？」

「オズィーは世界中を飛び回ったとか何とか言っていました。私だってそうです。私はドイツ語をしゃべれます。彼もいくつかの外国語が話せると言っていました。とにかく私たちはウマが合わなかったんです」

「どんな外国語を彼は話せると言ったのですか？」

「分かりませんが、スペイン語はあまりうまくありませんでした」

「彼がスペイン語を話すのを聞いたことがあるのですか？」

「はい」

「それで、彼はあまりうまくなかった？」

「うまくありませんでした」

「スペイン語の理解力はどうでしたか？」

「ええ。彼には訛りがありましたが、理解はしているようでした。時々、彼は無口を決め込んでいるのではないかと思うときもありました」

「どんな訛りだったか説明できますか？」

「ええ。彼がスペイン語を話すときは、スペイン語を母国語としない、米国人のような訛りでした。彼はいくつかのスペイン語の文章を聞き覚えたような感じでした」

「ダラスのモーテルに行ったと言いましたね。砂利の車道もあったと。そのモーテルには他にどんな特徴があったか覚えていますか？」

「郊外にありました。通りに〝ダラスへようこそ〟という看板が立っていました。〝ザ・ブル〟というレストランを通り過ぎました。そのとき、私の娘の好きそうなレストランだなと思いました。それから、フランクはモーテルでは隣続きの部屋を取ったのです」

「何部屋取ったのですか？」

「えっ、何ですか？」

「何部屋取ったのですか？」

「部屋ですか？　二部屋です。二つの部屋の真ん中はドアで仕切られていて、それぞれの部屋にはダブルベッドが二つずつありました。モーテルに着くとすぐ、私たちは新聞も電話も駄目だと言われました。外出もしませんでした。食事は部屋に運ばれてきました。ライフルも部屋の中に持ち込みました」

「ちょっと待って下さい。誰が新聞も駄目だと言ったのですか?」

「フランクです」

「フランクが責任者だったのですか?」

「彼が責任者でした」

「ほかに誰か命令する人はいなかったのですか?」

「いいえ」

「フランクはなぜ新聞を読んではいけないのか説明しましたか?」

「いいえ。私は〝一体全体、この秘密主義は何なの?〟と聞きました。答えは同じでした。フランクは〝黙っていろ〟と言うだけです。私たちは従うだけでした」


ロレンツは今でもその一種異様な雰囲気を思い出す。このダラスでの仕事に関しては、仲間の間で冗談が全く通じないような、何か重苦しい雰囲気が支配していた。ロレンツはスタージスに「今回の仕事は何でそう特別なの?」と聞いたことがあった。スタージスはただ「気にするな。座って次の命令を待て」としか答えなかった。そこでロレンツは冗談めかして「一体誰を殺すのよ?」と聞いたら、皆が黙り込み、その場にシラーっとした気が充満したこともあった。皆の神経に障ったのは明らかだった。スタージスが「黙れ、ロレンツ」と、普段よりも厳しくロレンツをたしなめたことも鮮明に覚えていた。


「部屋の中で、何か武器を見ましたか?」とトリプレットが質問した。

「一度、車のトランクを開け、ライフルを部屋に持ち込みました」

「誰が持ち込んだのですか？」

「フランクとオーランドです。私は、〝なぜライフルを持ち込むの？〟と聞きました。ライフルは緑の防水紙にくるまれていました。その上に毛布が巻かれていました。ライフルはベッドと望遠鏡の間に置かれました」

「ライフルは何丁ありましたか？」

「三、四丁です」

「どんな種類のライフルですか？」

「自動式のやつです」

「もっと具体的に描写できませんか？」

「いいえ。なぜなら包まれていましたから。みんなライフルに躓きました。私は素早くライフルを見ました。自動式のライフルで別の毛布には望遠鏡がくるまれていました」

「望遠鏡はライフルとは分けられていたのですね？」

「はい」

「どんな種類の望遠鏡でしたか？」

「ライフルに取り付けることができるやつです」

「私が質問したのは商標の意味です」

「商標は見ませんでした」

「あなたはエバーグレイズ〔注：フロリダ州南部の大沼沢地〕で、あらゆる種類の武器の訓練を受けたと言いましたね」

「M－1、三十八口径、四十五口径」

「それらはM－1ではなかったですか？」

「明確には言えません。そうかもしれませんが、確信はありません。見慣れたタイプでした。もし、違うのだったら……」

「つり帯はついていましたか？」

「つり帯？」

「そうです。銃をつる革帯です」

「いいえ、ありませんでした。訓練でつかったようなタイプではなかったです」

「誰かこれらのライフルの手入れをしなかったのですか？」

「しませんでした。彼らはただ、ベッドの間に隠したままにしていました」

「誰かそのライフルを取り出し、打ち金を起こし、引き金を引き、試し撃ったりしなかったのですか？」

「しませんでした。そこに置いてあっただけです。歩くのに邪魔にならないよう脇の方へ押しやられていました」

「あなた自身は、そのモーテルに何泊したのですか？」

「よく覚えていません。一泊かも。私は邪魔者扱いでした。そう感じたのです。エバーグレイズで寝袋の中で寝るのとはわけが違いました。私たちはホテルの部屋にいて、私だけが女性でした。一部屋には、二人の男が寝ることができるベッドが二つあっただけです。彼らも居心地は良くなかったし、私もどちらかというと居心地が悪かったんです。それで彼に言いました。

〝一体どうなっているの？〟と」

「誰に言ったのですか？」

「フランク（・スタージス）です。私は以前にもおとりとして使われたり、参加したりしていました。私はおとりとして武器庫を襲撃する際、大いにフランクの役に立ったのです。私はいつもおとりでした。その時も私の役目はおとりだと思っていたのです。だから〝一体どうなっているの？〟と聞いたのです」

ロレンツの自伝には、武器庫襲撃の際、ロレンツは守衛や見回り兵の注意を惹き付ける〝おとり〟の役をやっていたと書かれている。

「その時のフランクの説明は何だったのですか？」

「彼は聞かれる度に、〝後で教えてやる〟と答えるだけでした。彼はせわしなく動き回っていました。彼は何本か電話をしたり、食料の買い出しに行ったりしなければなりませんでした。フランク以外は外に出かけませんでした」

「あなたはほかの誰かと話をしなかったのですか？」

「私は部屋の中の誰とでも気さくに話をしました」

「ヘミングは何と言っていたのですか？」

「自分だけのベッドが欲しいと言っていました。彼は太っていましたから」

「彼は、ほかに問題がありましたか？」

「ヘミングはお腹をすかし、疲れていました。といっても、みんな大変疲れていましたけれど」

「彼はそのときやろうとしていた作戦について何かしゃべりませんでしたか？」

「いいえ」

「ペドロ・ディアス・ランツはどうですか。何か話しましたか?」

「彼は別の部屋にいました」

「ドアは開いていたわけですから、部屋を行ったり来たりしなかったのですか?」

「私は同じ部屋にずっといました。私は部屋の床に座り込み、サンドイッチをつくったりしていました」

「ノボ兄弟はどうですか。彼らは何と言っていたのです?」

「彼らはペドロと同じ部屋でした」

「彼らがこちらの部屋に来て話すことはなかったのですか?」

「ありませんでした。彼らはいつもフランクと話すときは、外でこっそりと話していましたから。だから私は除け者だと感じたのです」

「三、四丁のライフルの件ですが、それらはみんな、あなたがいた部屋に置いてあったのですか?」

「はい、私がいた部屋にありました」

「あなたの知っている限りでは、別の部屋には武器はなかったのですか?」

「分かりません。ちょっと盗み見したことはありましたが、ベッドとベッドの間には何も見えませんでした」

「別の部屋には何も見なかったと?」

「分かりません。だってダブルベッドとベッドの間に隠してしまうから」

「オーランド・ボッシュはどうでしたか。あなたはそのとき、彼と何か話をしましたか?」

「私が昔撃たれたとき、安っぽい手術をしてくれたわね、くらいのことは彼に言いました」

「その程度の話しか、しなかったのですか?」

「なに気ない会話ばかりでした。私は多かれ少なかれ待機させられていましたから。私は何かするよう言われるのを待つのに慣れていました。私たちは疲れることのないよう普段着の服を着るよう言われました。電話も、新聞も禁止です。私はただ自分の番が来るのを待ったのです。結果は待っていれば来るということです。フランクは〝待て、ただ待て〟と言っていました。私は待ちました。そのとき、誰かがドアのところにやって来たのです。私はそのとき、床の上でサンドイッチをつくっていました」

「誰が来たのです?」

「中年のずんぐりした男です。白い靴下に、黒っぽいジャケットとズボンを履いていました。彼は丸ぽちゃでした」

「その後、その男が誰であるか知る機会がありましたか?」

「はい。後に私はテレビでその男を見ました」

「誰だったんですか?」

「ジャック・ルビーです」

誰があの男を見間違えることがあろうか。一目見ただけでチンピラと分かるような派手な出で立ち。帽子をかぶり、中肉中背というより幾分太ったその中年男は、後にオズワルドを射殺するジャック・ルビーにほかならなかった。

「確かにジャック・ルビーがドアのところまで来たのですね？」

「はい」

「誰が彼と話したのですか？」

「フランク（・スタージス）です」

「その会話を耳にしましたか？」

「いいえ。でもその男はフランクに〝あの女は一体全体何者だ？〟と聞いていました」

「フランク・スタージスは何と答えたのですか？」

「〝まあ、いいじゃないか〟とか、そういう感じのことを言いました。私は私で〝やつは何者よ？〟と聞き返しました。こんな風に出会ったのです。それはそれで終わり、フランクはその男にもうしゃべるなと言いました」

「あなたがジャック・ルビーだと認めた男は何かを運んできたのですか？」

「いいえ。彼はフランクに会いに来たのです。中で話そうとしませんでした。彼は玄関口のところに立っていて、その後立ち去りました。砂利道を歩く彼らの足音が聞こえました」

「どれだけ長い時間、彼らは話していたのですか？」

「十五分とか、二十分」

「その間中、モーテルでオズィーは何をしていたのですか？」

「何も。服の入った、バズーカ砲が入るほど大きな鞄からものを出していました」

「彼は何か武器の性能をチェックしたりしていましたか？」

「いいえ」

「彼はあなたの前で何か言いましたか？」

「オズィーは私にサンドイッチを渡してくれました。マヨネーズなしの、あれやこれや。彼は航空会社のバッグから服を取り出していました」

「そうした男たちとモーテルに滞在している間中、あなたは、誰かがそこでの目的について話しているのを聞きましたか？」

「いいえ。私はそのときはまだ、武器庫を襲撃するのだと思っていましたから。特にやりたくはなかったのですが、参加するのだと思っていました。本当は娘に会いたかったし、家に帰りたかった」

「結局、家に帰れたのですか？」

「はい。フランクが私を家に送り返しました。フランクはこう言いました。〝俺は判断を誤った。やつらは女が関係するのをいやがっている〟

私はこう言いました。〝どういうことよ？　私は以前もこれと同じように働いたわ〟

フランクはこう言いました。〝今回は特別だ。お前は戻れ〟

私はこう言いました。〝でも、私ははるばるやって来たのよ。アレックス（・ローク）はどこ？〟

フランクはこう言いました。〝気にするな。彼は忙しいんだ〟

私はこう言いました。〝アレックスと話をしたい。アレックスはどこ？〟

フランクはこう言いました。〝アレックスは死んだ〟

私は〝何ですって？〟と聞き返しました。

フランクは繰り返しこう言いました。〝アレックスは死んだ〟
ああ、なんということでしょう。もうアレックスを見つけることはできなかったのです」

ロレンツは、アレックス・ロークが死んだと知らされたときの衝撃と悲しみを思い出していた。ロークはその二カ月前の六三年九月二十四日、ニカラグア方面に向け、飛行機でフロリダを飛び立ったのを最後に消息がわからなくなっていた。しかし、やはり死んでいたのだ。ロークは、苦しいときはいつもロレンツの心の支えだった。カストロ暗殺計画に携わったとき、本当にロレンツの身を案じてくれたのもロークだった。暗殺集団とのかかわりの中で唯一ロークだけが、ロレンツのことを人間性の観点から忠告してくれたのだ。ほかの連中は、非情な殺しのプロだった。仕事をするにあたっては人間性のかけらも見せないような連中ばかりだった。

ロレンツは当時、自分の苦境を脱出するためスタージスに自分の保護を求めると同時に、ロークにも助けを求めようとしていた。そのロークは死んでしまった。ロークの死には、ロークのことを快く思っていなかったスタージスが絡んでいたと、ロレンツは後に知らされる。ロークは〝始末〟されたのだ。おそらくはＣＩＡの殺人集団によるケネディ暗殺計画に気づき、それに反対したために。

「フランクはアレックスが死んだのをどうやって知ったのか説明しましたか？」
「いいえ。彼はただ、慌ててそう言い切ると、私に黙るように言ったのです」

「ほかに誰か、あなたがその場所にいるべきではないという事実を伝えた人はいましたか？」

「いいえ。フランクがボスでしたから。私たちはフランクの言うことを聞きました。というより、聞かなければならなかったのです」

「それであなたはその場を離れた？」

「はい」

「どうやってその場を離れたのですか？」

「私は飛行機でマイアミに戻り、娘を引き取りました」

「それはいつだったか覚えていますか？」

「十一月の十九日か二十日だと思います」

「一九六三年の？」

「そうです」

「どれだけマイアミには滞在したのですか？」

「二、三日か、一泊だけです。私はベビーシッターのウィリー・メイ・テイラーのところへ娘を引き取りに行かねばなりませんでした」

「六三年の十一月二十二日はどこにいましたか？」

「私は娘とイースタン航空の飛行機の中にいました。マイアミから——当時は大した空港ではありませんでしたが——現在のケネディ空港（ニューヨーク）に向かっていました。飛行機はニューアーク空港へと航路を変更しました。というのも、副操縦士が出てきて、こう言ったのです。〝みなさん、大統領が撃たれました〟」

「後にフランク・スタージスと、このことについて話をしましたか？」

「はい」

「それはいつでしたか？」

「七六年か七七年に」

「彼は暗殺に何らかの形でかかわっていたことを認めましたか？」

ここで議長が口を挟んだ。「トリプレットさん。先に進む前に、委員会の他のメンバーに質問があるようです」

「どうぞ質問をさせてあげて下さい。議長」とトリプレットは答えた。


スタージスが暗殺に関与していたのか、というトリプレットの核心をついた質問がここでドッドからの質問で遮られてしまった。これこそが今回のロレンツ証言のクライマックスといってよかったにもかかわらずだ。このトリプレットの質問は後に再び繰り返されることはなかった。

質問を替わったドッドは、ケネディ暗殺事件とはあまり関係のない軍の武器庫や銃砲店襲撃に固執していた。質問の内容もロレンツに対して攻撃的だった。おそらくドッドは最初からロレンツのことを信用していなかったと推測される。別に疑り深いことに問題はないが、あまりにも挑戦的なのでロレンツが怒り出す場面もある。このドッドの態度は最後まで変わることはなかった。そのドッドとロレンツのやりとりは、ここでは割愛させていただく。

暗殺犯オズワルドとの出会い

ドッドの次に議長が質問した。議長は淡々と事実関係の確認を進めるが、オズワルドの話になった辺りから、自分たちの知っているオズワルドとロレンツの知っているオズワルドの間に微妙な違いがあることに気づく。最初はオズワルドの職業の件だ。ロレンツはオズワルドが失業中だったと主張するが、一般に知られているオズワルドは、ケネディ暗殺の少なくとも二週間前にはテキサス学校教科書倉庫に就職していた。

議長がロレンツに聞いた。「今度は私が質問したいと思います。オズワルドは旅の間中、グループと一緒にいたのですか？」

「はい」

「フロリダからダラスまでずっと？」

「はい」

「それで何日にダラスに着いたのですか？」

「十六日です」と、ロレンツはダラスに向けて出発した日にちと勘違いして言った。

「十六日？　それでは、逆戻りしてみましょう。いつフロリダを発ったのですか？」

「十六日です」

「十六日」

「はい」

「それでは旅行には二日かかったわけですから、ダラスには十八日ごろ着いたのですか？」

「はい」

「ではいつダラスを発ったのですか、十九日ですか？　ダラスには一日、一泊滞在したのですか？」

「はい、一泊です」

「それで飛行機で戻った……」

「マイアミへ戻りました」

「はい」

「マイアミへ。するとマイアミへ戻ったのは二十日ごろですか？」

「そして、ニューアークへ飛んだのは二十二日ですか？」

「はい」

「あなたがその日付を覚えているのは、ケネディ暗殺があった日だからですね？」

「はい」

「そのニューアーク行きの前は、何日フロリダに滞在したのですか？」

「二、三日です。私はただ戻って、娘をもらい受けたかっただけですから」

「ダラスに発つ前、フロリダでは、フランク・スタージスやオズワルドといったグループの人間とは、何回も会ったことがあったのですか？」

「ダラスに向け発つ前、私は一度フランクに会いました。それからもう一度その家で。そのときに私たちは集合して出発したのです」

「発つ前に二度、彼らに会った……」

「一度はボッシュの家で。それから私はもう一度彼に会いました。そのとき、彼は出かける準備ができたと言ったのです」

「出発する前は、何日間あったのですか、その最初の会合は？」

「分かりません。出発の二週間前かしら」

「二週間前？」

「はい」

「その会合にはオズワルドはいたのですか？」

「最初の会合にはいました」

「それからまた会ったのですか？」

「はい」

「出発する前のどのくらいの期間でしたか？」

「隠れ家で、でした。正確には分かりません。分からないのです」

「オズワルドはそうした会合にはいたのですか？」

「はい、いました」

「ということは、推論すると、オズワルドは十一月十六日の前、二週間ばかりフロリダにいて、さらに十六日から二十二日まであなたたちと一緒だったということになります。オズワルドは仕事があるとか、働かなければならないとか、言っていませんでしたか？」

「彼は失業中でした」

「どこかで働いていませんでしたか？」

「彼は失業中でした。彼はわたしたちと一緒にいたのです」

「職がなかったのですか？」

「無職です。彼はいつでも何についても多くを語りませんでした」

「ちょっと戻りますが、あなたは隠れ家で初めてオズワルドに会った。スタージス、パトリック・ヘミング、ランツ、ボッシュらもいた。そしてあなたはオペレーション40のグループとも会ったと証言した。さらにフロリダ州の小島であなたが受けた訓練の話をした。そうですね？」

「そうです」

「そのときやっていた訓練というのは、どのくらいの期間やっていたのですか？」

「併せて一年半ぐらいです」

「それでは、おそらくこういう風に聞いた方がいいでしょう。どのくらいの期間、オズワルドは訓練・演習に参加していたのですか？　彼はその場にいたのですか？」

「私たちは訓練を受けていました。ときどき一カ月ほど、物資を求めてマイアミに戻らなければならなかったのです。私たちは行ったり来たりしました。私たちはエバーグレイズの小島で訓練を受けていました。彼（オズワルド）は私たちと一緒にキャンプにいるか、あるいは隠れ家にいました」

「すると彼は一度に一カ月もいないときがあったのですね？」

「毎日はいませんでした。私は彼を毎日は見ませんでした。時々しか見なかったのです。フランクには百人以上の部下がいました。彼が責任者だったのです」

「ダラスではジャック・ルビーがドアのところに現れたと言いましたね？　あなたについて書

かれた新聞記事には、ルビーのことは書かれていません。それなのに、この陳述書の証言ではルビーのことに言及していますね。先ほどあなたに提示された、この陳述書はいつ書かれたのですか？」

「この陳述書はまず、完成していません。移民局のスティーブ・ズカスの指示の下で私はそれを書きました。彼はシークレット・サービスと関係があったのです」

「いつ書かれたのですか？」

「昨年（七七年）の六月か七月です。私は保護管理下にありました」

ハントの存在

「ハワード・ハントはモーテルに現れたのですか？」

「何ですって？」とロレンツは聞き返した。いきなりハントの話になったからだ。

「ダラスのモーテルにあなた方がいたとき、ハワード・ハント、またの名をエドゥアルドがいつの時点かで、現れたのですか？」

「いいえ。私はそこでは彼を見ませんでした」

「全く現れなかったのですか？」

「来ませんでした」

「陳述書の中では、彼が現れたと書いていましたよ？」

ロレンツはドキッとした。ハントのことを証言で明確に話すことはロレンツの身が危うくなることを意味していたからだ。ハントはオペレーション40によるケネディ暗殺計画とＣＩＡを結びつける重要人物にほかならなかった。ここで本当のことを言ってもいいのだろうか。ケネディ暗殺の直前にＣＩＡ情報部員が暗殺団と打ち合わせをしていたことをばらしたらどういうことになるのか。委員会はロレンツの安全を保証してくれるのか。もしハントがケネディ暗殺の背後にいると証言したら、それこそＣＩＡが黙っていないだろう。半年前、健康だった六十二歳のロレンツの母親を突然見舞った不可解な死は警告だったのではないか。とっさにロレンツは、曖昧な答えをしてごまかそうとした。

「エドゥアルドがそこに来ると聞かされたのです。フランクが言っていたことを思い出せる限りにおいて、エドゥアルドがそこに来ることになっていたのです。しかし、私は見ませんでした」

もちろんこれは正しい回答ではなかった。とっさについたウソだった。ロレンツははっきりとハントをダラスで見ていた。ハントはダラスのロレンツらが泊まったモーテルに来て、報酬の入った封筒を手渡し、約一時間にわたってスタージスと話をしていた。それは、後にロレンツが書いた自伝でも明らかにされている。

「それでは、滞在中いかなるときも、彼には会わなかったと……」

「ダラスではありません」

ダラスの件とハントを結びつけるのはまずい。おそらくロレンツは、何度も自分に言い聞かせた。

「知っている限りでは、ハントはダラスには現れなかったということですか？」と、議長は続けざまに念を押した。

「私はフランクから彼がそこに来るだろうと聞いたのです。私はフランクを信じて……」

ロレンツはたじろぐばかりだった。

なぜダラスに行ったのか

議長はさらにロレンツの陳述書に書いてあったことについて質問し、追い打ちをかけた。

「あなたが帰ることになって、誰があなたを空港に送るかで話し合ったのですか？」

「私は当然、フランクが私を空港へ送ってくれると思っていました」

「ここにあるあなたの陳述書では、こう書かれています。〝私が立ち去ろうとしていると、エドゥアルド・H・ハントが車でやって来て、誰が私を空港まで送るかで議論がありました。フランクとボッシュが私を乗せていき、エドゥアルドはモーテルで待っていました〟——。そういうことがなかったと言うのですか？」

ロレンツは白を切った。「私は車の中にいて、もう出発する準備ができていました。多分、エドゥアルドだったと思います。ほかの人たちもいました。私は彼らとは話をしませんでした」

ロレンツにはこう答えるのがやっとだった。議長は陳述書の内容と今のロレンツの証言の間に矛盾を感じながらも、あえて追及せずに話題を替えることにした。

「少し話題を替えましょう。この時点ではこれが私の最後の質問です。あなたはそれが武器庫襲撃だと思っていたのですね？」

「はい」

「あなたは何度かの武器庫襲撃では、フランクと一緒に仕事をした」

「はい」

「でもなぜ、CIAとつながりのあるフランク・スタージスが銃を入手するために武器庫に押し入らなければならないのですか?」

「分かりません。私たちには、いつも釈然としないことがありました。私も同じ質問をフランクにしましたが、なぜだかは理解できませんでした」

「あなたたちは武器庫に侵入し、盗んだのですね、銃と……」

「ライフルも、です」

「そして、その後、そうした銃をどこに運んだのですか、キューバやフロリダの反カストロの部隊ですか?」

「マイアミです」

「ダラスでスタージスらのグループと別れたのは、私にはよく理解できなかったのですが、あなたがそうしたかったからですか、それとも……」

「私がそうしたかったからです。それに娘のことが気になりましたし、私が場違いの人間であるとも感じていました」

「スタージスもあなたに立ち去るよう言ったのですか?」

「いいえ。彼はただ、〝お前はここを出ていけ。お前にはここにいて欲しくない〟とだけ言いました。

私はこう言いました。〝いいわ。いつも通りね。あなたはまったく役に立たないわ。アレックスを探すわ〟」

「それでは、彼はあなたが立ち去ることに異議を唱えなかったのですね？」

「唱えませんでした。お互いの意見が一致したのです」

「すると、彼はあなたに旅の目的、なぜあなたがそこに行くのかという理由を知らせること無しに、はるばるフロリダからダラスまであなたを連れてきたのですか？」

「そうです」

「それでダラスに着いたら今度はあなたに立ち去るよう言った？」

「はい」

「あなたがなぜそのダラス行きにかかわって、ダラスに行ったのか、その理由はわからないのですか？」

「フランクが私を利用することはないと思っていたし、利用されたくもありませんでした。私は本当に、将軍の弁護士の件とアレックスを探し出す件で彼と話をしたかっただけなのです。旅の初めのある時点では、アレックスがダラスで待っているのではないかとの印象を持ったほどです」

「ありがとう。おや、失礼、フィシアンさん」

議長はフィシアンが手を挙げているのを見つけ、彼に質問をするよう促した。

フィシアンの質問

「ありがとう、議長」

そう言ってフィシアンのロレンツに対する質問が始まった。

「あなたたちがフロリダからダラスに向かい、今回の仕事がいつもより長距離で様子が違うと受け止めたとき、武器庫に盗みに入るだけなのに、なぜこんな遠くまで来るのか不思議に思わなかったのですか？」

ダラス行きが、いつもの武器庫襲撃とは全く異なることは明白であった。計画の緻密さからいっても、その場に立ちこめた一種異様な雰囲気からいっても、単なる武器庫襲撃でないことはダラスに着いた時点でロレンツにも分かっていた。だが、何なのかはスタージスやほかの仲間も一切答えなかった。その場の雰囲気から、誰かを殺すのは分かっていた。しかも大きな仕事だ。

フィシアンが聞いた。「ケネディ大統領がダラスに行く予定だったことは知っていましたか？」

「いいえ」

「ボッシュの家で開かれた会合で、大統領の名前が一度でも言及されたことはあったのですか？」

「はい。だけど、当時は誰もが、ケネディを憎んでいました。みんなケネディのことを悪く言ったり、軽蔑したりしていました。それでも私は、彼らが本気でワシントンにいる人間の悪口を言っているとは思えませんでした。なぜなら、ワシントンにいる政府の人間から、私たちは命令を受けていたのです。特に資金が欠乏しているときとか、訓練に関しては。ピッグズ湾事件もそうでした」

こうしたロレンツの理解は無理からぬことだった。まさか、ＣＩＡの人間が自分の国の大統領を殺そうとするとは、誰も想像すらしなかったに違いない。

フィシアンが質問した。「みんなが当時、ケネディを憎んでいたというのは、つまり、彼らはよく、ケネディを撃ってやるとか、殺してやるとか話していたということですね？」

「そうです。そういう風に言っていました」

「みんなというのは、誰のことを言っているのですか？」

「反カストロのキューバ人です。キューバ人のみんな、それに一部のアメリカ人も」

「これまで出てきた人物に限って話をしましょう」

「フランク・フィオリーニは大変激しく嫌っていました。ジェリー・パトリックやディアス・ランツも」

「オズワルドはケネディについて何か言っていませんでしたか？」

「はい、彼も同意見でした」

ロレンツは、ケネディ大統領が六二年十一月にマイアミに寄った際、亡命キューバ人たちが口々にケネディをののしり、「いつかピッグズ湾事件の恨みを晴らすため、やつをやってやる」と言っていたのを思い出していた。

フィシアンが続けた。「すると、その旅をしたグループのメンバー全員がケネディらを嫌いだった。八人全員が敵対するようなことを言っていたのですね？」

「七人です。私は言っていませんから」

「ほかの七人……。こうしたののしりの言葉は、あなたが六一年に訓練を受けていたときに聞いた言葉と違うものでしたか？」

「違いました。でも私はその理由を感じ取りました。なぜなら、私の娘の父親はボビー（ロバート）・ケネディ（司法長官）によって本国送還されたため、みんな私もケネディ家を憎んでいると思っていたからです。しかし実際は、私はケネディを非難したりしませんでした。本国送還したのは国務省だったからです。しかも正当な理由があった。本国送還は単に私を惨めな気分にしただけです。私はお金を失いました。弁護士のデービッドが三十万ドルの信託基金を取ってしまった。私の復讐心はデービッドに向けられたものであり、ケネディに向けられたものではありませんでした」

「ボビー・ケネディに対しては、何ら憤りを感じなかったのですか？」

「ボビーに関しては感じませんでした。むしろ政府がやったという感じでした。政治的な交渉事だという感じでした。私は……」

「ボビー・ケネディと将軍の関係について話してもらえませんか？」

「ボビーは将軍について、米国は今後いかなる独裁者にとっても安住の地とはならないとする前例にしたかったのだと思います。でなければ、取引が行われたのです。マルコス・ペレス・ヒメネス将軍の後、権力の座に就いたロミュロ・ベタンコートとの間で、将軍を本国送還処分するという政治的取引が成立したとデービッドが私に説明しました。将軍には国庫から数百万ドルを盗んだ容疑と四件の殺人容疑がかけられていました。私はデービッドが将軍に忠実ではないことに気づきました。彼自身もそう言っていましたから。それに私自身も本国送還の件では利用されました。私は本国送還を妨害するため将軍を訴えるよう言われました」

ヒメネスの本国送還は、当然といえば当然のことであった。ロレンツの証言からは、それを巧みに利用した〝悪徳弁護士〟デービッドの存在が浮かび上がってくる。

憤慨、そして小休止へ

「あなたがそのように、将軍と一緒にいたいという強い感情や望みを持っていたのなら、なぜ本国送還を妨害したのは間違いだったと、あなたの書いた証言書で言っているのですか？」とフィシアンは聞いた。

「それは国務省の代理人であるアービング・ジャフが、私の婚外子扶養請求訴訟を取り下げるよう要求したからです。彼は〝私が本国送還を妨害している〟と言いました。そのとき、私はいいでしょうと言いましたが、デービッドがそれから二、三週間のうちに私のお金や家といったすべてを取り上げてしまったので、訴訟を取り下げませんでした。アービング・ジャフは、私が信託基金の条項に違反したからだと言いました。これに対し私は〝デービッドが私の信託基金を元に戻せば、訴訟を取り下げる〟と条件を出しました。そのとき私は信託基金を取り戻せると保証してもらったのですが、実際は取り戻せませんでした」

「誰があなたの信託基金を取り戻せると保証したのですか？」

「国務省、ボビー・ケネディの配下の人間です」

「つまり？」と、フィシアンは答えを促した。

「アービング・ジャフです」

「あなたは、ボビー・ケネディに対しては怒りの気持ちを持っていなかったと証言していますね？」

「どうしてボビー・ケネディを非難する必要があるのですか？」

「ボビー・ケネディと国務省が、あなたが証言したように、父親の親権訴訟を取り下げれば、三十万ドルの信託基金を取り戻してやろうと言い、だけれども信託基金が取り戻せなかったのであるならば……。それに、あなたはお金の問題で非常に困っていたと証言しているわけですから……」

「いいえ、違います。お金だけの問題ではありません。生きるか死ぬかの問題だったのです。あなたは全く分かっていません。デービッドは私に死んで欲しかったのです」

「それは理解しています。私はただ、なぜボビー・ケネディ上院議員に対して、あなたが憤りを感じなかったのかを理解するのに戸惑っているだけです」

「それは私が当時、政府の命令に刃向かうつもりがなかったからです。そんなことは私の性分に合わないと感じていました」

「だけど彼らは、あなたが訴訟を取り下げれば、信託基金を取り戻すと……」

「あなたは分かっていません。ボビー・ケネディが私のお金を取り上げたのではないのです。デービッド・ウォルターズが取り上げ、それをいまだに持っているのです」

「それは理解していますが、私はあなたが言ったことについて聞いているのです。あなたはボビー・ケネディに憤慨したり、怒ったりしなかったと言ったと思うのですが」

「違います」と答えながら、ロレンツはまるで自分が魔女狩りの裁判にかけられているようだと思った。

「憤慨したと言ったのですか？」

「そんなことは言いませんでした。約束をしたのは国務省の弁護士とか、司法省の弁護士であるアービング・ジャフです。正確には彼が誰を代表しているのか知りません。国務省だと思いました」

「彼は司法長官の下で働いていたのではありませんか？」

「はい」

「司法長官とは誰ですか？」

「ボビー・ケネディです。だけどどうして私がボビー・ケネディを憎まなければならないのですか？」

「私が知りたいのは、彼らがあなたを裏切ったときの気持ちです。もし彼らがあなたに、三十万ドルの信託基金を取り戻せると約束……」

「彼らはデービッドと話をしましたが、デービッドは彼らにウソをついたのです。私の議論はデービッドのことであって、ボビー・ケネディの部下のことではありません」

「それでは、デービッドが信託基金を元に戻すと約束したのですか？」

「そうです。だけどそうなりませんでした。私はお金のことなど特に気にしていたわけではありません。稼ごうと思えばまた稼げますから。問題は、デービッドが車でつけ回した挙げ句、私をひき殺そうとしたり、人を雇って私を殺そうとしたり、殺人事件の証拠隠滅工作をしたり、ウソをついたり、そうした諸々の悪行をしたりする権利は彼にはないということです」

「議長、これで私の質問を終わります」

フィシアンの質問が終わった。

トリプレットが議長に提案した。「議長。ここで委員会スタッフの顧問弁護士であるジェームズ・マクドナルドに質問の機会を譲りたいと思います」

これに対しクリーガーは議長に五分間の休憩を求め、了承された。

午前十一時四十分、小委員会は休憩に入った。

8. 身に迫る危険

決意と不安

下院暗殺調査特別委員会のジョン・F・ケネディ暗殺に関する小委員会で証言するように求めた召喚状がロレンツに届いたのは、一九七八年五月一日だった。召喚状は、免責を与える代わりに証言を強制する命令書であった。

召喚状が届いたときロレンツは、逃げ出したい気持ちになった。危険はいつも身の回りにあった。殺してやるという脅迫は日常茶飯事だった。それに母親の不審な死もあった。実際、CIAのカストロ暗殺計画にかかわったマフィアは、明らかに口封じのために殺されていた。シカゴのモモ・サルバトーレ・ジアンカーナは一九七五年、上院の委員会がカストロ暗殺計画での役割について事情を聴こうとした矢先、自宅の地下室で殺された。後頭部に一発、そして、口封じだということが分かるように、口の周りに計六発の銃弾を浴びていた。

同じくマフィア関係者のジョン・ロゼリは、CIAの秘密情報活動について調査していた上院の委員会で一回目の証言をした後の一九七六年七月、殺された。マイアミ沖に浮いていたドラム缶の中で足を切断された死体の状態で見つかったのだ。ロゼリは二回目の証言をする予定になっていた。

ＣＩＡと関係しマフィアによる殺しを請け負っていたとみられるチャールズ・ニコレッティも一九七七年三月、シカゴのショッピングセンター駐車場で背後から撃たれ、殺された。その四十八時間前には、ダラスでオズワルドと交友があったジョージ・ド・モーレンスチャイルドが〝自殺体〟で発見された。議会調査団に証言する直前であった。

ロレンツは、自分が何に直面しているのか十分に理解していた。ロレンツもまた、〝彼ら〟と同じ世界に住んでいたのだ。だが、もう証言するしかなかった。自分で撒いた種は自分で刈り取らねばならない。

任務についているときは、自分のしていることを他人に話してはならないと教えられていた。それは国家の安全のためであると言われた。ロレンツが属していたオペレーション40は、ＣＩＡがお墨付きを与えた暗殺集団であった。ロレンツは直接手を下さなかったが、複数の人間が殺されていたことにロレンツも気づいていた。盗みにしろ、殺しにしろ、法律など一切関係のない暮らしが〝保証〟されていた。

こうした非合法活動は、国家によって認知されていた。議会は巨額の金が何の説明もなく秘密情報活動に使われることを容認してきた。ＣＩＡの予算には、国益という大義名分を実行するための聖域があったのだ。

ロレンツはそうしたＣＩＡの暗部について知っていることを洗いざらい話すつもりでいた。しかし、委員会や世間の人々はそうした現実を受け入れることができるのだろうか。喋りすぎると、自分も消されることになるのだろうか。休憩の間も、ロレンツの頭の中では、決意と不安がないまぜになっていた。

証言の再開

休憩の後、小委員会は午前十一時五十八分に再開された。

議長の了解を得て、今度はマクドナルドが質問を始めた。

「ロレンツさん。あなたは午前中、マイアミの弁護士、デービッド・ウォルターズの話をしてきました」

「はい、そうです」とロレンツは答えた。

マクドナルドは、ヒメネス将軍の弁護士で、ロレンツの子供のための信託基金を横取りしたという人物に特に興味があるらしかった。

「デービッド・ウォルターズとその仲間があなたのことを追いかけていたと？」

「はい」

「それに、あなたの子供のために創設された信託基金約三十万ドルを、彼があなたから取り上げたと証言しましたね？」

「はい」

「彼がお金を持っていたのなら、なぜあなたを殺そうとするのですか？」

「私は彼に対し法的措置をとり始めましたから」

「どのような法的措置ですか？」

「私の信託基金を取り戻すためのです。彼はフロリダ州の弁護士、リチャード・ガースタインと組んで、フランク・ラッソという男を雇いました」

「ガースタインはデイド郡の地方弁護士ですね？」

「はい」

「すみません。ウォルターズが地方弁護士を雇ったのですか？」

「いいえ。ウォルターズがその地方弁護士と一緒になってフランク・ラッソを雇ったのです。フランク・ラッソはレンタカーのシボレーに乗って、私をひき殺そうとしたのです」

「そのフロリダ州の地方弁護士はどうして、あなたとあなたの弁護士の民事訴訟に首を突っ込む必要があったのですか？」

「私が車にはねられた後、ナンバープレートをチェックしたのです。マイアミビーチの警察が調べたところ、リチャード・ガースタインの事務所までたどり着きました」

「車からですって？」

「車からです。ラッソはガースタインに雇われていたのです」

「あなたをはねた車ですか？」

「はい」

「あなたはひどく怪我をしたのですか？」

「そんなにひどくありませんでした。娘は頭に怪我を負いました」

「どこでその事故があったのですか？」

「私が隠れていたマイアミのモーテルの裏です」

「駐車場で、ですか？」

「はい、駐車場で、です」

悪徳弁護士

「そのとき、あなたも車に乗っていたのですか？」

「いいえ。私は腕に赤ん坊を抱え、歩いていました。そこへ、その車が近づいてきたのです」

「これが、あなたが先程言ったところの、デービッド・ウォルターズがあなたをひき殺そうとしたという事件のことですか？」

「はい」

「その車は、その地方弁護士によって雇われた男が運転していたのですか？」

「はい。彼とデービッド・ウォルターズはマイアミ警察によって事情聴取されました」

「ロレンツさん、話があちこちに飛んでいます。デービッド・ウォルターズがあなたをひき殺そうとしたのではないのですか？」

「いいえ。デービッドが人を使って私をひき殺そうとしたのです。彼はまた、入国管理局に告げ口し……」

「ちょっと待って下さい。デービッド・ウォルターズがリチャード・ガースタインのところに行き、ガースタインの部下に車であなたをひき殺させようとしたと言っているのですか？」

「はい」

「その地方弁護士の部下の車で？」

「はい」

「マイアミのどこで起きたのですか？」

「正確な地名は覚えていません。見つけだすことはできますけど」

「町中のどの辺ですか？　マイアミビーチですか？」

「はい」

「何時ごろでしたか？」

「夜でした。夜も早い頃です」

「モーテルの裏で何をしていたのですか？」

「入り口のところでした。部屋の入り口は裏にあったのです。赤ん坊と一緒でした」

「駐車場で何をしていたんですか？　どこに行っていたのですか？」

「私はモーテルのプールのある辺りから部屋に戻るところだったのです。そのとき、車がずっと近づいて来たのです」

「どのくらいのスピードで近づいて来たのですか？」

「正確には分かりません。大きな駐車場で、車はかなりのスピードでした」

「どれくらいの怪我をしたのですか？　どんな怪我を被ったのですか？」

「お尻をすりむいた程度です。だけど、私の娘は、私の手から放り出され、歩道に頭をぶつけ、頭から出血しました」

「誰かこの事件で処罰を受けましたか？」

「フランク・ラッソが警察に調べられました。デービッド・ウォルターズも、です」

「ウォルターズはどうして調べられたのです？」

「彼は関係者であり、私を脅していたからです。ウォルターズは、私にマイアミから出ていけ、出ていかないと無理にでも追い出すぞと脅していたのです」

「彼があなたのお金を取り上げたと証言しましたね？」

「はい」

「もしそうだとしたら、ウォルターズにはどんな利益があったのですか？　金は既に手に入れたのに、なぜあなたをマイアミから追い出す必要があるのですか？」

「私は彼に対し信託基金を取り戻す訴訟を起こすと告げたからです。彼は私の娘の名付け親であり、信託基金の被信託者なのに、こんなことをしたのです」

「彼はあなたの娘の名付け親なのですか？」

「はい」

「今あなたは、重大な申し立てをしているのですよ」

「何を申し立てているか、よく知っています」

「あなたはデービッド・ウォルターズがマイアミでは尊敬されている弁護士だということを知っていますか？」

「尊敬されている、ですって？」

ロレンツは耳を疑った。ウォルターズが尊敬に値する人間などということは到底受け入れられなかった。ウォルターズは信託基金を盗んだ上に、その金のためにロレンツを殺そうとした人物なのだ。マクドナルドは何という戯言（たわごと）を言っているのだろうか。

「尊敬されています」とマクドナルドは再度きっぱりと言った。

「誰に尊敬されているのですか？」とロレンツは皮肉を込めて聞き返した。

マクドナルドは、クリーガーがロレンツに何事かささやこうとしているのを見つけ、「弁護人、私は証人に聞いているのであって、あなたにではない」と諫めた。

ロレンツが「デービッド・ウォルターズが何で……」とウォルターズを非難しようとしたところ、マクドナルドが証言をさえぎって、こう付け加えた。「彼が尊敬されている弁護士で地域の名士であるということを知らないんですか？」

ロレンツはマクドナルドのコメントにあきれ返った。「素晴らしい。彼はなんて素敵なんでしょう。彼がどうやってそんな尊敬を勝ち取ったのか不思議だわ」

「デービッド・ウォルターズが過去十五年以上もの間、地域の教会に奉仕する熱心なメンバーであると知って驚きましたか？」

マクドナルドの根拠はあまりにも子供じみていた。教会の奉仕活動を十五年やっている人間なら誰でも信頼できる人間だという幼稚な考えに、ロレンツは到底、賛同できなかった。

ウォルターズのキリスト教的地域奉仕者としての顔は、表の顔に過ぎない。ロレンツにとってウォルターズは金の亡者以外の何者でもなかった。そんな人間が現在、カトリック教の総本山で大使になっているということも新聞で知っていた。それが現実なら世の中は狂っている。金のために人殺しさえやりかねない人間が、世界中の多くの人が神聖視している国に米国の代表として大使をしているのだから。何という皮肉だろう。おそらく金を持っている〝名士〟が、人格とは関係なく大使になるのがアメリカのシステムなのだ。ロレンツはそんな世の中にうんざりして言った。「いいえ。もうたくさんだわ。彼が今、バチカンにいるということも聞いています」

マクドナルドは勝ち誇っていた。「彼は今、バチカン市国駐在の米国大使です」

「私が保護されているときに新聞で読みました」

「つまりあなたが言っていることは、ロレンツさん、重大な申し立てをしているということです」

マクドナルドは依然として幼稚な観念に固執したいらしかった。

ロレンツは言い切った。「私は死ぬまで、今まで言ったことを変えるつもりはないわ」

マクドナルドは言った。「いいでしょう。ありがとう」

再びオズワルド問題

マクドナルドは質問を続けた。「ロレンツさん。あなたはリー・ハーヴィー・オズワルドと名乗る男に会ったと述べましたね？」

「はい」

「五回ぐらい会ったと？」

「不規則に、そのくらい」

「私が数えたところでは、三回——。最初はマイアミの隠れ家で、二回目はオーランド・ボッシュの家で……」

「それから訓練所です」

「もう一度言ってもらえますか？」

「訓練所です」

「訓練所と、それにダラスへの旅行のときですね」

「はい」

「いいでしょう。それでは最初に会ったときの話をして下さい。あなたは、あなたが言うところのマイアミの隠れ家で彼に会ったのですね？」

「はい」

「マイアミの一体どこにその家はあったのですか？」

「南西部だと思います。白い家で、誰かから借りていたのだと思います」

「当時、あなたはどこに住んでいたのですか？」

「（キューバの）反乱分子の一人として、リバーサイドホテルに住んでいました」

「失礼、もう一度言って下さい」

「リバーサイドホテルは、わたしたち反カストロ分子の定宿でした。反乱分子たちは、後にピッグズ湾事件にかり出されたのです」

「マイアミ川のどのへんですか？」

「マイアミの町中の近くです」

「隠れ家は南西部だと言いましたね？」

「はい」

「南西部では、おおざっぱすぎますね。もうちょっと具体的にどこか言えませんか？」

「正確には分かりません。ズカス氏が運転して回ったときに、私は彼にその隠れ家がどこだか指し示したことはありますが。彼はマイアミの関税・入国審査局の人間です」

「そのとき隠れ家がどこにあるか指し示すことができたわけですか？」

「はい」

「あなたたちがその家を探し回った理由は何ですか？」

「彼も知りたがったからです」

「誰が知りたがったんですって？」

「そのスティーブ・ズカス氏です」

「われわれも興味を持っています。なぜあなたたちはその家に行こうと思ったのですか？」

「彼と行って、住所を確かめようとしたのです。そこが……」

「そうじゃなくてですね」と、マクドナルドはロレンツが自分の質問と異なる答えをしようとしたので遮った。

それでもロレンツは続けた。「そこが最初にオズィーに会った場所だからです」

「なぜあなたは六〇年代の初めに、その家に行ってオズィーに会ったのですか？」

「質問の意味が分かりませんが」

困惑したロレンツを見かねたクリーガーが口を挟んだ。「マクドナルド委員、あなたはこういう風に聞きたいのでは……」

マクドナルドはクリーガーを遮った。「質問をしているのは私です」

クリーガーがやけになって反論した。「あなたの質問がはっきりしないので、証人は理解できないでいるのです。あなたを助けてあげようとしているのに、その必要がないならそれもいいでしょう」

マクドナルドはクリーガーが引き下がったのを確認して質問を続けた。

「ではこう質問しましょう。最初にその隠れ家に行ったのはいつですか？　何年ですか？」

「私たちは銃を磨いたり、ビラをつくったりしていました。そのとき、オズィーが階段から現れました。フランクもいました。だけどよく分かりません」

「日付を確認しましょう。何年の何月だったか覚えていますか？」

「六〇年か、六一年。分かりません。キューバでの仕事の後でした」

ロレンツは依然として混乱していた。オズワルドに最初に会ったのはいつだったのか。ロレンツは記憶をたどった。確かにオズワルドには会ったのだ。でもいつだったか。ロレンツが隠れ家にいたのは六〇年、六一年、それに六三年。ロレンツには六〇年か、六一年のような気がしてならなかった。

マクドナルドがさらに確認するために聞いた。

「ピッグズ湾事件の後ですか？」

ロレンツは一瞬考え、「いいえ、前です」と答えた。ロレンツは思い出せる限り正直に答えた。

マクドナルドは意外に思い、聞き返した。「ピッグズ湾事件の前？」

「はい。ピッグズ湾事件の後はメンバーから外れましたから。私は将軍と一緒でした」

「いいでしょう。ということは、六一年四月以前の話をしているわけですね？」

「はい」

「六〇年でしたか？」

「そうは思いません。六一年の初めだと思います。その後、将軍と関係を持つようになったのです」

「いいでしょう。それでは六〇年の初めにあなたはマイアミ南西部にある隠れ家に行った」

「はい」

「そこに着いたとき、正確に何が起こりましたか？」

「私は銃の手入れをし、彼らはビラを折り畳み、ひもで結わえていました。ハバナ上空からそのビラをまく予定だったのです。そのとき、オズィー（オズワルド）が玄関の階段のところに現れたのです」

「当時、彼が誰だか知っていたのですか？」

「いいえ、知りませんでした。私は〝一体全体、彼は何者なの？〟と聞きました。フランクは、〝やつはおれたちの仲間になるんだ〟と言っていました」

「あなたはどういう風に紹介されたのですか？」

「私の名前であるところのイローナと」

「彼はどういう風に紹介されたのですか？」

「リーです」

「その後、どういう名前で呼ばれていましたか？」

「リー・ハーヴィー。後にリー・ハーヴィー・オズワルドです。私はオズィーと呼んでいました」

「最初に彼に会ったとき、なんという名前で紹介されたのですか？」

「リー・オズワルドです。それからオズィーと呼びました。

私はフランクにたずねました。〝なぜ彼なの？　彼が私たちといる理由は何なの？〟フランクは〝彼は、自分の目的に奉仕するためにここにいるのだ。彼はわれわれの一員だ。彼は中枢部の一人だ〟と言っていました」

「自分の目的に奉仕する？」

「自分の目的に奉仕するためです。言い忘れましたが、彼（オズワルド）は私と話をしたくないのだと思いました」

「彼の目的に奉仕するとはどういうことですか？」

「殺し屋です」

「スタージスはいつそんなことを言ったのですか？」

「隠れ家で、です」

「それは分かっています」

「私たちのグループに新入りが来れば誰もが気づきます。理由もなくグループに入ってくることはありません」

「オズワルドとは何か話をしましたか？」

「いいえ。ただ、どこから来たかとかは聞きました」

「彼はどこから来たと言ったのですか？」

「何て言ったかは覚えていません。別に気にもしていなかったし。彼はメンバーでした。私たちの一員でした。私は彼がくつろげるように努力しろと命令されました」

「彼がどこから来たと言ったか思い出せませんか？」

「ジョージアとか、アトランタとか、ニューオリンズとかだったと思いますが、覚えていません。私は彼に〝あなたはライフルを持てるほど頑丈じゃないみたいね〟とは言いましたけど」

「ちょっと待って下さい。あなたが最初に隠れ家で会ったときに、そういう風に言ったのですか？」

「はい。私は彼に〝訓練を受けるの？〟と聞きました。彼は、任務中だと言っていました」

「こうした会話は、あなたが最初に彼に会ったときにしたのですか？」

「はい。私たちは皆、彼に質問を浴びせかけました。私たちは座って、銃の手入れをしたり、ビラを折ったりしていました。そういうことです」

「どんな種類のビラを折っていたのですか？」

「反カストロのビラです。フィデルのことを共産主義者と呼び、キューバにいるキューバ人にフィデルに反抗するよう呼び掛けたものです」

ビラはピッグズ湾事件の前、キューバ国内の反カストロ勢力を結集させようとしてキューバ上空から撒かれたものだった。ビラは五百枚で一束となり、紐で縛られていた。その紐をしっかり握ったままビラの束を落とすと、一枚一枚のビラが風に乗って雪のようにひらひらと舞っていく仕組みになっていた。

ロレンツもこのビラ折りを手伝った。だがロレンツは、当時洗脳されつつあったとはいえ、カストロのことを憎んではいなかった。誰にも見られていないときは、ビラの裏に思いつくかぎりのイタズラ書きをした、と自伝に書いている。その文言は、表のビラの内容とは正反対の「フィデル、愛しているわ」「マリタより愛を込めて」「こんなこと信じないで」といった内容だったという。

「あなたはオズワルドに話しかけたのですか？　彼はそうした会話に参加しましたか？」

「オズィーはビラの一枚を取り上げて読み、笑いました」

「笑ったのですか？」

「笑いました」

「その隠れ家にいる人にとっては、ごく普通の反応でしたか？」

「彼はそれが気に入っていたようでした。彼はフィデルをいつも共産主義者と呼んでいるようでした」

「ということは、彼はビラの中に、何かユーモアを感じたということですか？」

「はい。私にはそう見えました」

「彼は何と言ったのですか？」

「何も。彼はただビラを読んでいました。特に変わったことは言っていません」

「そのビラの中に、一般的に笑いを誘うようなことが書かれていたのですか？」

「いいえ」

「ではオズワルドは何で笑ったのですか？」

「ただ彼は笑ったのです」

「反カストロになることは、彼にとっても決しておかしいことではなかったのでしょう？」

「おかしいことではありませんでした。彼らは、キューバ国内のキューバ人にフィデルに対して反乱を起こして欲しかったのです」

「ではなぜ、オズワルドは笑っていたのですか？」

「笑っていなかったのかもしれません。ハッ、ハッという感じで、大きく笑ってみせたのです。どっちともとれる笑いでした。私は〝あなたは反カストロ活動に参加しているの？〟と聞きました。すると彼は、〝そうだ。参加している。俺は飛行機を操縦するんだ〟と言っていました。だけど本当は、それはヘミングやアレックス、それにフランクの仕事でした」

「オズワルドは何かあなたに、彼個人の生活の話をしましたか？」

「いいえ」

「彼が結婚していたのは知っていましたか？」

「いいえ」

「彼には子供がいることは知っていましたか？」

「いいえ。誰も個人的な話はしないのが常でした。私個人の話はしましたが、それはフィデルとの個人的なつき合いがあったから話題になっただけです。みんなそのことを知っていましたが、それについて話そうとしませんでした。ただ、私のことをドイツ人と呼んでいました」

「次にそのオズワルドと名乗る男を見たのはいつでしたか？」

「訓練所です」

「訓練所？」

「はい」

「訓練所とはどこですか？」

「エバーグレイズの訓練所です」

「エバーグレイズ」

「そうです」

「マイアミの西ですか？」

「南西です。そして小島の中です」

「あなたがその訓練場にいたとき、確か偶然、怪我をしたと言っていましたね？」

「はい」

本当は偶然ではなかった。カストロ暗殺に失敗したロレンツを殺そうとした可能性が強かった。

「大きな怪我でしたか？」

「首に銃弾を受けて傷を負いました」

「入院しなければならなかったのですか？」

「いいえ。マイアミに車で運ばれただけです。フランクが運転しました。その日のうちにマイアミに運ばれました。オーランド・ボッシュは医者でしたから、彼が治療をしたのです」

「首のどの辺りですか？」

「後ろです」

「今でも傷跡がありますか？」

ロレンツは「はい」と言って髪の毛を少しかき上げて皆に見せる素振りをした。ロレンツはさらに続けた。「オーランドが彼の家で私の世話をしてくれました。私は外れたのです。私はリバーサイドホテルに戻り、そこで回復しました。その後、航空会社に就職したのです」

「もう一度、そのビラの話に戻りましょう。そのビラの目的は何だったのですか?」

「つまり、その頃までには、キューバを脱出して来られる人も日増しに少なくなってきていたのです。その結果、キューバ国内で七月二十六日の革命運動に対抗するキューバ人も減ってきていたのです」

「そのビラはキューバではどう受け止められていたのですか?」

「プロパガンダです」

「キューバで実際に配られたのですか?」

「キューバ上空で飛行機からばらまかれたのです」

「オーケー。あなたは先に、そのオズワルドという男が外国語を話したと言いましたね」

「チェコ語だと思いますが、よく分かりません。彼は外国語が話せると言っていました。彼はほら吹きでしたから。少なくともスペイン語を話せないのは知っています」

「彼はスペイン語を話せなかった?」

「話せませんでした」

「どうして分かるんですか?」

「少しはスペイン語を話しますが、流暢には話せません。アクセントがひどいですから。私はドイツ語とスペイン語を話せると言いましたが」

「それでは話せないというのは……」

「流暢には話せないということです。彼はスペイン語を理解することはできました」

「理解はできたんですか？」

「はい」

「彼がスペイン語を読んだり、書いたりすることができたか、分かりますか？」

「はい。というのもビラの表は英語で書かれていましたが、裏側はスペイン語で書かれていましたから」

「なぜ、スペイン語圏で配られるビラに、二カ国語が書かれたんですか？」

「フランクに聞いて下さい。彼がビラを印刷したんですから、それにアレックスも。実際、アレックスがキューバ中にビラをまき散らしたんです」

「エバーグレイズの訓練場では、どの程度までオズワルドと話をしたのですか？」

「特にほかには。私も話しかけたくなかったし。命令だけを待っていました。彼もそこにいただけです」

「彼は何をしていたんですか？」

「訓練です。壕を掘ったり、テントを張ったり、物資を運んだり」

「物資を運んだりしたのですか？」とマクドナルドはもう一度ロレンツの言ったことを確認するため、ロレンツの言葉を繰り返した。

今度はフィシアンが質問を求めた。「ちょっと質問をしてもいいですか？」

マクドナルドは「どうぞ」と言って、フィシアンに質問を譲った。

フィシアンはロレンツに聞いた。「その訓練を実施したのはいつでしたか？」

「いつと言いますと？」

「六〇年ですか？」

「六〇年から、私が撃たれて外された六一年初めにかけてです」

「ということは、あなたがエバーグレイズの訓練と言っているのは、ピッグズ湾事件の前の時点ということでいいのですか？」

「そうです」

「それにカストロが政権を取った後ということですね？」

「はい」

「それでは、全体から言って、基本的に六〇年であるということでいいですか？」

「はい」

「それでひょっとすると、六一年の一月とか二月かもしれないと？」

「そうです」

ロレンツはもう一度記憶をたどってみたが、やはり六一年にオズワルドに会ったのだと信じていた。

フィシアンは「ありがとう」と言って質問を打ち切った。

フィシアンがこれほどオズワルドに会った時期にこだわるには理由があった。渡航記録などによりオズワルドは、五九～六三年の間は米国にいなかったことになっていたからだ。このことは後で大きな問題となる。

この後、マクドナルドが質問を再開するが、その途中で、下院議会の開会を告げるベルが鳴った。議長が発言した。「みなさん、申し訳ないが、二度目のベルが鳴ったので、投票に行かねばなりません。今、十二時十五分ですので、いかがでしょうか、二時まで休憩ということで。その後、そう時間は取らずに、終わらせることができると思います」

各委員が賛同したのを受けて議長は休憩を宣言した。

小委員会は十二時十二分、休憩に入った。

9. オズワルドとジャック・ルビー

午後の証言始まる

休憩後、マリタ・ロレンツによる午後の証言が始まった。焦点はダラスでのロレンツやスタージスの行動だった。本当にオズワルドが彼らに同行したのか。ロレンツらはダラスのモーテルでジャック・ルビーやハワード・ハントに会ったのか。そうした具体的な行動について質問が集中した。

午後二時四十分、予定の時間を大幅に過ぎてリチャードソン・プレイヤー議長が慌てるように議長席に着き、息を切らせながら発言した。「遅れてすみません。まずいときにいくつかの投票が重なってしまって。フィシアン氏は間もなく現れるでしょう。それでは委員会を始めましょう」

ロレンツの弁護士クリーガーが冒頭に発言した。「議長。今朝、一つだけ証人が言ったことで間違いがありました。続ける前に証人は間違いを訂正しておきたいと希望しております。速記者に質問をもう一度読ませ、証人に正しく答えさせてもらえませんか？」と問題箇所を示しながら言った。

議長は「いいでしょう」と答え、速記者に質問を読み返すよう指示した。速記者は質問を読み返した。「(質問：あなたは、武装キューバ人があなたをピストルで脅して、電話ボックスから誘拐しようとしたと申し立てたことはありますか？)」

議長がロレンツに聞いた。「もし、その答えで説明したいことがあれば、そうして下さい」

ロレンツは答えた。「はい。それはピストルで脅されたのではありませんでした。撃たれそうになったのです。彼らは実際に私に向かって発砲しました。殺す気はなかったかもしれませんが。当時、私は最初に、現在この委員会にいるゴンザレス刑事に会いました。刑事は今、この委員会の調査員の一人です。彼ならいつその二人のキューバ人の容疑者が逮捕されたか覚えているはずです。というのも、彼がその容疑者を国外退去させたのです。彼らは外交官の免責特権で罰せられることもなく、キューバに送還されたのです。ピストルで脅された事件は別の事件です」

「感謝します。議長」とクリーガーは付け加えた。

これを受け議長は、マクドナルドに質問を再開するよう促した。「委員が質問を続けることを認める」

モーテルにやって来た男

マクドナルドが中断していた質問を再開した。

「ロレンツさん。あなたは、後にジャック・ルビーだと分かる男がモーテルにやって来たと証言しましたね？」

「はい」

「正確には何が起きたのですか？　ルビーがモーテルに来たときの様子は？」

「フランクは誰かが来るのを待っていたのです。彼はずっと待っていました。何か秘密でもあるようでした。そのうち、その男がドアをノックしたのです。その男はフランクと話がしたかったのです」

「それであなたが応対したのですか？」

「いいえ、違います」

「そのときあなたはどこにいたのですか？」

「床にいました」

「床に、ですか？」

「床に座っていました」

「床に座って何をしていたのですか？」

「サンドイッチをつくっていました」

「そのとき誰かがドアをノックした？」

「はい」

「誰がドアを開けたのですか？」

「フランクです」

「フランクは何と言いましたか？」

「彼は〝ちょっと待て〟と言ってからドアを開け、その男が部屋に入って来たのです。混み合っていたので、ずっと中までは入ってきませんでした」

「その男は何を着ていましたか？」

「スーツです」

「何色のスーツですか？」

「黒っぽい色です。黒とか青とか。彼は白い靴下と黒い靴を履いていました。なぜ覚えているかというと、私は床に座ってサンドイッチをつくっていましたので、よく見えたのです。私は最初にその男の足下を見て、それから見上げたのです」

「その男は何と言いましたか？　その男は名乗りましたか？　誰かに自己紹介しましたか？」

「いいえ、私には何も」

「部屋にいた誰かにはどうですか？」

「〝やあ、フランク〟とその男は言っていました」

「やあ、フランクですか？」

「はい」

「ほかにその男は何と言いましたか？」

「彼らは外に出て行ったので、私には彼らが何を話したか分かりません。彼らは部屋の外に出て行ったのです」

「リー・ハーヴィー・オズワルドとあなたが言っている男は、部屋にいたのですか？」

「彼は部屋にいました。部屋にやって来たのはオズワルドではありません」

「もちろん、違います。ルビーが部屋にやって来たときに、オズワルドは部屋にいたのですね？」

「はい」

「オズワルドはルビーと何か会話を交わしましたか？」

「いいえ。その男はフランクに会いに来たのです」

「あなたはそのとき、その男の名前を知らなかったのですね？」

「知りませんでした」

「フランクが部屋に戻ったとき、彼はその男との会話について何か説明しましたか？」

「いいえ、彼は私たちには何も説明しませんでした」

「その男、ルビーについて何かもっと会話はありませんでしたか？」

「いいえ。ただ、フランクにとっては彼は重要な人物だったのです。フランクが彼と話をし、しかも二人だけで話すということが大事だったのです」

チンピラのジャック・ルビー

「ロレンツさん。あなたは自分の手書きの陳述書を先程読み返しましたね？」

「はい」

「注意深く見て下さい。十五ページのところに〝私は後でフランクに、どこであのマフィアのチンピラと知り合ったのかと訊ねました〟と書いていますね？」

「その通りです」

「どうしてあなたは、そのルビーという男をマフィアのチンピラであると気づいたのですか？」

「そう見えましたから」

「そう見えた？」

「彼はまさにそう見えたのです」

ロレンツにはこれ以上の説明は必要ないように思えた。ルビーはまさにチンピラの格好をしていたのだ。それは誰が見ても、間違いようがないことだった。

「なぜですか？　その男ルビーとは会話を交わしていないわけでしょう。それに……」

「会話は交わしていません。私がフランクにそう言ったのです」

「それは分かっています。でもなぜそのような表現を使ったのですか？」

「それはその男が私に向かって〝この女は一体誰だ？〟と言ったからです」

「ルビーが言ったのですか？」

「はい。だから私は頭にきたのです」

「フランクは何と言ったのですか？」

「〝その女に構うな〟と、その男ルビーに言いました」

「すみませんが、もう一度言ってもらえませんか」

「フランクは〝その女に構うな。そっとしておけ〟と言ったのです」

「分かりました。それからあなたは続けてこう書いていますね。あなたが〝一体何が起きているの？　何のために私たちはここにいるのよ〟と言った、と」

「はい、そう言いました」

「理解できませんね、ロレンツさん。なぜここにこんなことが書かれているのか。ある男がやって来て、ドアをたたき、フランクを名指しし、フランクと二人で駐車場へと出ていったという事実と、あなたの書いた陳述書の中であなたがルビーをマフィアのチンピラと呼び、何らかの理由であなたが〝一体何が起きているの？〟と質問したと書いていること。どう考えても、その男が部屋に来たことが、あなたにそのような発言をさせるに至った劇的な変化というのがあったようには思えない」

「それは彼の態度から分かったのです。彼の態度、全体の雰囲気です。すべてに秘密性があったのです」

ロレンツは、ルビーがモーテルを訪れたころから、もっと正確に言えば、ハワード・ハントがモーテルに〝活動資金〟を持ってきたころから、今回の仕事が誰かの暗殺であると薄々感づいていた。単なる武器庫襲撃ではないことは、その場の秘密性から分かっていたのだ。

陳述書の改竄

「ロレンツさん。あなただって極秘の作戦にかかわっていたと証言していましたよ」

「いいえ。私がかかわったのは、銃の運搬です。秘密の作戦はその後の話です」

「でもピッグズ湾事件の前、六一年にあなたはエバーグレイズで訓練を受けていたといいましたね？」

「あれは公のものです。それについては、何ら秘密はありませんでした。オペレーション40は秘密でした」

「言っていることに矛盾がありますよ」

このマクドナルドの発言はロレンツの癇にさわった。ロレンツが反論しようとしたそのとき、クリーガーがロレンツを制して異議を申し立てた。

「議長。委員が証人の発言が矛盾していると言っていることに反論します。記録をそのまま見ようではありませんか。それについての委員の意見は必要ないはずです」

議長がこれに答えた。「そうですね。私はマクドナルド委員が陳述書の説明を求めていると解釈しています」

そこでロレンツは、マクドナルドに向かって易しく説明するように言った。「まず初めに、私はその陳述書を早く書くように言われました。第二に、誰が私の陳述書に書き込みをしたのか知りたいものです」

午前中にロレンツらが見た陳述書には、ロレンツには明らかに見覚えのない書き込みがしてあったのだ。誰かがロレンツの陳述書を事前にチェックしていた。ロレンツの自伝によると、「新たな名前が加えられていたり、ほかの名前が消されたり、細部が削除されたり、変更されたりしていた」という。改竄された部分は、CIAの秘密情報活動とその仲間についてロレンツが記した部分だったというから、CIA関係者が改竄した疑いがある。

マクドナルドは聞いた。「誰がこれを書くように言ったのですか?」

「機密調査部員のスティーブ・ズカスです。だけど彼は当時、誰にそれを渡していいか、誰が信頼できるか、分からなかったのです」

そう、陳述書は、ズカスがロレンツに書くよう奨めたのだ。ズカスはマイアミの関税局に勤めていたが、おそらくケネディ暗殺事件の真相を探っていたのであろう。ズカスにとってロレンツの証言は衝撃的だった。もしかしたらケネディ暗殺の謎を解く決定的な証言になるかもしれないと、ロレンツに証言を残すようアドバイスしたのだ。

再中断

マクドナルドが続けた。「いいでしょう。十五ページに話を戻しましょう。下の方にあなたはフランクの人選が好きになれなかったと言っています」

ロレンツはどこの部分のことを言っているのか分からなかったので聞いた。「それはどういう意味ですか?」

「十五ページの四分の三ほど下に行ったところを見て下さい。〝私は同意しましたが、フランクには彼の人選が気に入らないと告げました〟とあります」

それはジャック・ルビーやオズワルドが仕事に参加していることを指していた。

ロレンツは答えた。

「確かに、気に入りませんでした。というのも、私が訓練を受けたときの人選とは違っていたからです」

「いいでしょう。続けさせて下さい。あなたはこうも書いている。〝オズィーとルビーは新参者で本当のメンバーではない〟と」

「その通りです」

「それを説明してくれませんか?」

「彼らは私が一緒に神と国家のために誓いを立てるような種類の人間ではなかったということです。オズィーはやはり部外者でしたし、ルビーはチンピラに見えました」

「どうしてオズィーが部外者なのですか？　六三年の話でしょう？」

「彼がオペレーション40にいたのは紛れもない事実ですが、それでもなぜ彼がいるかの説明もなく、それが好きになれなかったのです」

「だけどこれは一九……」とマクドナルドが質問をしかけたときに議会の投票を告げるベルがなった。このため議長は、マクドナルドの質問を制して発言した。「委員。申し訳ありませんが、投票時間を告げる二度目のベルが鳴りました。われわれは投票のため十分間席を外さねばなりません」

午後二時五十分、小委員会は再度中断。議長ら議員は投票場へと慌ただしく去っていった。

揚げ足取り

午後三時五分、戻ってきた議長は小委員会を再開した。「委員会を再開する。（マクドナルドに）続けて下さい」

「ありがとう、議長。ロレンツさん。あなたがスティーブ・ズカスに渡した陳述書の十五ページについて話しています」とマクドナルドは確認のために念を押した。

「はい」とロレンツは相槌を打った。

「そこではオズワルドとルビーは本当のメンバーではない、と言っていますね。私の質問は、あなたはオズワルドに六一年に会い、それから二年半も経っていたとする今日のあなたの証言と、その陳述書の内容をどう一致させればいいのかということです」

「そうですね……」

ロレンツはマクドナルドの質問の趣旨を理解したが、何と言えばいいか考えあぐねていた。

マクドナルドは再度、質問を言い換えながら繰り返した。

「つまり、あなたは十五ページにルビーとオズワルドは新参者で本当のメンバーではないと記述しているのに、少なくともオズワルドは新参者ではなかったではないかと思うんですよ。二年半という月日は、新参のという形容詞を使うには不適切ではありませんか？」

確かに新参とは言えなかったのでロレンツは「本当のメンバーという意味です」と答えた。

「それだけですか？　何かほかに付け足すことは？」

「ええ。私はルビーがメンバーだとは思いませんでした。彼にはそれまで会ったことはありませんでした。ちょっと確かではないんですが、それ以前に一度だけキューバで彼を見かけたかもしれません。正確には覚えていませんが」

一九五九年の夏、ラウル・カストロの部隊がハバナ・リヴィエラ・ホテルのカジノ施設を接収している際、接収に抗議していたマフィアの中にルビーがいたようにロレンツには思えたのだ。

「オズワルドはどうですか？　あなたは彼のことも新参者と陳述書に書いていますが」

「私たちの多くはキューバ人です。皆、それぞれ理由がありました。私にはオズィーが正当な理由を持っているとは思えませんでした。あるいは告げられなかっただけかもしれませんが。だから私は、彼が本当のメンバーではないと言ったのです」

「だけどあなたは今日の証言で、少なくとも五回、隠れ家でオズワルドに会ったと言っているではないですか」

「だけど、ほかのメンバーはもっとよく知っています」

「いいでしょう。しかし、五回も会っておいて、新参者と書くとはねぇ」

「新参、つまり、別の言葉で言えば、私たちが寝袋に寝て寝食を共にしたようには、彼は私たちと一緒に寝たことがない、ということです。彼は私たちと朝から晩まであれやこれや行動を共にしたわけではないのです。彼は銃の運搬などにも参加しませんでした」

「あれやこれやとは何ですか?」

「ビラを撒いたりです」

「いいでしょう。陳述書の十四ページにも、〃オズィーは新聞を持ってきて、みんながそれを読んだ〃と書いてありますね」

「はい。彼は一度だけ、新聞を持ってきました。それっきりです。買うことは許されませんでしたから。私たちは外出して店に買いに行くことは認められませんでした。彼らは女を連れ込むようなことも認められていませんでした」

罠

「オズワルドとの出会いの中で、彼の片足が不自由だということに気づきましたか?」

「片足が不自由?」

「そうです。当時、彼は片足が不自由なようには見えませんでしたか? あなたは、彼の片足がもう片方の足より少しだけ悪いということを覚えていないのですか？」

「いいえ。思い出す限りではノーです」

「六三年十一月の後、最後にフランク・スタージスに会ったのはいつのことですか？　彼がダラスであなたを飛行機に乗せたと言いましたね」

「はい」

本当は自分でタクシーに乗り、空港まで行ったのだが、ロレンツは面倒くさいのでスタージスに送ってもらったことにした。ロレンツはタクシーで空港に向かう途中、道路沿いに「ようこそ、ケネディ」と書かれた看板が立ち並んでいるのを漠然と車の窓から見ていたのを思い出していた。

「次にスタージスを見たのはいつですか？」と、ぼんやりと当時のことを思い起こしていたロレンツの耳にマクドナルドの質問が聞こえた。

我に返ったロレンツが答えた。「デイリーニューズ紙のポール・メスキルと一緒に彼が記事を書いたときです。彼はそのとき既にポール・メスキルと一緒に記事を書いていました。そしてその連載を終わろうとしていたんですが、その中で私が関係していないのに、関係しているなどと書いたのです。それは七六年のことでした。私はその直後に西五十七番街のホリデイ・インで彼に会いました」

これこそがロレンツを共産主義のスパイだと中傷したあの記事だった。あの記事のせいでロレンツは再びマスコミの注目を浴びるようになったのだ。

マクドナルドは聞いた。「六三年から七六年までの十三年間、彼とは接触していなかったのですか?」

「はい、一度も。私の担当捜査官が新聞を持ってきて彼のことが書かれているのを知ったのです。そして……」


マクドナルドがロレンツの発言を遮った。「あなたの担当捜査官とはどういう意味ですか?」

「私は当時、ルイス・ジョン・ユラシッツと結婚していて、そして、スパイ活動をして働いていました」

「誰のために?」

「FBIのためです」


FBIは一九六九年ごろ、ロレンツが情報活動に従事したことがあるという経歴に注目してニューヨークにいた彼女を情報部員として雇ったのだ。そして情報活動がしやすいように同様にFBI特別捜査官だったユラシッツと結婚した。ロレンツにはそのころ既に赤ん坊がお腹の中にいた。男の子でマークと名付けられた。

しかし、そこに至るまでには大波乱があった。ケネディが暗殺された直後、事件についてあまりにも多くのことを知りすぎたロレンツは、再び命を脅かされるような陰謀に巻き込まれるのだ。

10. ベネズエラ

決別と衝撃

ケネディ暗殺事件の前後から、その後にロレンツが送った数奇な人生については、ロレンツの自伝に詳しい。

ダラス郊外のモーテルでジャック・ルビーにあばずれ呼ばわりされたロレンツは、「こんな任務なんて糞食らえよ。家に帰るわ」とスタージスに告げ、帰り支度をした。スタージスは引きとめようとしたが、ロレンツの決意は固かった。幸いなことにロレンツの手元には、〝今回の仕事〟の手付金の分け前が入った封筒があった。封筒にはいつも、使いきれないほどの大金が入っていることをロレンツは知っていた。家に帰れるだけの資金は十分あった。

一九六三年十一月二十一日。ケネディが暗殺される前日、ロレンツはタクシーを拾って空港へ向かった。道路沿いの柱には「ようこそ、ケネディ」のポスターが貼ってあった。もちろん、そのときロレンツは、ケネディのことなどほとんど気に掛けていなかった。娘のモニカに一刻も早く会うことだけを考えていた。

マイアミでモニカをあずかってくれた、かつての乳母ウィリー・メイ・テイラーの家に着いたロレンツは、ダラスでの出来事をテイラーに話した。テイラーはただならぬことが起きつつあることを察知して、すぐにここを離れ、ニュージャージー州フォート・リーにいるロレンツの母親を訪ねるようにアドバイスした。

翌二十二日、ロレンツは娘とともに飛行機に乗り、ニュージャージーへと向かっていると、副操縦士から突然アナウンスがあった。

「乗客の皆様、大変申し訳ありません。ただ今、合衆国大統領がダラスで狙撃されたため、着陸に遅れが出ると思われます。空港では公務の離陸が優先されるからです」

ロレンツの脳裏に、雷に打たれたような衝撃が走った。

なんということだろう。彼らの標的はケネディ大統領だったのではないか——。恐怖にも似た感情がロレンツの背筋を凍らせた。確証はなかった。状況証拠だけだ。しかし、暗殺集団オペレーション40の実情を知っているロレンツにとっては、それだけで十分であった。

葬られた証言

ニュージャージー州の母親のところに身を寄せたロレンツは不安であった。真っ黒で巨大な陰謀が、アメリカ全土を覆っているようであった。いつか晴れ間が見えることがあるのだろうか。オペレーション40の一連の不穏な動きについて、ロレンツはFBIに報告した。その報告書はファイルに収められたものの、CIAの秘密工作に関する情報が含まれていたため、トップ・シークレット扱いされ、そのまま日の目を見ることはなかった。

政府が非合法活動グループを支援して、武器庫襲撃や殺人だけでなく、カストロ暗殺まで企てていたことを公にすることは、何としても避けたいという思惑も働いたのであろう。ロレンツらによる、陰謀説を唱える証言の多くは闇に葬られ、やがてオズワルドの単独犯であったという結論に集約されていった。しかし、真実を少しでも知る者にとっては、オズワルドはただのスケープゴートであったことは明々白々であった。

ニュージャージーの家では、ロレンツの母親は不在になることが多かった。母親は国家安全保障局（NSA）の要職に就いていたからだ。第二次世界大戦中から続いている情報活動で忙しかった。母親を頼って、いつまでも居候でいるわけにはいかない。だが、どこに行けばいいのか、どうやって暮らしていけばいいのか、ロレンツには見当がつかなかった。

そのようなとき、新たな事件が起きた。一九六四年のある日、移民帰化局の職員二人がロレンツのところにやってきて、アメリカを出るように告げたのだ。

ロレンツは驚いた。ロレンツはアメリカのパスポートを持っている、れっきとしたアメリカ市民のはずである。なぜ、アメリカから出て行かなければならないのか。その二人は、ロレンツのことをナチの父親を持つドイツ人であり、アメリカ市民ではないと言い張った。アメリカ政府にとって、そのような人物が国内にいることは迷惑であるので、出て行けという。

ロレンツを邪魔者扱いする勢力の嫌がらせであることはすぐにわかった。ベネズエラの元独裁者ヒメネスの愛人であり、司法当局に反抗してヒメネスの強制送還を遅らせたことに対する報復なのか、あるいはCIAの極秘活動を知りすぎたロレンツを疎ましく思う者の策略か。

いずれにしてもロレンツは再び陰謀に巻き込まれ、正体不明の不気味な力に振り回されることになる。

独裁者の故郷へ

ロレンツに無言の圧力が加わった。アメリカ政府は、ロレンツに出て行けという。要求は不当に思えたが、ロレンツにはそれを冷静に分析する余裕はあまりなかった。とにかくモニカを養うため、必死だった。出て行けというのなら、出て行ってやろうではないか。ロレンツは半ば居直って、首都カラカスの刑務所で裁判を待つヒメネスに面会を求めるため、モニカを連れてベネズエラへ向かった。

ロレンツがベネズエラへ向かったことは、アメリカ政府からすぐにベネズエラ政府に伝えられた。空港に着いたロレンツは、手荷物を受け取ることも許されないまま、ベネズエラ軍情報部の五人の男に身柄を拘束された。

ロレンツは抗議した。一体ロレンツが何をしたというのか。軍関係者は、尋問のために逮捕したのだとロレンツに告げた。衛兵たちはロレンツのスーツケースを開け、中身を調べていた。取調官はなぜベネズエラへ来たのかとロレンツに聞いた。

ロレンツは言った。「子供の父親に会いに来たのよ」

取調官は「父親とは誰か」と、作り笑いをしながらたずねた。

「この国の前大統領よ」とロレンツは答えた。

女性取調官はロレンツを裸にして身体検査をしようとしたが、ロレンツは断固として拒否した。何も悪いことをしていないのに、そのような屈辱を受ける気はさらさらなかった。

取調官の説明によると、ロレンツがベネズエラに到着する二日前、首都で大量の武器が見つかった。背景にはフィデル・カストロと結びつきのあるグループがいるのではないかとの見方が強く、ロレンツが重要参考人として浮上したのだという。

ロレンツは、ヒメネスに面会に来ただけでテロリストとは関係がないと主張しても、取調官は納得しなかった。ただ、ヒメネスとの面会だけは認めてくれた。

ロレンツとモニカは、首都郊外にある古い城のような刑務所に連れて行かれた。

独房

ヒメネスが入れられているとみられる刑務所にロレンツらが到着すると、まずその刑務所を管理している大尉と面会させられた。そしてロレンツは「テロリストの容疑者」として長い廊下を歩かされ、独房に入れられた。

独房には窓がなく、通気孔があるだけだった。硬そうな寝台と蛇口が壊れた流しがあり、床にはトイレ用の穴がポッカリとあいていた。格子扉越しには、四方を独房で囲まれた中庭が見えた。昔はホテルとして使われていたのだろうか、中庭の真ん中には一本の棕櫚（しゅろ）の木と噴水があった。

しばらくすると大尉がやってきて、ロレンツを尋問室へ連れて行った。投獄されている悪名高い独裁者に、子連れでわざわざベネズエラに会いに来るほど愚かなアメリカ人などいるはずがない、と大尉は思っているようだった。ロレンツは大尉に、ヒメネスが娘のモニカのために設定した信託基金を奪われたことや、車にはねられ命を奪われそうになったうえ流産したこと、アメリカを追われているので帰るべき国がないこと、などを説明した。

大尉は疑いを持ちつつも、ロレンツをどのように処遇したらよいのかわからないようだった。ロレンツは、アメリカ大使館と連絡を取るかと聞かれたが、国を追われた人間だから結構だと言って断った。

処遇に困った大尉はとりあえず、ロレンツを独房に戻すことにした。だが、独房に入れられるとき一大事が起きた。モニカを取り上げられてしまったのだ。ロレンツは看守に対して「赤ちゃんを返して！」と叫んだ。看守はまったく聞く耳をもたない。そのまま尋問室の方へ連れて行ってしまった。

ロレンツはパニック状態になった。彼らはヒメネスへの見せしめのために、モニカを殺してしまうかもしれない。ロレンツは気が狂ったように叫び続けた。叫び声は金切り声に変わり、ほかの囚人たちも呼応して、「モニカを返せ」の大合唱が始まった。

刑務所中に「赤ん坊を返せ」のコールが響き渡っても、大尉はロレンツにモニカを返そうとしなかった。切羽詰ったロレンツはヒメネスの名を叫んだ。この刑務所のどこかにヒメネスがいて、ロレンツの声を聞きつけるかもしれない。ヒメネスの名前を聞いた途端、囚人たちは静まり返った。

ロレンツが叫び続けると、やがて声が聞こえてきた。

「静かにしろ！」とその声はスペイン語で言った。「静かにするんだ！」

声の主はすぐにわかった。マルコス・ペレス・ヒメネスだ。

「マルコス。どこにいるの」と、ロレンツは聞いた。

「お前の右だ」

声は通気孔から聞こえてきていた。どうやらヒメネスは、ロレンツの独房の隣にいるようだった。隣の独房は、普通の独房と違い、鉄格子の代わりに頑丈な扉が中にいる者や外からの視界をさえぎっていた。いわゆる重警備独房だ。

「なぜ、ここにいるんだ？」とヒメネスは聞いた。

ロレンツは、車でひき殺されそうになったことや流産したことなどをヒメネスに語った。ヒメネスは地団駄を踏んだ。そしてロレンツに、ベネズエラにいるのは危ないと告げた。

「では、どうすればいいの？」とロレンツは聞いた。

「スペインに逃れて、私を待て」とヒメネスは言った。ヒメネスはこの国を脱出して、スペインで暮らすという計画を持っているようだった。

ヒメネスは、なぜロレンツが赤ん坊を連れてきたのか聞いた。

ロレンツは言った。

「あなたに会うためよ」

そのときだ。看守が「静かにしろ！」とどなった。

だが、ロレンツは負けていない。看守に口汚く怒鳴り返した。ロレンツは再び叫び始めた。

「モニカ！　モニカ！　私の赤ちゃんよ！　私に返して！」

囚人たちも再び大合唱を始めた。「彼女に赤ん坊を返してやれ！」

ロレンツの頬に涙が伝わった。感情の抑制が利かなくなり、過呼吸のせいか胸が苦しくなった。喉がからからで、頭痛もする。何も食べていなかったので、吐き気だけが波のように押し寄せてきた。

ロレンツが、気分が悪くなって黙ったこともあり、刑務所内は静寂に包まれた。すると、遠くの方から赤ん坊の泣き声が聞こえてきた。モニカだ。姿は見えないが、泣き声だけが聞こえる。無事なのだろうか。もどかしさが募る。

ロレンツは痛みに耐えかねて、床に倒れこんだ。体を丸くして、少しでも痛みを和らげようとした。苦しくて仕方がなかった。独房内は暑くて、ジメジメしており、頭痛はますます激しくなった。

モニカの泣き声が聞こえても、何もすることができない。そう考えると、ロレンツは気が狂いそうになった。

そのときだ。大尉が突然、モニカを抱いてロレンツの独房に現れた。モニカにはミルクの入った哺乳瓶とクッキーがあてがわれ、モニカの顔からは笑みがこぼれていた。モニカは床にうずくまってもだえているロレンツを見て、「ママ！」と屈託のない笑顔で声を上げた。

ロレンツは安堵した。神様ありがとう。娘は元気だわ。

大尉がすまなそうに言った。「私も父親だ。心配しなくてもいい」

モニカが泣いていたのは、大尉の不注意で椅子からころげ落ちたせいだと説明した。ただ看守の仕事をしながら赤ん坊をあやすのは無理だと判断して、モニカを母親に返すことにしたようだった。

独房の扉が開けられ、モニカがロレンツに手渡された。ロレンツは安堵の涙を流した。取り上げられていたスーツケースもロレンツに返された。独房には毛布と枕が運び込まれ、流しも修理された。ただ蛇口をひねっても、汚れた茶色い水しか出てこなかった。飲み水はバケツで運ばれてきた。

束の間の休息

暗くなってから、大尉が再びロレンツの独房にやってきた。ロレンツに対しては、依然として監禁する命令が出ていた。だが、赤ん坊連れであることから人道的配慮がなされ、もっと快適な場所に移されることになった。

ロレンツはモニカを抱いて独房から出た。中庭沿いの廊下を歩いてゆくと、ほかの囚人たちがさよならの声をかけてくれた。ヒメネスがいるとみられる独房は、鉄の扉が固く閉ざされており、中をうかがい知ることはできなかった。

刑務所から外に出るとき、ロレンツたちはいきなり、カメラのフラッシュを浴びた。報道関係者たちが待ち構えていたのだ。マスコミにとっては格好のネタであった。独裁者ヒメネスの愛人がわざわざ、アメリカからやって来たのだから。翌朝の各紙一面トップは、ロレンツの記事で埋まっていた。

ロレンツとモニカが案内されたのは、ホテルのスイートの一室であった。すでに深夜をすぎていた。バルコニーからは、首都カラカスの街並みが眼下に一望できた。隣の部屋には衛兵たちがいたが、バルコニーに出ると、自由が風のように押し寄せてくるのを全身に感じた。

部屋の中にはモニカのためのベビーベッドが用意されていた。すべてがまったく快適だった。運ばれてきた食事を平らげ、眠ろうとすると、窓の外からは音楽が聞こえてきた。夜気に混じってブーゲンビリアの香りが漂っていた。寝室には「アンデスへ、ようこそ」というカードがついたバラの花束が届けられていた。おそらく一時的にせよモニカと離れ離れになった精神的苦痛に対して、大尉が謝罪のつもりで贈ってくれたのだと思われた。

そこには平穏で満たされた安らぎがあった。束の間の休息――。

その安らぎは朝七時、ドアのノックする音で破られた。

尋問

ドアをノックしたのは、士官たちであった。宮殿でロレンツを尋問するのだという。

ロレンツはもっと寝ていたかったが、準備もそこそこに、宮殿に連れて行かれた。

ロレンツはマホガニーの大きなテーブルにつかされた。二十人以上の士官たちが出席していた。その雰囲気から、軍や政府の高官に思われた。彼らはロレンツに、ヒメネスとの生活やキューバでの仕事について質問した。ロレンツとモニカは写真と指紋を採られた。

面通しのために何人かの男たちが部屋に通されて、ロレンツをしげしげと見ていた。ロレンツにとっては、知らない顔ばかりだった。

彼らはロレンツのことを二重スパイであると疑っているようだった。カストロが進めた「七月二十六日運動」のメンバーでありながら、反カストロ組織でも活動している。彼らから見れば、ロレンツの行動を説明できるのは、二重スパイ以外に考えられなかった。

二重スパイでないというなら、なぜカストロの愛人としてキューバに住んでいないのか？ヒメネスとカストロは極めて仲が悪いにもかかわらず、その両方に接近したのはなぜか？　出席者からは厳しい質問が相次いだ。彼らは思った以上にロレンツのことを知っているようだった。

ロレンツはカストロとはもう別れ、今はヒメネスと仲がいいのだと説明しようとした。だが彼らは、ロレンツがカストロの子供を生んでいることも知っていた。ヒメネスとカストロを比べたら、投獄されているヒメネスよりもキューバのカストロを頼るはずだと、彼らは主張した。彼らからは、ヒメネスについていろいろ聞かされた。ベネズエラのアメリカ企業に金銭を強要していた一方、CIAからはかなり気に入られていたらしかった。彼らはまた、カストロについて根掘り葉掘り聞いてきた。

尋問の間、モニカはそこら中を走り回り、男たちの膝の上に登ったりした。ようやくトイレができるようになっていたが、宮殿内のトイレの場所が遠かったこともあり、オムツをつけていた。およそ一時間ごとに軍人の一人が、おもちゃのようなものを持って来てはあやしていた。ロレンツがモニカのオムツを替えるときには、必ず軍人が監視のためについてきた。

ロレンツに対する尋問はこの後、九日間にわたり続いた。

無罪放免？

九日間に及ぶ尋問の間、ロレンツの身辺調査も並行して進められた。ロレンツの賢明な弁明もあり、尋問者は、ロレンツがベネズエラに到着する二日前に発見された秘密の武器貯蔵庫には関与していないと判断したようだった。ただ捜査当局は、その武器貯蔵庫をつくった犯人はカストロのもとで働いていた人物に違いないと疑っていた。ロレンツもその可能性は否定しなかった。

彼らは言った。

「われわれはフィデル（カストロ）とは、一切かかわり合いたくないのだ」

「だったら、自分でそう言えばいいでしょ」とロレンツは答えた。

「君からそう言ってくれないか」と、彼らはロレンツに頼んだ。ロレンツならキューバとの連絡係ができると考えているようだった。しかし、今さら連絡役などになりたくはなかったし、キューバへ再び行くつもりもなかった。

「絶対にいやです」とロレンツは叫ぶように言った。ロレンツも、カストロとはもうかかわるつもりはなかったのだ。「あなたたちもガールフレンドと別れた経験があるでしょ？」と、ロレンツは皮肉を込めて言った。

「では、われわれにどうして欲しいのだ」と彼らは聞いてきた。

「観光客のように扱ってください」とロンレンツは答えた。ロレンツは実際に、民俗音楽を聴くなどベネズエラの文化に触れてみたいと願っていた。

彼らの説明によるとヒメネスは、二十年は服役するだろうとのことだった。

「私は待ちます」とロレンツが言うと、彼らの一人が大笑いして言った。

「また別の独裁者が見つかるまでの話だろう」

確かに、ロレンツのこれまでの過去を考えるとそうかもしれなかった。それがおかしくなり、ロレンツも笑った。

ロレンツの疑いは完全に晴れた。「この国を混乱させるような人物に同行したり、武器を携帯したりしません」という内容の誓約書に署名させられた後、自由の身であると告げられた。だがロレンツには、お金がほとんど残っていなかった。ヒメネスが何軒か家をもっているはずだから、そのうちの一軒に滞在したいとロレンツが希望を述べた。すると彼らは笑いながら言った。「マルコス・ヒメネスは政府から盗みを働いていたのだ。やつの財産はすべて没収されたよ」

「ではどなたが、予備のベッドルームを持っていらっしゃるの？」と、ロレンツは茶目っ気たっぷりに訊いた。

このユーモアはその場にいた全員に受けたようだった。彼らは一応、ロレンツの窮状を理解した。ロレンツはホテルでの滞在を許され、軍指導者たちが街を案内してくれた。大尉と四人の士官と一緒に優雅な夕食もとった。

まる二日間、ロレンツは休み、本を読み、カラカスの街を楽しんで過ごした。このような安らぎの日々が、ずっと続くのではないかと思われた。

その日は午前四時にドアをノックする音で目が覚めた。あと一時間で出発するという。どこか観光地へでも案内してくれるのだろうか。ロレンツはそのとき、後にあのような危険な目に遭おうとは、想像することもできなかった。

夢心地

ロレンツとモニカが連れて行かれたのは、飛行場だった。朝早い出発は、マスコミの目を避けるためだと、ロレンツは考えていた。

ロレンツらが四人乗りの双発のセスナに乗り込むと、観光気分でベネズエラを楽しんできてくださいと、見送りにきていた大尉が言った。ロレンツには、その言葉を疑う理由はなかった。尋問は友好裡に終わっていたし、ロレンツの窮状にも理解を示してくれていたからだ。

セスナが飛び立つと、太陽が昇ってきた。素晴らしい光景だった。ヴェルヴェット・グリーンの山々が眼下に広がっていた。川がくねくねと流れ、何もかもが美しかった。

着いた場所は、シウダード・ボリバルというオリノコ川沿いにある最後の未開の地であった。川岸には小さな家が並んでいたが、人里遠く離れた僻地のようなところに思えた。ロレンツたちは、スイスの山小屋を小さくしたような家に連れて行かれた。タイルを敷いた中庭と菜園があった。年配の夫婦がプライベートホテルとして管理しているようだった。

のどかで、どこか孤立したそのホテルが、ロレンツの住み家となった。ロレンツとモニカを連れてきた男たちは、「すぐに戻る」と言って、帰っていった。ラテンアメリカで「すぐに」と言えば、「三週間から三年」を意味した。

老夫婦はアデラとホセといった。政府から信頼されている人間らしく、ロレンツの使用人兼看守であった。買い物ができるような店はなかったが、必要なものはいつもそろっていた。

ホテルにはペットの犬とペットモンキーがいた。美しい小鳥たちもやってきて、平和そのものだった。ここでは尋問もなく、身の危険にさらされることもなかった。ロレンツには、モニカの世話をすること以外、何もする必要がなかった。

アデラとホセは、ロレンツの話し相手にもなってくれた。ただし、話題はいつもベネズエラの歴史といった無難なものに限られた。外部からはまったく遮断された世界で、テレビもなければ新聞もなく、新刊書もなかった。それでもロレンツは、人生において一番リラックスできたと感じていた。まさに夢心地であった。

三週間が経ったある朝、ホテルの門が開く音がした。そこにはロレンツたちをここに連れてきたパイロットが立っていた。

狂気と悪意

これまでの会話から、そのパイロットはヒメネスに対して敵意をもっていることがわかっていた。当然、ロレンツのことも好ましくないと思っていたはずだ。だが自然に囲まれて、すっかりリラックスしていたロレンツは警戒心もなく、中庭にいるパイロットの方へ歩いていった。パイロットは、再び観光に連れて行くとロレンツに告げた。ロレンツはそれを信じて、荷物をまとめ、モニカとともに飛行機に乗り込んだ。

ロレンツはてっきり、カラカスへ戻るのだと思っていた。ところが飛行機は反対方向に向かう。それをパイロットに言うと、「気にすることはない」との返事が返ってきた。

オリノコ川の支流に沿って、南東に向けて飛行機はひたすら飛んだ。そこには深い緑色のジャングルが広がっていた。

「ベネズエラのインディアン（ラテンアメリカ先住民族のインディオのこと）を見たくないかい？」と突然、パイロットがロレンツに訊いた。

「別に……」と、ロレンツは何か不吉な感じを覚えながら答えた。

その不安は的中した。パイロットはやがて、むちゃくちゃな飛行を始めた。まっすぐ上昇したり、山をかすめたり、危険を感じるような乱暴な操縦であった。モニカは恐怖で泣き叫んでいた。

緑のジャングルの中に、ときどき褐色の斑点が見えた。それがインディオの集落であるという。パイロットは「インディアンを怒らせるのを見たくないかい？」と意地悪そうに言うと、ロレンツの答えを待たずに、インディオの集落に向けて急降下し、木々の梢をかすめて飛んだ。下では原住民が怯えて、散り散りになって逃げているのが見えた。

ロレンツが「やめて！」と叫んでも、パイロットはやめようとしない。インディオは白人が嫌いで、かつてネルソン・ロックフェラーの息子の人類学者マイケルを食ってしまったのだと、ロレンツをわざと脅かした。事実は、人類学者のマイケルが行方不明になったのはニューギニアであった。幸いロレンツは、パイロットが嘘をついていることに気づいていた。

それでもパイロットの脅しは続いた。インディオに友好的な微笑みを浮かべたら、それは自信がないものだとみなされ、殺されるだろう、インディオは白人の女を食うのが大好きで、はねた首を儀式の飾りに使うのだ、などと言い立てた。

パイロットがさらに村の上を低空飛行すると、走り回る裸の原住民が見えた。何人かは吹き矢を持っており、飛行機にめがけて矢を吹いた。飛行機の胴体に二本の矢が当たり、ゴツンと鈍い音を立てた。パイロットは機体を上昇させると、窓を開けて、下の原住民に手を振った。「俺たちは神だ。やつらは飛行機を天から来た鳥だと思っているのさ」とパイロットは得意気に言った。そこには、狂気とロレンツに対する悪意がみなぎっていた。

ジャングルに置き去り

パイロットは「俺たちはブラジルに近づいている」とロレンツに告げた。燃料の残量を気にしているのか、しきりに燃料計を見つめだした。ロレンツはただ、暗くならないうちにカラカスの方へ向かって欲しいと願っていた。

何かよからぬ陰謀が進行しているようだった。パイロットは地図で何かを探していた。やがて、廃坑になった採鉱キャンプのそばに雑草が生い茂る離着陸場を見つけると、「しっかりつかまっていろ」と言って、強引に着陸態勢に入った。飛行機はそこら中にぶつかりながら、草地に激しく突っ込んだ。機体は前のめりになって止まった。

パイロットは外に出て、プロペラと翼に絡みついた草を切り落としていた。このようなところから脱出できるのだろうか。ロレンツに不安が募った。

「大きな鳥」が草地に着陸したのを見て、ほとんど裸のヤノママミ・インディアンたちが大勢、飛行機の方へ駆け寄ってきた。男たちは囃(はや)しながら、槍と棍棒を飛行機の中にいるロレンツに突き出した。機内にいると怯えているとみなされるのでよくないと、パイロットはロレンツに言った。

仕方なしにロレンツが機外に出ると、外はすさまじい熱気と湿気に満ちていた。彼らの興味は、ロレンツとモニカに注がれた。その間にパイロットは、機体をチェックしながらエンジンをふかし、機体を半回転させていた。するとそのまま、ロレンツらを残し、さっき着陸したばかりの草の道を戻り始めた。置き去りにされる！　ロレンツは言い様のない焦燥感を感じながら、モニカを抱え上げて飛行機に向かって必死に走った。

パイロットはドアからロレンツのバッグを放り投げ、離陸の態勢に入った。ロレンツは声を限りに叫んだ。「やめて！　置き去りにしないで！」

飛行機は空に飛び立った。ロレンツはそれでも走り、倒れ、わめいた。空を見上げて、エンジン音が空の彼方へ消えてなくなるまで、戻ってくるかもしれないというわずかな望みを抱きながら狂ったように手を振り続けた。

最悪の一夜

置き去りにされたロレンツは、すすり泣くしかなかった。モニカもつられて泣いていた。周りでは、ヤノマミたちの話し声が聞こえていた。遠くで鳥のさえずりも聞こえる。

裸の小さなヤノマミの男の子が、泣かないでよと言うように、モニカを軽くポンと叩いた。ロレンツがインディオたちをじっと見つめると、向こうも見つめ返してきた。ロレンツには、彼らが悪さをする、危険な存在であるようにみえた。

子供たちが集まってきて、モニカを喜ばそうとしていた。男たちはロレンツのバッグをつかんだが、ロレンツはすぐに取り返した。座ったまま半ば呆然としているロレンツの目には、燃えるような真っ赤な夕陽が映っていた。日が暮れようとしていた。とりあえず、休める場所を確保しなければならない。

ロレンツはヤノマミの人々と一緒に、彼らの集落まで歩いていった。草葺きの小屋がいくつか並んでいた。男たちはハンモックで横になり、女たちは火をおこしたり織物をしたりしていた。女たちはロレンツに身振り手振りで何か伝えようとしていたが、ロレンツにはわけがわからず、木の幹に寄りかかるように座り込んだ。辺りは暗くなり、心細さと怯えに似た感情がロレンツに去来した。

最悪の夜だった。そこら中を虫に刺された。それでも疲れきった体でモニカを抱き、バッグを枕替わりにして泣きながら眠りについた。何とか生き延びて、飛行機を待とう。漠然とした期待しか持つことができなかった。

夜が明けた。無事、一晩は越せたようだ。女たちの後をついて行き、川まで出ると、ロレンツは川で体を洗った。空腹で喉が渇いていた。ロレンツが口を指差して、何か食べるものが欲しいと訴えると、貝殻のようなカップに入った水と、バナナの房を持ってきてくれた。

ロレンツはポケットナイフを取り出し、木の幹にモニカの名前を刻んだ。彼らはその文字を見つめて、ほめてくれた。ロレンツはにっこりと笑い返した。一歩一歩ではあるが、ロレンツと彼らの間で心が通じ合うようになっていった。

ヤノマミ族の暮らし

ロレンツは一日経つごとに、木の幹にXの字を彫っていった。ここには時計もカレンダーもなかったからだ。三日目には、モニカはヤノマミ族のように素っ裸になって、ほとんど見分けがつかないほど同化していた。モニカの父親にはインディオの血が流れていたようだ。ただしロレンツは、モニカが原住民のように耳や鼻や唇にピアスをさせられてしまうのではないかと、気が気ではなかった。

ロレンツは村の暮らしを注意深く観察した。男たちは槍や吹き矢を使って、バクや猿や魚や七面鳥のような鳥を獲った。動物は皮を剥ぎ取り、血とはらわたは抜き、火の上でいぶして食べた。毛がついたままの猿を丸ごと焼いて食べたりもした。ロレンツにとって吐き気がこみ上げてくるような臭いがしたが、猿の肉も生きるために食べた。

マンゴーやメロンのような果物もあった。彼らが生で食べるものの中には、太った白いナメクジのような生き物もいたが、これぱかりはロレンツは生で食べる気にならなかった。そこで棒に一、二匹乗せて、火にかざそうとしたら、彼らは棒をロレンツから取り上げてしまった。彼らにとっては、このように生でおいしく食べられるものを焼くことなど冒涜であったに違いなかった。

川の中でロレンツが体を洗うと、彼らはなぜそのようなことをするのかと、おかしくて笑っているようだった。そのうち持っていた石鹸もなくなり、指のつめは割れ、ロレンツ自身も泥にまみれて、原住民のようになっていった。

ロレンツは髪を三つ編みにして、来るはずもない飛行機を探して空を見つめた。そのせいで、顔は日焼けして黒くなった。

昼となく夜となく、虫に刺され続けた。毎日のように午後になると激しい雨に見舞われた。雨が降っている間は、つかの間ではあるが、湿気がなくなり虫からも解放された。だが雨がやむと、ジャングルには熱気と湿気が戻り、以前にも増して虫がわいたように現れた。

ロレンツが擦り傷や切り傷を負ったり虫に刺されたりすると、彼らは木の葉を持ってきて、これをすり込めと教えてくれた。顔料を塗りたくり、体中に彫りものをしたヤノマミの男が、木の葉や草を集めて、ロレンツのためにベッドを作ってくれた。お礼に化粧用のコンパクトを上げると、その男はうれしそうに自分の顔をのぞき込んでいた。それを見た他のヤノマミがコンパクトを取ろうとしたので、ちょっとした騒ぎになった。

男たちには二、三人の妻がいて、みなを平等に愛していた。女たちの間に嫉妬はまったく存在しなかった。男が狩りをして、魚を獲り、草葺き屋根の小屋を造り、ハンモックを編むなど女の世話をできるかぎり、何人でも妻を娶(めと)ってもいいようであった。それができないようだと、一人の女をめぐって男たちが取り合いをすることもあった。

木の幹に彫った五つのX印が六列を超えたころ、つまり一カ月ほど経ったころ、ロレンツの体調に異変が起きた。

マラリア、そして神

ロレンツは吐き気がおさまらず、体がふるえた。胃が激しく痛み、体が熱くなったかと思えば、次の瞬間には悪寒で震えた。蛇、生贄(いけにえ)の儀式、真っ暗なトンネルなどの幻覚が次々と現れた。

ロレンツはマラリアにかかったのだ。このまま、この地で死ぬのだろうか。朦朧(もうろう)として横たわっていると、年配のヤノマミ女性がやって来た。女性は水を飲ませてくれたうえに持ってきた葉っぱを噛めという。ロレンツはその通りにした。後は運を天に任せるしかない。ロレンツは再び死線をさまよった。

一体どれだけの時間が過ぎただろうか。ロレンツには何週間も寝込んでいたような気がしたが、ようやく死の世界から脱出して目覚めたようだった。ただ、ロレンツの体は痩せ細り、衰弱しきっていた。今度はハンモックの中に寝かされ、カシンという名の年配女性が引き続きロレンツの母親代わりとなって面倒をみてくれた。

カシンは苦い味のする葉っぱを噛み続けるようにロレンツに言った。ロレンツが葉っぱを噛むと吐いてしまって苦しくなったが、不思議と痛みはなくなった。体は軽くなり、頭はボーっとした。ロレンツは自分が回復しつつあるのを感じた。

ロレンツはヤノマミの言葉を覚え始めた。ロレンツを守ってくれる精霊は「ヘクラ」というのだそうだ。ヤノマミに対する恐怖心はすっかり消え、ロレンツはヤノマミの生活に段々と溶け込んでいった。

ロレンツは、空を見上げて飛行機を探しては泣くようなことはしなくなった。髪を切り、汚れたブラウスと靴を捨て、ヤノマミの女性と親しくなった。彼らはもはや、野蛮で未開な人々ではなかった。彼らの日々の生活の一つ一つが、意味を持つようになった。

出産、食事、狩り、火おこし、子育て、霊魂や神の話——あらゆるものに、完璧な時と場所があった。ロレンツは生まれ変わったように感じた。スペイン語、英語、ドイツ語は過去の記憶の一部となり、ロレンツもモニカもヤノマミの言葉を話すようになった。

ロレンツは、ヤノマミの人々が羨ましかった。外の〝文明〟からの干渉さえなければ、彼らはシンプルで完璧な秩序の中で暮らしていた。ロレンツもまた、菜園を耕し、自分の小屋を造り、槍を持ってジャングルで狩りをした。ジャングルは驚くほど多くの種類のランや多様な音で満ちていた。

あらゆる動物、植物、雲などの自然にロレンツは神を見いだした。ヤノマミと一緒にいると、誰よりも神に近づけるような気持ちになった。

セックスと〝結婚〟

村にはカッチョという名の若者がいた。ロレンツに好意を寄せているようで、川で魚を突いては獲りたての魚を持ってきてくれた。彼は何時間も川に浸かって魚獲りをするので、かかとは皺だらけでひび割れを起こしていた。

ある時は、お腹が赤い三匹のピラニアを獲ってきた。その場でピラニアを殺して、鋭い歯をロレンツに見せたりした。ヤノマミはピラニアが嫌いで、彼らは何か毒性のものを川に撒き、ピラニアを下流に追いやってから、上流で漁をした。

カッチョは、大きくてがっしりした体つきだった。皮膚には彫り物はなく、金赤褐色の肌をしていた。足は、つま先が広がった偏平足であった。愛情の表現として、ロレンツの顔に自分の鼻を押し付け、快感のしるしとして舌を鳴らした。彼はフルーツや野いちごを持ってきて、ロレンツの様子をうかがっていた。ロレンツには、それがどういう意味なのか、薄々感づいていた。

ある日、ロレンツは野いちごと薪を取りに、ジャングルに分け入った。すると、カッチョが後をつけてくるのがわかった。ロレンツはわざと隠れん坊をして、カッチョをまこうとしたが、向こうのほうが一枚も二枚も上手であった。

そうこうするうちにロレンツは、道に迷ってしまったのではないかと不安になりながら、小道沿いにかがみ込んでいた。カッチョはロレンツを見つけて、そばに膝をついた。彼はロレンツの胸を両手で触り、やさしくロレンツを横たわらせた。いよいよ、〝その時〟が来たのだ。ロレンツはカッチョの目、角張った顔、それに滑らかな唇を見つめた。拒む気持ちは生じなかった。カッチョは槍や吹き矢の筒を地面に置くと、腰布を脱ぎ捨て、ロレンツの汚れたジーンズを脱がした。カッチョは恍惚とした表情で、裸の体をロレンツの体になすりつけた。そして、勃起した大きなペニスを誇らしげに見せつけ、刺し貫くように挿入した。

二人は狂ったように愛し合った。あたりはばかることなく、うめき、転がり、快楽に浸った。純粋なセックスだった。ロレンツの背中は、木の枝で傷だらけになり、アリや虫はそこら中を這い回っていたが、気にならなかった。カッチョは果てててもすぐに回復し、何度も何度も愛を確かめ合った。この純粋な男の純粋な肉体に、ロレンツはかつて経験したことがないぐらいに乱れた。

雨が降り始めた。二人の体はずぶぬれになり、疲れきっていた。カッチョは起き上がると、彼の武器を拾い上げ、腰布を身に付けた。彼は、同じ言葉を何度も繰り返していたが、ロレンツには意味がわからなかった。

部落に帰る途中、ロレンツに罪の意識が込み上げてきた。妊娠したかもしれないという不安にも駆られた。ロレンツはそっと自分の小屋に入り、ハンモックに入り込むと、モニカを抱き寄せた。

カッチョはそのようなロレンツをじっと見つめていた。そして、村の長老のところへ行き、ロレンツを妻にしたいと申し出た。どうやら〝結婚〟は認められたようだった。

一夜明けて、ロレンツが薪を集めていると、カッチョもやって来て、一緒に手伝ってくれた。二人は何をするのも一緒にやるようになった。カッチョには既に、別の小屋に妻と子供が一人いたが、嫉妬は存在しなかった。〝新婚生活〟がスタートした。

しかし、その生活も長くは続かなかった。

月の満ち欠けを大雑把に見積もって、この村に来て八カ月が過ぎたころだった。ある朝、ロレンツが川の中で体を洗っていると、空からブーンという鈍い音が聞こえてきた。

救出

かつてはロレンツが一日千秋の思いで待ち焦がれていた飛行機の音であった。しかし今は、平穏な生活を乱す不協和音。ロレンツの心の平安は乱された。過去が蘇り、屈辱感がフツフツと湧き上がってきた。ロレンツは濡れた髪を激しく振り乱し、侵略者がやってきた空と太陽をにらみつけた。

怒りがこみ上げてきた。ロレンツは傍らの槍を取ると、太陽に向かって思いっきり投げた。カッチョとロレンツを除く全員が、「空から降ってきた鳥」を見ようと、雑草に覆われた離発着場に駆けていった。

ロレンツは川岸に腰をおろした。むなしさや怒りや不安が複雑に絡み合って、ロレンツの胸に去来した。文明と〝未開〟の狭間で、ロレンツの心は揺れていた。

やがて軍服を着た四人の男が、ロレンツを探しにやって来た。そのうち一人は赤十字のバッグを持っていた。ロレンツは無表情に、濡れた膝を抱えて地面に座ったままだった。吹き矢筒を手にしたカッチョが、ロレンツを守るように立っていた。軍服の男たちが近づくと、ロレンツはカッチョの脚にしがみついた。その姿を見た軍服の男たちの眼には、信じられないものを見たときの驚きと戦慄がはっきりと見て取れた。

彼らはロレンツを説得して、連れて帰ろうとした。裸のモニカもロレンツにしがみついていた。ヤノマミの人々は一列に並び、棍棒や槍や吹き矢筒をふりかざして、甲高い金切り声を発していた。一触即発の状態だった。不測の事態を予測して、女と子供たちは小屋の中に引っ込んだ。

そのとき赤十字のバッグを持った男が言った。「あなたの母親からの要請で、アメリカに連れ戻しに来ました」

ロレンツの母親が娘の危機を知り、救助隊を送ったのだ。この後、どのような別れのシーンが展開したのかは、ロレンツの自伝には触れられていないのでわからない。母親が派遣した救助隊でなければ断っていたかもしれないし、そうなれば小競り合いになったかもしれない。とにかくロレンツは、男たちの言葉に素直に従ったようだ。ヤノマミの人々も問題を起こすようなことをしなかった。おそらく、ロレンツがもと来た場所へ帰るのは、自然なことであると判断したのだろう。

自伝では、次の場面はマイアミに飛ぶ。病院に収容されたロレンツは、三十九・五度の高熱を出していた。医者の診断によると、マラリアと赤痢を患い、無数の皮膚の切り傷を負っていた。モニカも鼻を何かに咬まれて高熱を出し、三日間も生死をさまよった。二人とも一週間の入院が必要だった。

犯人は誰か

ロレンツをジャングルに置き去りにした犯人は誰だったのか。ロレンツの自伝によると、ヒメネスに敵意や反感を持つベネズエラ政府内の軍人や役人だけでは、このような大掛かりな罠を仕掛けることはできなかったのではないかという。ロレンツは、CIAが裏で糸を引いていたとみている。

ロレンツは、とにかく知りすぎていた。カストロの愛人でCIAのカストロ暗殺作戦に参加し、数々の武器庫を襲撃し、ヒメネスのアメリカからの国外追放を邪魔し、ケネディ暗殺事件の直前まで暗殺者集団と行動を共にしていた。そのロレンツがラテンアメリカに滞在することは、キューバなどラテン諸国でアメリカが展開している反共活動にも悪影響を与えかねなかった。

ロレンツはCIAから見れば、邪魔な存在であることは疑いのない事実であった。ではなぜ殺さずに、ジャングルに置き去りにするという策略をめぐらしたのか。そこにはロレンツの母親の存在があったようだ。

ロレンツの母親は、第二次世界大戦中から事実上のアメリカの諜報部員として働き、戦後もアメリカのために諜報活動を続け、当時は米国家安全保障局の要職に就いていたという。その娘を直接殺すことは、やっかいな問題を引き起こしかねなかった。そこでジャングルで行方不明になったことにして、自然に任せて始末しようとしたのではないだろうか。

幸いなことにロレンツの母親は、娘が危険な罠にはまったことを察知して、あらゆる手段を使ってロレンツを探し出した。そしてすぐに、救出チームをベネズエラのジャングルに派遣したのだった。

ロレンツとモニカは、ニューヨークにある母親のアパートで暮らすことになった。

II. ニューヨーク

偶然の傍観者

ニューヨークでの生活は、若いロレンツにとって刺激に満ちていた。古くからの父親の知り合いも多くいた。その中の一人である「チャーリーおじさん」は、特にロレンツとモニカをかわいがってくれた。

チャーリーおじさんは、「ザ・ブレード（刃物）」というニックネームを持っていた。つまり、刃物の使い手であるということだ。何の罪で捕まったのかロレンツは知らなかったが、チャーリーには前科があり、刑務所で服役していたこともあった。しかし、ロレンツとモニカにとっては、モニカにおもちゃを買ってくれたり、シチリア料理を作ってくれたりする、優しいおじさんであった。

ロレンツとモニカは、毎日のようにチャーリーのアパートに遊びに行った。驚いたことに、チャーリーは文字が読めなかった。そこでロレンツは、チャーリーに読み書きを教えてあげることにした。代わりにチャーリーは、ロレンツの親代わりになり、ロレンツを守ってくれた。

あるときロレンツに、アンディというボーイフレンドができた。偽札の洗浄(ロンダリング)でカネを稼いでいるマフィアであった。偽札の出来栄えは見事で、ちょっとやそっとでは見破れないほど精巧であった。ロレンツはそのころ、失うものは何もないと、半ばやけになっていた。

そこでアンディから偽札の束をもらうと、それを使いまくった。ロレンツにとって偽札を使うことは、ひとつのゲームだった。一日で二千ドル使ったこともあった。

二、三カ月後、偽札の記事が新聞をにぎわすようになった。チャーリーはこの記事に怒った。チャーリーに言わせると、偽札を使うことは彼が愛している国に対する裏切りであるのだ。〝仕事〟で人を殺すのはいいが、汚いカネは犯罪だという。ロレンツが偽札を使った一人であることを告白すると、チャーリーは残りの偽札をロレンツから取り上げ、ビリビリに破って、トイレに流してしまった。

チャーリーはロレンツを怒鳴りつけた。

「お前はレディであって、マフィアのメンバーではない！　悪党になりたいのか？」

ロレンツは答えた。

「そうよ、ワルになりたいのよ」

「お前には何か仕事が必要だな」と、チャーリーは厳格な父親のように言った。

「仕事ぐらいやるわよ」と、ロレンツは言い放った。「ギャングの殺し屋はどう？　それともゴッドマザー？　私をギャングのゴッドマザーにしてよ」

チャーリーの怒りは収まらなかったが、ロレンツにしかるべき真面目な仕事を紹介することで両者は和解した。

仕事、犯罪、離婚

チャーリーはロレンツに、スタットラー・ヒルトン・ホテルの仕事を紹介してくれた。そこは、一九五九年にロレンツがカストロに同行してニューヨークを訪問したときに泊まったホテルでもあった。ロレンツは受付係として働いた。

やがて一九六五年、ロレンツはウンベルトというキューバ人と知り合い、結婚した。彼はハンサムでおしゃれで優しかった。ロレンツにとっては、愛人や不倫ではない初めての公式な結婚であった。

しかし、普通の結婚もすぐに破綻する。ある日、ウンベルトのスーツケースが開いて、中身が床に落ちた。そこに散らばったのは、拳銃二丁、泥棒の道具、それに大金であった。ウンベルトもまた、胡散臭い犯罪者だったのだ。

見抜けなかったほうにも問題があるが、ロレンツはメモに「結婚生活に耐えられないので離婚して欲しい」と書いて、スーツケースから二包みの札束およそ五千ドルを掴み取ると家を出た。

二カ月ほど経って、ウンベルトの質札が見つかったので、なんだろうと思って、それを質屋に持っていった。するとたちまち、刑事たちがロレンツを取り囲んだ。質草は盗品でウンベルトはニューヨーク市警から指名手配されていたのだ。

今度は、そのときロレンツを取り調べたニューヨーク市警の一人であるＪＪとロレンツはデートするようになる。ＪＪは当時、離婚したばかりであった。

ウンベルトの行方は依然、不明であった。ロレンツの手元にはまだ、ウンベルトからくすねた五千ドルがあった。ロレンツは一部を専門学校の入学金などに使い、残りを百ドル札でジーンズのポケットに入れて持ち歩いた。

ロレンツはＪＪとデートを重ねた。やがてＪＪからウンベルトが偽札づくりにかかわっていたことを知らされた。ロレンツはまた、〝偽札をつかまされた〟のだ。

ロレンツは再び、良心の呵責に悩まされた。カネの出所を警察に話すべきか、それとも今までのように使い続けるか。ロレンツは、チャーリーに告白した。チャーリーは激怒して、ロレンツから紙幣を取り上げると、再びビリビリと破きトイレに流してしまった。

「二度とこんなことをするんじゃない。わかったな？」とチャーリーは声を荒らげて言った。「お前はいい母親のはずだ。刑務所で一生を終えたくないだろう。悪ぶるのはやめて、過去を忘れるんだ。とにかく忘れるんだ！」

確かにロレンツは、過去の暗い影を引きずっていたのかもしれない。ＣＩＡや犯罪集団に巻き込まれ、人生の荒波にもみくちゃにされ、半ば自暴自棄になっていた。しかし、このような危険なゲームを続ければ、チャーリーが言うように、モニカを失いかねなかった。モニカはロレンツの生きがいであった。

父の死

チャーリーはロレンツの母親に電話をかけた。

「マリタは警察と泥棒ごっこをして遊んでいる。方向を見失っているんだ。故郷のドイツへ返したほうがいいのではないか？」

ロレンツはドイツに帰ることになった。

ロレンツには、ドイツに帰る前にやらなければならないことがあった。ウンベルトとの婚姻を解消することだ。ウンベルトが捕まってオシニングにあるシンシン刑務所にいることをボーイフレンドのＪＪから聞き出したロレンツは、ＪＪに車で送ってもらい、ウンベルトに面会した。

スーツケースからくすねた金を返すからと嘘をつき、ロレンツはウンベルトに婚姻無効届けにサインさせた。ウンベルトはそのときやっと、自分が何者であるかをロレンツに明かした。その告白によると、ウンベルトはマイアミで、ＣＩＡが作った反カストロ組織「アルファ66」〔注：ロレンツが属していた「オペレーション40」の上部機関〕に所属していたが、喧嘩別れしたのだという。

婚姻無効届けにサインさせたロレンツは、最後にウンベルトにこう言ってやった。

「ねえ、ウンベルト。あんたは本当にクソったれよ！　あんたは役立たずだからキューバから逃げてきたか、カストロに追い出されただけでしょ。アメリカに来てＣＩＡのために働くなんて、本当に汚いやつね。ニューヨークでは、罪のない勤勉な人から金を奪い、法律を犯して平気でいられるんだから」

しかし、そのウンベルトに惹かれ結婚し、ウンベルトから金をかすめ取って使ったのは、ロレンツ自身であった。ロレンツは自己嫌悪を覚えながら刑務所を後にした。

ロレンツとモニカは、ドイツにいるロレンツの父親の生家を訪ねた。生家はライン渓谷シュタインのバート・ミュンスタ村にあった。父親はガンに冒され、入院していた。

ロレンツは毎日、病院に通い、菜園を耕し、果樹園を散策した。叔父と叔母がおいしいドイツ料理を教えてくれるなど生活全般の面倒をなにかとみてくれた。

やがて父親は亡くなった。一九六六年七月十四日のことだった。

ヒメネス釈放

ロレンツは最初、ドイツにとどまって働き、モニカを育てようと考えた。だが結局、母親と一緒に暮らすためニューヨークの東八十六丁目に戻った。モニカを私立学校に入学させ、ロレンツ自身はメディカルスクールのクラスを受講し始めた。

ロレンツは獄中のヒメネスにも頻繁に手紙を書いた。モニカの父親の記憶を消さないようにするためだ。そのヒメネスは一九六八年に釈放された。新聞によれば、彼は出国してマドリードのホテルに滞在しているという。ホテルの名前も記されていたので、ロレンツは電話機の受話器にテープレコーダーをつなげ、ヒメネスに電話した。

ヒメネスはロレンツからの電話を非常に喜んだ。電話がかかってきた瞬間に、ロレンツからの電話だとわかったのだという。ヒメネスは、ロレンツが送った手紙やモニカの写真をすべて受け取っていた。美しい自分の娘にぞっこんで、奪われた信託資金を補償すると約束した。そして、話があるのでマドリードまで来るようにロレンツに告げた。

ロレンツはそのとき、気になることがあった。ヒメネスをベネズエラへ強制送還した〝張本人〟であるロバート・ケネディが一九六八年六月五日、カリフォルニア州の民主党大統領予備選に勝利した直後、暗殺されたのだ。兄のジョン・F・ケネディのときと同様に、陰謀の疑いがあった。

ロレンツはヒメネスに聞いた。

「ロバート・ケネディが暗殺されたことは知っているわよね？」

ヒメネスは電話の向こう側で答えた。

「ああ、いいことだ。やつは殺されて当然だからな」

「なんてこと言うの、マルコス。どうしてそんなことが言えるの？」

「言えるさ」

「あなたが裏で糸を引いていたの？　強制送還を恨んで？」

「もう何も言うな！　お前がこちらに来たときに話してやる」

ヒメネスは話題を替え、ロレンツにモニカと一緒にマドリードに住みたいかと聞いた。ロレンツはイエスと答えた。

モニカも電話口で〝パピ〟と話をした。ヒメネスはモニカにささやいた。

「とっても愛しているよ。パピのことを忘れては駄目だよ。もうすぐ一緒に暮らせるからね」

ロレンツはテープを巻き戻して、母親に聴かせた。ロバート・ケネディの話になると、母親の顔は青ざめた。「何てことなの」と母親は叫んだ。「誰が聴いているかもしれない国際電話で、暗殺された大統領候補の話をあけすけに話すなんて」

母親はまくし立てた。母親によると、マルコス・ヒメネスは、汚い仕事をするだけの手段、資金、動機を十分に持っているという。ヒメネスはロバート・ケネディ暗殺に関与していたのだろうか。

ロバート・ケネディ暗殺の謎

民主党大統領候補で兄のケネディ政権時代に司法長官を務めたロバート・ケネディの暗殺に関しては、謎が多い。ケネディ政権時代に司法長官としてマフィアの取締りを強化したため、それを恨んだマフィアがロバートやジョン・F・ケネディ暗殺の背後にいたのではないかとの見方もある。しかし、どうもそれだけではないようだ。

ロバート・ケネディ暗殺犯として逮捕されたのは、サーハン・サーハンというパレスチナからの移民であった。逮捕されたとき、サーハンの手には今しがた撃ったばかりの銃が握られていた。

しかし、サーハンの銃には八発の弾丸が込められていたとみられているが、サーハンが再び弾丸を込める時間がなかったにもかかわらず、十発以上の弾丸が発射された疑いがある。しかも、ロバート・ケネディに致命傷を与えたとみられる、至近距離から頭部に発射された弾は、ロバート・ケネディとサーハンが立っていた位置や距離からみて、サーハンが撃ったとは考えづらいものであった。

サーハン単独犯説に疑問を持ったロバート・ケネディの友人でニューヨークの弁護士であったアラード・ローウェンスタインは、独自に調査を開始。現場にサーハン以外の暗殺者がいたことを証明しようとした矢先、自分の事務所で殺された。

元ＣＩＡ工作員のロバート・マローによると、ケネディ兄弟暗殺には、ＣＩＡと亡命キューバ人が関与していたという。マローはその話を、リチャード・ニクソンとつながりのあるワシントンの弁護士マーシャル・ディッグズから直接聞いている。マロー自身が明かした、そのときのやり取りを紹介しよう。ケネディ大統領暗殺がオズワルドの単独犯行であるとするウォーレン委員会の報告が出たばかりの一九六四年九月末ごろのことだ。

ディッグズ：ところで、ロバート・ケネディがお前のキューバ通貨偽造作戦〔注：マローは一九六三年当時、CIA工作員としてカストロ政権を打倒するため、通貨偽造作戦に携わっていた。それがロバート・ケネディ司法長官の知るところとなり、逮捕された〕をつぶした直後にケネディ大統領が暗殺されたのを覚えているか?

マロー：ああ、覚えているが、キューバ人が関係しているのか?　どういうことだ。それはもう終わった話だろう。実際、ウォーレン委員会の報告書には、そのような可能性があったことは何も書かれていないではないか。

ディッグズ：(苛立たしく手を振って否定しながら)あんな報告はどうでもいい。委員会だって疑念を抱いているのだ。もし、ある手がかりをつかまれたら……おそらくわれわれはここに座っていることもできないのだ。

マロー：ちくしょう、脅かすなよ、マーシャル。あれは終わったことだ。キューバやキューバ人、それにCIAのことは何も(ウォーレン報告書に)書かれていなかったのだ。オズワルドがある朝起きて、ケネディが気に食わないからやってやると決断したという以外、何の陰謀もなかったんだ。

ディッグズ：ヤツの弟もそう思ってくれたらよかったんだが……。
マロー：ヤツの弟って、ロバート・ケネディのことか？
ディッグズ：そうだ。ロバート・ケネディだ。

この会話があった直後、ＣＩＡ局員の元妻でケネディ大統領と不倫関係にあったメアリー・メイヤーについて、ディッグズは陰謀に気づいた疑いが強く、ロバート・ケネディに真相をばらされる前に口を封じなければならないと、マローに持ちかける。マローは言われるがまま、メイヤーのことを反カストロ亡命キューバ人のリーダーに伝えたところ、メイヤーはほどなく殺されてしまうのだ。

こうした一連の流れを考えると、ロバート・ケネディ暗殺にも、ＣＩＡや亡命キューバ人がかかわっていた可能性が高まってくる。陰謀に関係したグループにとっては、ロバート・ケネディが大統領になることは何としても阻止したかったに違いない。

亡命キューバ人、マフィアなど、ロバート・ケネディに反感を持つ者は多かった。反カストロのキューバ人とつながりがあるヒメネスも、この陰謀に関与していたかもしれないのだ。

漠然とした疑いをもちながらロレンツは、ヒメネスに電話をかけた翌週、マドリードへ飛んだ。

正体不明の毒

マドリードのカステリャーナ・インターナショナル・ホテルにチェックインしたロレンツは

翌朝、ホテルのレストランで朝食をとった。食事を終えて部屋に戻る前に、ロレンツはヒメネスに電話をかけた。電話に出たヒメネスに、部下を迎えによこしてほしいと頼んだとき突然、めまいに襲われた。

息ができない。体中の筋肉、骨、関節が痛み出した。自分の体に異変が起きていた。ロレンツはやっとの思いで自分の部屋にたどり着くと、ベッドの上に腹ばいになって倒れこんだ。ロレンツは確信した。何者かが、食べ物かコーヒーに毒を入れたのだ。

ロレンツは気を失った。どのくらい時間が過ぎたのだろうか。気がつくと「大丈夫ですか」と言いながら、誰かがロレンツの体を揺すっていた。イギリス訛りの英語を話す男性で、ロレンツに医者を呼ぼうかと尋ねた。

男はオーストラリアのビジネスマンで、フランクと名乗った。ロレンツの部屋の前を通りかかったところ、開いていたドアから女性が苦しむ声が聞こえたので、中をのぞいてみたのだという。

怪しそうな男ではなかった。ロレンツはそのフランクと名乗る男に、医者は呼ばなくてもいいから、その代わりマドリードからアメリカに向かう一番早い便に乗りたいと告げた。マドリードは、ロレンツにとって危険な場所であったのだ。一刻も早く脱出したかった。

さらにロレンツがニューヨークの母親の電話番号を告げると、フランクは電話をかけて、母親と連絡を取ってくれた。ロレンツは事情を説明した。ＣＩＡがロレンツとヒメネスを会わせまいとして仕組んだに違いなかった。

それから二日間、ロレンツは寝込んだ。体はだるく、痛みも続いていた。その間、フランクがロレンツの面倒をあれこれみてくれた。三日目、ロレンツはなんとか倒れずに歩けるようになった。もうここにはいられない。ロレンツはフランクに手伝ってもらい、空港までのタクシーを拾ってもらった。

ニューヨークのケネディ空港に着くと、母親が救急車を待機させていた。ニューヨーク・ドクターズ病院では、「正体不明の毒」による症状と診断された。ロレンツは一週間入院してからようやく、家に戻ることができた。ヒメネスに会えなかったので、ロバート・ケネディ暗殺の真相はわからないままだった。しかしロレンツは、明確なメッセージを受け取った。メッセージは「首を突っ込むな」であった。

恋多き女

ロレンツは恋多き女であった。ロレンツがヒメネスの誘いに乗って、スペインに移住しようかと考えていたとき、エドというブルックリン育ちの保険セールスマンと付き合っていた。エドは組織犯罪の連中とも付き合いがあった。遺産相続で競走馬を所有し、いつも大金を持っていた。結婚していたが、両親を亡くした同じ月に娘を脳腫瘍で失い、妻とは別居中だった。エドはロレンツの母親に、離婚が成立したらロレンツと結婚したいと申し出て、四・一五カラットのダイヤの指輪をロレンツに贈った。

エドがカネを払っていろいろなことをやらせている人間の一人に、ルイスという男がいた。ルイスは、ロレンツが住んでいたビルの管理人であった。真面目で、優しく、ハンサムにみえた。ほかに便利屋兼仲介屋のような仕事をしていたが、管理人として働く代わりに、家賃をただにしてもらっていた。そして管理人として、ロレンツやモニカの面倒をよくみてくれた。

しかしルイスは、ただの管理人ではなかった。ある日、ロレンツが外出先から帰ってくると、ルイスが現れ、管理人のオフィスで話がしたいと告げた。オフィスには二人の男がいた。いかにも捜査官という感じの男たちだった。

「友だちを紹介したいんだ」と、ルイスがその二人を紹介した。

「ただの管理人ではないとは思っていたわ。あなた、本当は何者なの？」と、ロレンツは聞いた。

二人の男は身分証を見せながら、ＦＢＩ特別捜査官であると告げた。ルイス自身も、どうやらＦＢＩ捜査官のようであった。身分を隠して極秘捜査に当たっていたのだ。

ターゲットは、ロレンツの部屋の階上に住んでいる、かなり有名なギャングの娘か義理の娘だった。その娘には子供がいて、モニカと仲良しで、いつも一緒に廊下を走り回って遊んでいた。捜査官たちはロレンツに、その「ギャングの娘」と親しくなって、情報を取ってきて欲しいというのだ。

ロレンツは断った。

「冗談じゃないわ。たれこみ屋になれっていうの？　そんなの御免よ！」

彼らは言った。

「マリタ、君のファイルは読ませてもらったよ」

ロレンツのファイル――。そこには、ロレンツがかつて情報機関の仕事をしていたことが書かれていた。

ＦＢＩが、ロレンツの〝スパイ〟としての実績を買って、おとり捜査に組み入れようとしたのだ。ロレンツは激しく拒否した。

「私はただ、専門学校へ行って、いい母親になって、のんびり暮らしたいのよ。私のファイルを読んだのなら、私がすべてを失ったことを知っているでしょ。もうあのような人生には戻りたくないわ」

結局ＦＢＩは、ロレンツの助けを借りずに立件し、「ギャングの娘」を連行していった。彼女の部屋からは大量の偽札が見つかった。

偽札が発見されたと聞いて、ロレンツは少しドキッとした。というのもロレンツは、チャーリーに内緒でまだ偽札を持っていたからだ。それをくしゃくしゃにして使い古しにみせかけ、ギャングとつながりがあるクラブで使うことが、ロレンツの密かな楽しみになっていた。

ＦＢＩの勧誘は、この事件後も執拗に続いた。ロレンツをルイスのオフィスに呼び出しては、何とか仕事に引きずり込もうとした。そうこうするうちにロレンツは、ルイスと親しくなっていた。ルイスはほとんど過去について語らなかったが、長年ＦＢＩに勤めており、おとり捜査が専門であった。

高価なダイヤの指輪をくれたエドが約束した期限内に妻との離婚ができないことがわかると、ロレンツは次第にルイスに惹かれていった。母親が留守のときにロレンツはルイスを家に誘い、関係をもった。

ところが、エドとルイスに二股を掛けている時期に、ロレンツは妊娠してしまった。エドは自分が父親だと信じ込んでいたが、実際はルイスの子であった。

ロレンツはどうしても、その子を産みたかった。ルイスに話をすると、意外にも、とても喜んでくれた。ただ、おとり捜査などの関係で、家庭がもてるような状況ではなかった。

エドも大喜びであった。一刻も早くロレンツと結婚したがったが、離婚は依然として成立する見込みがなかった。

ロレンツのつわりが始まると、状況はますます複雑化した。ロレンツは、エドとルイスのほかに、別の警察官ともデートを重ねていたのだ。ヒメネスとも切れていなかった。

三股、四股のほとんどコメディの世界であった。

専門学校から家に帰ると、ロレンツは毎日のようにスペインのヒメネスに電話をかけ、連絡を取ろうとした。ルイスは生まれてくる赤ん坊のために、大工仕事で子供部屋をつくってくれた。エドはロレンツに栄養をつけるために、おいしい料理を運んできてくれた。階下のロビーでは、デートを重ねていた警察官がロレンツを待っていた。

エドはまた、生まれてくる息子のために馬を買ってくれ、個人専用機でロレンツと旅をしたこともあった。

こうした三股、四股には、いずれ決着をつけなくてはならなかった。

ロレンツの複数の恋に決着を促したのは、ＦＢＩであった。彼らは「父親のいない子を産むのはよくない」と言って、子供の実の父親であるルイスと結婚したほうがいい、と勧めた。

しかし、それには裏があった。ＦＢＩはおとり捜査ができる人間を二人必要としていたのだ。ルイスとロレンツ。ルイスには特別捜査官としての実績が、ロレンツには経験と基礎知識があった。二人が組めば、完璧なチームが組めると思っていたようだ。

そのためには〝些細な問題〟もあった。ルイスも別居していたが結婚しており、法的な離婚が成立していなかったのだ。ＦＢＩの連中は、メキシコに行けば簡単に離婚ができ、ロレンツとルイスは結婚できると言い張った。

ロレンツは決めかねていた。そして返事をしないまま、一九六九年十二月十三日、陣痛が始まった。死産となるかもしれないと思われるほど難産であったが、男の子が生まれ、マークと名づけられた。

ロレンツがマークを抱いてアパートの部屋に戻る途中、ＦＢＩのエージェントたちが再び、ルイスとの結婚を打診してきた。ルイスと一緒に、通りの向かいにある豪華高層ビルの管理人の妻にならないかというのだ。今度のおとり捜査には、管理人の夫婦が必要だった。管理人の部屋にはベッドルームが三つか四つもあり、希望するならロレンツの母親も同居が可能だという。

悪い話ではなかった。とんとん拍子で結婚が決まった。ロレンツとルイスはメキシコに飛んで結婚。ニューヨークに戻ると、その豪華高層ビルに引っ越した。

ロレンツは、仕事とお金、美しい住まいを手に入れた。ルイスにも友情を感じていた。二人は仕事の一環として結婚したが、ちゃんと誓いの言葉を交わした夫婦でもあった。

監視、スパイ活動

ロレンツとルイスの仕事は、この豪華ビルで暮らす、ある特別な人々を密かに監視することだった。その特別な人々とは、主にソ連の代表団であった。ＦＢＩは国連で居住地区に関する協定を結んでおり、ソ連だけでなく、ブルガリア、チェコ、アルバニアなど共産圏から来た人々はこの高層ビルに集められていた。

ロレンツとルイスの部屋からは、ソ連代表団らの部屋へ出入りする人々がよく観察できた。写真を撮ることも可能だった。各部屋には盗聴器が巧妙に仕掛けられていた。地下にはモニター室があり、二人のエージェントが常駐して二十四時間態勢で記録を取っていた。長期監視用ヴァンも待機していた。

ロレンツはFBIからスパイ活動に必要なテクニックを伝授された。同時に刑事司法大学で、ニューヨーク補助警官隊のためのトレーニングを受けた。

ロレンツの仕事の一つには、ゴミの回収作業が含まれていた。建物の地下にはゴミ圧縮機があり、住人はダストシュートから直接、圧縮機にゴミを投げ落とした。ロレンツは毎晩遅くなってから地下に下り、ゴミを仕分けしては、重要とみられる手紙や書類をオフィスに持ち帰った。

あるとき、二人の警察官が黒人過激派のメンバーに殺害される事件があった。どうも背後にはソビエト共産圏が糸を引いているようであった。ロレンツがゴミをくまなく調べたところ、このビルに住むアルバニア人たちがある大学教授に宛てて書いた手紙が見つかった。アルバニア人たちは、破壊的反戦グループへの資金援助として、その大学教授に一万ドルを提供していたようであった。

住人の一人には、黒人過激派のリーダーとみられる男もいた。ロレンツはその男が留守の間に、他の捜査官と一緒に部屋に侵入し、殺傷能力を高めた武器や特殊な薬莢(やっきょう)を見つけた。その薬莢をＦＢＩの研究所で検査したところ、二人の警官を殺した弾丸と合致することが判明した。男は逮捕され、狙撃者の名前を自白した。それから一年後、実行犯らはカリフォルニアで逮捕された。

アルバニア人たちは逮捕されなかった。彼らは資金を提供していただけだったからだ。彼らは盗聴されていることにも気づいていないようだったので、そのまま泳がせて監視を続けたほうがＦＢＩにとっても都合がよかった。

パトロール

ロレンツはやがて日課に追われるようになった。モニカを学校まで送り、ＦＢＩの連絡員と情報交換し、ＫＧＢの高官らを監視した。

ニューヨーク市警二十三分署から仕事が回ってくることもあった。防犯課の覆面パトロールのような仕事で、警察無線がついた改造タクシーにほかの二人の刑事と乗り込み、一人がタクシー運転手に、ロレンツともう一人の刑事は客に扮して市内をパトロールした。

ある晩、警察無線がレイプ事件の発生を告げた。無線によると、被疑者はヒスパニック系の男性で、被害者は二人いた。たまたまそばにいたロレンツと相棒の刑事はパトカーに乗り込み、現場の公園に急行した。かろうじて車が通れる狭い道を走って、容疑者を探したところ、容疑者らしき男がロレンツの視界に入ってきた。

ロレンツは本能的に車のドアを開けて飛び出し、拳銃を構えて男を捕まえようとした。当然、男は逃げる。再びパトカーで追う。興奮したロレンツと相棒は、もう目の前を逃げる容疑者のことしか目に入らなかった。

容疑者が階段を駆け下りて池に向かっているのが見えた。頭に血が上っているロレンツたちも後を追って、パトカーで階段を走り下りた。まさに映画のカーチェイスのような猪突猛進ぶりである。「あの野郎を逃がしてなるものか！」と、運転をしている相棒が叫んだ次の瞬間、車は池に突っ込んで動かなくなってしまった。

二人は車から飛び出し、二手に分かれて男を追いかけ、とうとう九十六丁目辺りで男を捕まえた。ロレンツらは男に手錠をかけ、歩いて署に連行した。お手柄だった。

問題は池に飛び込んだ車であった。車はめちゃめちゃに壊れていた。まさか階段を車で走るようなバカなまねをしたのではないかと問いただされたが、そんなことはしていないとシラを切った。もちろんロレンツらは大目玉を食った。本当なら停職処分ものだったが、男を逮捕していたので処分は免れた。

火事現場にかけつけ、燃え盛るビルに入って、最上階で泣き叫んでいる女性と子供たちを階下まで誘導したこともあった。ところが一緒に中に入ったはずの相棒の姿が見えない。ロレンツが再びビルの中に飛び込み、五階まで上ると、そこには意識を失いかけている相棒がいた。ロレンツは相棒を引きずって、腹ばいになりながら階段を下った。幸運なことに、ロレンツが煙のせいで気を失ったときに消防隊が到着、二人は救出されて命を落とさずにすんだのだった。

苦情処理

ルイスとロレンツは、あくまでも子供たちを優先にして警察やＦＢＩの仕事をこなそうとした。そのほうが、ごく普通の子供のいる共働き夫婦に見えたからだ。ロレンツの母親は近所で暮らしていたので、マークやモニカの面倒をよくみてくれた。

モニカは午後三時に学校から帰ってくるので、ロレンツはその時間には必ず家にいるようにした。夜は母親に子供を頼み、警察の仕事をすることが多かった。警察での仕事には、ロレンツとルイスが管理するビルからの苦情を処理する仕事もあった。ＦＢＩがソ連関係者の家に留守中に侵入したりすると、居住者から警察に住居侵入の被害届けが出される。そのときの電話の応対に出るのが、ロレンツの任務であった。

ロレンツはわざと、ちょっと鼻にかかった南部訛りで電話を受けた。そして辛抱強く苦情を聞き、同情しながら、すぐに優秀な刑事を二人派遣すると告げるのであった。

ＦＢＩに言い含められた刑事二人が直ちに、住居侵入の現場に向かう。指紋の採取など形式的な捜査を済ませると、同情を示しながら、事件解決に全力を尽くすことを約束した。もちろん、事件が解決したことなど一度もなかった。ソ連関係者は、まさか警察とＦＢＩがグルになって住居侵入をしているとは考えつかなかったにちがいないと、ロレンツは述べている。

このようにしてロレンツとルイスは数年にわたって、ビルの入居者とその友人や関係者をスパイし続けた。時代は一九七〇年代になっていた。

一九七二年には、ウォーターゲート事件が新聞を賑わしていた。ある日、ロレンツの母親が事件の記事を読んでいると、ロレンツがエドゥアルドとして知っていたハワード・ハントの写真が目に飛び込んできた。ハントの写真と並んで、あのフランク・スタージスも連行されていく写真が掲載されていた。

長らく関係を絶っていた二人が、なぜウォーターゲート事件で脚光を浴びているのか。ロレンツの頭の中では、再び不吉な過去がよみがえってくるのだった。

ウォーターゲート事件

その悪名高いウォーターゲート事件では、暗殺集団オペレーション40でロレンツのボスであったスタージスと、スタージスの上司であるハントが実行犯であり首謀者であったのだ。しかも、反カストロの亡命キューバ人たちも、侵入事件の実行犯として暗躍していた。

ここで、ニクソン大統領の辞任にまで発展したウォーターゲート事件のあらましについて、少し説明しておこう。

大統領選挙の序盤戦が繰り広げられていた一九七二年六月十七日、五人のグループがワシントン市内のウォーターゲートビルにある民主党全国委員会事務所に忍び込んだところを逮捕された。逮捕されたのは、フランク・スタージスと亡命キューバ人ら五人であった。

最初は、何の変哲もない家宅侵入事件に思われた。しかし、侵入犯の一人がニクソン再選委員会の警備主任であることがわかると、一気に疑惑が噴出した。ワシントンポスト紙は政治的陰謀の可能性を示唆しながら、事件の主犯が元ＣＩＡ諜報部員のハワード・ハントで大統領補佐官とも緊密な関係にあることや、ニクソン再選委員会の資金が侵入犯の活動資金になっていたことなどをすっぱ抜く。

これに対しニクソン大統領は関与を否定する一方で、裏では事件の揉み消しを指示。しかし、ハントと元FBI捜査官のゴードン・リディが侵入事件当日、別の場所から侵入犯に指示していたことがわかり、結局ハント、リディの主犯格二人と、スタージスら実行犯五人の計七人が起訴される。彼らは、民主党のマクガバン大統領候補がカストロやホーチミンから資金をもらっている証拠を握る目的で、盗聴器を仕掛けに事務所に侵入したことを認めた。

一九七三年一月には裁判が始まり、被告は全員有罪を認めたが、あくまでも自分たちだけの犯行であると主張した。同月三十日には被告全員に有罪の判決が下された。

ニクソンの思惑に反して、事件はこれで幕引きとはならなかった。

二月九日に上院がウォーターゲート特別調査委員会を設置、本格追及を始めると、メディアも次々とホワイトハウスの陰謀を暴露していった。タイム誌は、ホワイトハウスを舞台に盗聴が頻繁に行われていたことをスクープ。ハントがほかにも侵入事件を起こしていたことや、ハントが政府内部の情報をすっぱ抜くジャック・アンダーソン記者を殺そうとしていたことなども次々と明るみに出た。

同年五月二十二日、ニクソンはとうとう、盗聴工作、侵入事件などを認めたうえで、国家安全保障のために必要な措置であったと弁明するまで追い込まれる。

その後もメディアや議会の追及は続いた。大統領執務室での会話を録音したテープがあることがわかると、テープの提出を拒否するニクソンと、提出を求める議会・司法省の対立が激化。一九七四年七月二十七日には下院司法委員会が、テープ提出を拒否することは司法妨害であるとする弾劾決議案を可決する。

苦境に立たされたニクソンは同年八月八日、突如大統領を辞任する。ニクソンの後、大統領に就任したジェラルド・フォードは、ニクソンに恩赦を与え、ニクソンの犯罪は裁かれずに終わった。

暴露

有罪となったスタージスは、コネティカット州ダンブリーにある重罪刑務所に収監された。なんという仕打ちだろうと、スタージスは思ったにちがいない。スタージスは故国アメリカのために、共産主義者と戦い、敵であるカストロ暗殺を企て、スパイの使命を受けてニクソン再選運動で暗躍した。おそらく、「国家安全保障上の殺し」もやってきただろう。

スタージスは、自分が愛国者だと思っていた。ところが、首謀者といえるニクソンは恩赦を受けても、スタージスら実行犯が恩赦を受けることはなかった。トカゲの尻尾切りだ。〝雇い主〟に裏切られたとの思いからスタージスは、国のために非合法活動をしてきた自分の過去をぶちまけようと思い立ち、刑務所からニューヨーク・デイリー・ニューズ社と接触を図った。

そのとばっちりを受けたのが、ロレンツであった。ある日、デイリー・ニューズの記者がロレンツを訪ねてきたのだ。ロレンツは最初、「マリタ・ロレンツ」などという名前の女性は知らないと突っぱねた。だが最終的には、諜報機関の許可が下りたこともあり、その記者と会って話をすることにした。

その男性記者はスタージスから受け取った写真を持っていた。その中の一枚には、カストロと一緒に写っている一九五九年当時のロレンツの写真があった。記者はスタージスから聞いた話の裏を取りたかったのだ。はめられた、とロレンツは思った。その記者はスタージスから聞いた話の一切合財を記事にするつもりだという。

そうなればロレンツの素性が世間に知られてしまう。それはつまるところ、ＦＢＩの仕事がもはやできなくなるということであった。

ＦＢＩはデイリー・ニューズの記事をもみ消そうとした。だがその努力もむなしく、ロレンツとカストロの話、武器庫襲撃や訓練に明け暮れたフロリダ時代の話など、思い出したくもない出来事の数々がすべて詳細に紙面を飾ってしまった。

人目を忍んで生きてきた十数年の努力が台無しになってしまった。ロレンツはお尋ね者になったような気分だった。怒りがフツフツと湧き上がってきた。すべてウォーターゲート事件で捕まったスタージスのせいであった。

ロレンツはやるせない怒りをぶつけるため、刑務所で服役中のスタージスに面会した。面会室に現れたスタージスはまるで、旧友と話すときのような口ぶりであった。

ロレンツはスタージスに怒りをぶつけた。

「どうして私のことをしゃべったりしたのよ」

スタージスは二人の会話が録音されていることを知っていたのだろう。ロレンツの質問には答えずに、自分は刑務所に入れられるような男ではないと言う。スタージスは政府のために仕事をしてきたのだから、もっと報われるべきであると考えていた。

このときロレンツは、ずっと気になっていたことをスタージスに問いただした。ロレンスと親しかった二人の不審な死について、どうしても確認しておきたかったのだ。一人はカストロ暗殺計画のときにロレンツの味方になってくれたＦＢＩ情報部員アレックス・ローク、もう一人はキューバ滞在中に危険な目に遭ったロレンツを助けてくれたカミロ・シエンフェゴスだ。

スタージスは言った。「CIAの仕業さ」

やはり「邪魔者」は消されていた。あるCIA工作員がロレンツに告白していた話は本当だったのだ。その工作員は臨終の間際に、CIAがヘリコプターにプラスチック爆弾を仕掛けて、シエンフェゴスを爆殺したのだと語っていた。ケネディ大統領に対する感情などで何かとスタージスと対立していたロークも、邪魔者として殺されたのだろう。

面会でスタージスは、ロレンツをスケープゴートにしたことを認めた。そして、もう素性がばれたのだから、ロレンツもマスコミを利用して金儲けすればいいと、他人事のように言うだけだった。

スタージスは結局、ワシントンDC地区の刑務所に移された。同じころ、スタージスがデイリー・ニューズに語った「スーパースパイ、マリタ・ロレンツ」の記事が、六回続きの連載で大々的に掲載されていた。

八十六丁目のニューススタンドで見た新聞には、センセーショナルな活字が躍っていた。「CIAの命令、フィデルを殺せ」。フィデルとロレンツが愛し合ったベッドの下には、バズーカ砲が置かれていたなどという与太話も書かれていたようだった。

顔写真も掲載されていた。新聞を読めば誰でも、ロレンツであることがわかる内容であった。おそらくそれが、FBIに手を貸しているロレンツをたたきのめすためのCIAなりのやり口であり、スタージスなりの復讐だったのだろう、とロレンツは自伝で述べている。

スタージスはその後も、様々なメディアに自分の話を売り込んでは、カネを儲け続けた。ただし、ケネディ暗殺の狙撃者の一人であったとは決して言わなかった。だが、否定もしなかった。

ロレンツの記事があちこちの店頭に出回った日、すべてが終わった。ＦＢＩの仕事も、ルイスとの結婚生活も、スパイ活動も、ロレンツはすべてを失うことになった。

再調査へ

すっかり落ち込んだロレンツは、子供たちを母親に預けて、泣きながらイーストリバーまで歩いていった。河岸の手すりのそばに立ち、行き交う船を眺めた。裏切られた悔しさから涙が頬を伝って落ちた。

スタージスが憎かった。殺してやりたいと思った。ロレンツのプライバシーを暴きまくったマスコミも恨んだ。彼らはただ、面白く記事を書きたて、ロレンツに弁明の機会すら与えなかった。

涙を流して、川を見つめていると、犬を連れた老人が声をかけてきた。

「泣いては駄目だよ。あなたのような綺麗なご婦人には涙は似合わない。それに身投げはいけない。私の一日が台無しになるからね」

ロレンツは老人に、落ち込んでいるだけで、自殺するつもりはないと告げた。偶然にもその老人は、東八十八丁目のアパートの管理人で、一階の庭付きの部屋が一つ空いているという。ロレンツは案内してもらって、その場でその部屋を借りることにした。

自分たちの住むビルの管理人がＦＢＩの命を受けた女スパイだと知って、ソ連の大使館関係者らはその月のうちに、次々と引っ越していった。

もう店仕舞いである。一九七六年二月、ロレンツとルイスは正式に離婚した。これからどうなるかロレンツにはわからなかったが、とにかく過去を清算しておきたいと思ったのだ。

デイリー・ニューズのロレンツに関する記事も一つのきっかけになったのだろう。そのころ米下院では、下院議員トマス・ダウニングらを中心に、ケネディ暗殺事件を再調査すべきであるとの動きが出ていた。

決定的な決め手は、事件の一部始終をとらえた、アマチュア写真家エイブラハム・ザプルーダーの映画フィルムであった。ザプルーダー・フィルムと名づけられたその映画フィルムは、ケネディに向けて発射された弾丸は三発ではなく、四発であったことを明確に示していた。しかも、そのうちの一発は、オズワルドがいた後方からではなく、明らかに前方から発射されていた。

オズワルドの単独犯であったなどという報告は到底、信じられない。もっと大きな陰謀が背景にある。そう確信したダウニング議員は、元ＣＩＡ工作員ロバート・マローらから事情を聴くなど独自調査を進め、一九七六年八月、ケネディ大統領暗殺の背後にはＣＩＡと亡命キューバ人のグループがいたとする報告書を発表、下院内に調査特別委員会を設置すべきだと強く主張した。

調査と口封じ

下院では当初、ケネディ暗殺を再調査するのは税金の無駄遣いであるとの意見が強かった。

事件発生から十三年近くが経ち、すでにウォーレン委員会の報告で、暗殺はオズワルドの単独犯行であると〝決着〟していたからだ。

しかし、ザプルーダー・フィルムの解析や、スタージス、マローといったCIA工作員による陰謀の暴露など、新事実が次々と明らかになっている。ダウニングらはここであきらめるわけにはいかなかった。当時、同様に陰謀の疑いがあったマーチン・ルーサー・キング暗殺事件についても再調査するということで下院内の支持を広げ、ケネディとキングの暗殺を調査する特別委員会を下院に設置させることに成功した。一九七六年九月のことであった。

下院暗殺調査特別委員会の設置は、スタージスら、ロレンツが長年にわたって知っている男たちを不安がらせた。自分たちの悪事に調査が及ぶのだろうか。彼らの神経は過敏になった。CIAに〝協力〟していた組織犯罪のメンバーたちも、自分たちが口を割らないように、都合よく抹殺されるのではないかと恐れていた。

彼らの恐れは現実であった。CIAによるカストロ暗殺計画にかかわっていたマフィアボスのモモ・サルバトーレ（通称サム）・ジアンカーナは一九七五年六月、別の委員会の証人として連邦政府に保護されていたにもかかわらず、自宅の地下室で射殺された。余計なことをしゃべるなというメッセージが伝わるように、サムの口の周りには計六発の銃弾が撃ち込まれていたことは既に述べた。

そのメッセージを受け取り、生き延びた証人もいる。サム・ジアンカーナと同様に、CIAのカストロ暗殺計画に深くかかわったフロリダのマフィアボスであるサントス・トラフィカントは下院暗殺調査特別委員会に証人として召喚されたが、偽証の道を選んだ。

知っていることを証言するか、偽証するかで躊躇している証人には、ラスベガスのチンピラマフィア、ジョン・ロゼリのケースが不気味な警告となった。CIAによるカストロ暗殺計画で中心的役割を演じたロゼリは、上院と下院から証言を求められていた。ロゼリは一度上院で証言をしたが、証言内容はCIAにとって満足のいく内容ではなかったようだ。二度目の証言がある前の一九七六年七月、ロゼリはマイアミ沖に浮かぶドラム缶の中で死体となって発見された。ドラム缶にちゃんと収まるように、足は切断されていた。

ロレンツにとっては、「明日はわが身」であった。案の定ロレンツは、重要な証人候補に挙げられていた。下院特別調査委員会の調査官たちがロレンツのところにやって来て、ロレンツがかかわった秘密情報活動と、スタージスらとのダラス行きについて事情聴取をした。

危険は刻々と迫っているように感じられた。疑心暗鬼が首をもたげる。スタージスの出方を探るためロレンツは一九七七年十月、スタージスと会って下院暗殺調査特別委員会への対応について話し合った。

モニカの計画

ロレンツもスタージスもお互いを疑っていた。自分の都合の悪いことを言いふらすのではないかと、お互いが恐れていた。スタージスは、秘密情報活動についてロレンツに証言させまいとしていた。ロレンツを自分の支配下に置いておくために、CIAの仕事をフルタイムでしないかと持ちかけてきた。ほとぼりが冷めるまでアンゴラへ行けというのだ。

ロレンツは断った。ロレンツはすでに、下院暗殺調査特別委員会の調査員に秘密情報活動とスタージスらのダラス行きについて話しており、今さら沈黙することも偽証することもできなかった。スタージスは自分を罠にはめようとしている、とロレンツは長年のつき合いから感じた。アンゴラに行けば、都合よく〝事故死〟する可能性もあった。スタージスの言葉の一つ一つは、しゃべるなという脅しに聞こえた。

ロレンツはスタージスと話し合った後、友人の警官にスタージスのことをさんざん罵った。それをモニカが聞いていた。さらにモニカは、ロレンツとスタージスの間で交わされた会話を録音したテープをこっそり聴いていた。当時十五歳で、パーク・アヴェニューにあるロヨラ校に通っていたモニカにとって、スタージスは自分の母親の命を脅かす危険極まりない人物に映っていた。

事件が起きたのは、その年のハロウィーンであった。

その日ロレンツは、スタージスに会うことになっていた。モニカもそれを知っていた。モニカは学校に行かずに、しかるべき筋からピストルを手に入れ、パスポートとカネを家から持ち出し、通りの向かい側で待機した。母親の命を守るためにスタージスを殺そうと考えたのだ。

モニカは公衆電話からロレンツに電話をかけてきて、その計画を明かした。モニカはロレンツの言うことにまったく耳を貸さず、計画を実行すると告げた。ロレンツはすぐに、事情を知っている友人の警官に電話をかけ、モニカの計画を阻止するため二十三分署に連絡を取ってもらった。

しかし、間に合わなかった。タクシーから降りたスタージスに向かって、モニカはピストルを撃ち始めた。

大捕り物と保護拘束

モニカはスタージスを狙って無我夢中で撃った。幸いなことに、発射された弾はすべて標的をはずれた。モニカは怖くなって、走ってその場から逃げた。

駆けつけた二十三分署の警官たちがモニカを追いつめようとした。するとモニカは、屋上に上って屋根伝いに東八十八丁目にある市長邸の近くまで逃げた。そして市長邸そばの電話ボックスに入ると、ロレンツに電話をかけてきた。モニカはスタージスに命中したかどうか知りたがった。ロレンツは、スタージスのことは忘れて、とにかく自首するよう懸命に説得した。

警察はモニカを遠巻きにして待機した。モニカが銃を持っていたからだ。非常線が張られ、隣接する屋根の上には狙撃用ライフルを持った警官たちが配備された。

モニカはまだ、冷静さを何とか保っていた。二十三分署の警察官の中には、ロレンツの元同僚や友人で、モニカをよくかわいがってくれた〝おじさん〟たちもいた。モニカは〝テリーおじさん〟を呼び出して、彼のもとに自首した。

スタージスは強要の疑いで逮捕された。ロレンツが下院特別調査委員会で証言する内容を無理やり変えさせようとしていたのではないかと警察は考えていた。

モニカは、未成年者を裁く刑事裁判所で罪状認否手続きをした後、釈放されてロレンツの保護下に置かれることになった。学校は退学になり、デイリー・ニューズの一面にはモニカの事件が載ってしまった。

ロレンツに対する嫌がらせは、この事件が起きる一年前から始まっていた。

ロゼリの死体がマイアミ沖に浮かぶドラム缶の中で見つかった翌日、その記事が大々的に掲載された新聞が、何者かの手によってロレンツの部屋のドアの下に滑り込ませてあった。記事の上には「次はお前の番だ」と書かれていた。

ロレンツは詳細を語らないが、あるとき、ロレンツを殺すために雇われた殺し屋に出会ったこともあるという。その殺し屋は急に泣き崩れて、自分とそっくりな境遇のロレンツを殺すことができないと告白したと、ロレンツは自伝に書いている。

ロレンツは危険から身を隠す必要があった。友人を通じて弁護士を紹介してもらい、危険が去るまでの間、保護拘束が受けられるよう手続きをしてもらった。

ロレンツ、モニカ、マーク、それに保護拘束が始まったその日にたまたまロレンツのアパートに遊びに来て電話をかけまくっていた友人チャウ・メインの四人は、マイアミに飛び、空港そばのコテージで保護拘束下に置かれることになった。

襲撃、そして証言へ

保護拘束下では、武装した二人の保安警備員が警備に当たっていた。しかし、二十四時間任務に当たっているわけではなかったようだ。それがとんでもない事件を招いてしまう。

ある晩、ロレンツがその隠れ家のコテージで眠っていると、自分の首に何かが当たるのを感じて目を覚ました。目を開けると、裸の男が目の前に立っており、ロレンツの首にナイフを押し当てていた。ロレンツは戦慄で凍りついた。刺客がやってきたのか。「間違いなく殺される」と、ロレンツは心の中で叫んだ。

動揺しながらも、ロレンツは状況を見極めようと努力した。男は白人で、二十七歳前後、身長一七三センチ程度、小太り、ブロンドの髪で目は青く、汗をびっしょりかいていた。雰囲気から、どうやらＣＩＡの殺し屋ではないようだ。刺客が全裸であるというのは、どう考えてもおかしい。

するとその男は、ロレンツの耳元で卑猥なことをささやき始めた。これから男がしようとしている性的暴行について話しているようだった。男は性的異常者であったのだ。

男は片手でナイフを突きつけながら、もう一方の手で自分のペニスを握っていた。ペニスをしごくたびに男の体が揺れて、ナイフの刃先がロレンツの皮膚を軽く突いた。

この隠れ家にロレンツが銃を持ってくることは、許されていなかった。それでも、護身用の飛び出しナイフをジーンズの後ろポケットに入れてあった。そのジーンズはベッドの下に脱ぎ捨ててあった。そこでロレンツは、できるだけ穏やかな口調で「誰も起こしたくないから」などと言って、一緒に別の部屋へ行こうと誘った。

男は同意して、ゆっくりと後ずさりしながらドアに向かった。ロレンツはその隙を逃さなかった。ジーンズからナイフを取り出すと、男の手首に切りつけた。

男も反撃する。ロレンツは刺されないよう左右に飛び跳ねながら、攻撃のチャンスをうかがった。物音で目を覚ましたモニカが、自分の部屋から出てきて叫びはじめた。友人のチャウも目を覚まし、金切り声を上げた。

ロレンツは、モニカに部屋に戻るよう叫び、チャウには黙るよう怒鳴った。

ロレンツは一瞬の隙をとらえ、ナイフを振り下ろした。刃は男の胸と腕を切り裂き、男はコーヒーテーブル越しに後ろ向きに倒れた。男はまだ、完全にはひるんでいなかった。起き上がると、後ずさりしながらドアの方向に向かった。ロレンツは巧みに男をドアの外に追い出すと、ドアを閉め、右手にナイフを持ちながら左手でバリケードを築いていった。

マークが恐怖で顔を引きつらせながら、ロレンツの部屋に入ってきた。モニカはマークをなだめながら、バリケード作りを手伝った。チャウはいつまでも泣きわめいているので、ロレンツは平手打ちで顔を叩き、保護拘束の責任者であるスティーブ・ズカスに電話をかけるようチャウに命令した。

しかしチャウは、すっかり怯えて腰をぬかしており、使い物にならなかった。そこでモニカが受話器を取り上げ、ズカスに危機的な状況を伝えた。

外に追い出された変質者は〝獲物〟をあきらめていなかった。今度はバスルームの窓を覆っているブラインド状のガラス板の隙間にナイフの刃を突き立てて、窓をこじ開けようとしていた。

家の中に再び侵入しようとしながら、男はわめいた。

「殺してやる。中に入れやがれ。俺を傷つけたな。お仕置きしてやる」

男は場所を移動しながら、隙間という隙間にナイフをこじ入れては、無理やり手を突っ込んで窓を開けようとする。家の中では、チャウはもう手がつけられない状態となり、恐怖で震えて縮こまっていた。マークはベッドに隠れた。モニカは怯えながらも、外のわめき声が聞こえないよう弟の耳を手で押さえて、弟を守ってやろうとしていた。

ようやく救援隊が到着した。男はそれに気づいて逃げ去った。

救援隊は六〜八人の警官と、救助医療班の人たちであった。ロレンツはナイフを手放すことができないまま、ただ茫然と座っていた。現場にやってきた担当官のスティーブ・ズカスは、その光景を見て、かなりショックを受けていた。

子供たちには大きなトラウマになった。興奮状態が続いていたモニカに鎮静剤の注射が打たれた。ロレンツは子供たちを慰め、抱きしめた。

ズカスが聞いた。

「男の身なりは？」

ロレンツが答えた。

「陰毛とナイフよ」

八歳のマークが、隠れていたベッドから顔を出して言った。

「ママにとっては、ごく普通の日だったね」

この事件の後、ロレンツたちは空港近くのホテルに移動し、ハネムーン用のスウィートをあてがわれた。なんでも食べ放題であった。襲撃事件の捜査がただちに開始され、捜査班は男の血痕をたどった。数週間後、襲撃者が判明し、刑務所に送られた。警護を怠った警備係二人は、こっぴどくお灸を据えられたという。

保護拘束期間中の後半、ロレンツは緑色のノートに、カストロとの出会いから、亡命キューバ人との関係、暗殺集団「オペレーション40」の存在、スタージスらのダラス行きまで、自分が知っているすべてを書き記し続けた。暗殺特別調査委員会に、後に証拠物件として提出された、あの陳述書である。

一九七八年五月一日、委員会で証言するよう召喚状が来たとき、ロレンツは逃げ出したい気持ちになった。だがもう、逃げ回るのはうんざりであった。覚悟はできていた。洗いざらいぶちまけ、このような逃亡生活にピリオドを打つつもりであった。

12. ＪＦＫ暗殺の真相

猜疑心

そうしたロレンツの覚悟や、これまでくぐり抜けてきた修羅場のことなど、まったく理解していない特別調査委員会のメンバーは、依然として的外れな質問を繰り返していた。

マクドナルドは、ニューヨークでのロレンツの仕事について質問を続けた。

「あなたは特別の情報部員だったのですか？　つまり、あなたはバッジとか、身分証明書を持っていたのですか？」

「給料をもらっていました。スパイ活動をしていたのです。そのとき、その十三年だか十四年だか十五年だかの間で初めてフランクに会ったのです」

「そのことについて、くどくど質問したくないのですが、もっと明確にＦＢＩのスパイ活動のことを話してほしいんです。情報提供者として働いていたのですか？」

「いいえ」

「情報を提供するだけではなかった？」

「違います。私は工作活動をするスパイだったのです」

「工作活動をするスパイ？」

「はい」

「どういう意味ですか？」

「つまり情報提供者は情報を提供するだけです」

「そうですね」

「私は情報を与える以上のことをたくさんやっていました。ずっとそれ以上のことです。情報提供者などと呼ばれると腹が立ちます」

ロレンツはこう言いながら本当に腹が立ってきた。マクドナルドは少しも、ロレンツの言うことを信じようとしない。ロレンツがＦＢＩのために活動していたとはどうしても信じられないというのだ。

まだ納得できないという顔をしながらマクドナルドが言った。「オーケー。ではただの情報以外の多くのことというのはどういうことですか？」

「いわゆる情報提供者が、ソ連使節団に入り込み、ＫＧＢの将軍を罠にかけるなんてことをするはずないでしょう。情報提供者はお金と引き替えに情報を提供するだけです」

「あなたが一緒に働いたＦＢＩ捜査官は誰ですか？」

「直属の担当捜査官はアル・チェストンでした」

チェストンはロレンツが結婚したルイスの同僚で、毎朝ロレンツと朝食をとりながら情報交換し、その情報を上層部に伝える役割を担当していた。ロレンツは彼を「アンクル・アル」と呼んでいた。

「どのくらい頻繁に彼と会っていたのですか？」

「毎日です」

「すると、ずっとその間、フランク・スタージスとは接触していなかったのですね？」

「いませんでした」

「七七年にあなたが実際……」と、マクドナルドがそう質問をしかけるや否や、ロレンツは一気に当時のことを話し出した。

決定的な証拠

「私の担当捜査官（アル・チェストン）がある朝、入ってきて、ダイニングルームの食卓の上に新聞を投げるように置いたのです。その新聞には、ウォーターゲート事件の裁判の記事と、エドゥアルド（ハワード・ハント）とフランク・フィオリーニ（スタージス）の写真も出ていました。

私は〝フランク・スタージスですって。違うわ、これはフランク・フィオリーニよ。それにこれはエドゥアルドだわ〟と言いました。すると担当捜査官は〝どういうことだ？〟と聞き返してきたのです。私は彼らのことを話しました」とロレンツは、疑り深いマクドナルドに向かってまくし立てた〔注：自伝では母親が読んでいた新聞を見て、ハントとスタージスの写真を見たことになっている〕。

ロレンツは続けた。

「そして次の日、私は地下室に行き、私の古いカストロの制服が入った箱を取り出したのです。箱は長いこと閉められたままでした。そうしたら、たまたま何枚かの写真が出てきたのです」

この写真こそ、ロレンツの証言を証明する決定的証拠だった。

マクドナルドは身を乗り出して聞いた。「誰の写真ですか？」

「訓練場での私たちの写真です。アレッ……」

マクドナルドは待ちきれずに口を挟んだ。「今でも持っていますか？」

ロレンツは続けた。「アレックス（・ローク）は行方不明になる前、いつも行く先々で写真を撮っていました」

これが本当なら、いかに懐疑的なマクドナルドでも、ロレンツの話が作り話とは言えなくなる。

マクドナルドが聞いた。「写真は何枚持っているのですか？ まだ持っていますか？」

「四枚ありました。一枚はアルにあげました」

「アル？」

「アル・チェストンです。担当捜査官の。それには私とフランク（・スタージス）、ジェリー・パトリック、リー・ハーヴィー・オズワルドが写っていました」

「今でも持っていますか？」

「私の母にあげた一枚は持っています」

「いつあげたのですか？」

「母が麻痺する前です。彼女にあげました」

「一体それはいつのことですか？　何年ですか？」

「私が担当捜査員に写真を渡したのが七六年で、彼はそれを当時の上司であるマローンに渡しました」

「その写真には、誰が写っていたのですか？」

「アレックスによって撮られたその二枚の写真には、反乱分子の制服姿で写っていました」

「誰が写っていたのですか？」

「フランク（・スタージス）、ジェリー（・パトリック）、オズィー（オズワルド）、そして私とペドロ（・ランツ）です」

いずれも、反カストロ暗殺集団「オペレーション40」関係者だ。この写真があれば、暗殺集団とオズワルドが結びつく。

「それでその写真を、七六年にＦＢＩの特別捜査官に渡したのですね」

「はい。私は二枚持っていました。一枚を渡し、もう一枚は私が思い出として持つことにしました。彼はその写真に誰が写っているか知って、ショックを受けていました」

「ほかに何枚の写真を持っているのですか？」と、マクドナルドが聞いた。

「今ですか？」

「そうです」

「引っ越しをしたばかりなので、家中ごった返しています。だからよく分かりません」

「ハーヴィー・オズワルドと写ったあなたの写真はいくつか残っていますか？」

「私の母が亡くなった後〔注：ロレンツの母親は七七年十二月十七日に死亡。その後のロレンツの証言から、実際には母親が亡くなる前であるとみられる〕、旅行カバンの中で見つけた二枚目の写真がそうです。私はランツ氏〔注：ペドロ・ランツではないのは明白。ただし、誰のことか不明。委員会スタッフのフォンジ氏を言い間違えた可能性もある〕を呼び、二枚目の写真を見つけたと彼に伝えました。私は彼には初めから、写真は二枚あると言ってありました」

「その写真は今どこにあるのですか？」

「分かりません。私はそれをピノ・ギウセップ・ファジアン氏に渡しましたから」

「誰ですか、その人は？」

「私がＦＢＩで働いているときにかかわり合いを持った人です。私はその二枚目の写真が怖かったのです。だから彼に渡しました。彼はそのために死んだのではないかと思います。よく知りませんが」

「あなたは当委員会のスタッフであるフォンジ氏に会った後、その写真をファジアン氏に渡したのですか？」

「はい。というのも私のことを誰も助けてくれませんでしたから。誰に渡したらいいのかも分かりませんでした」

「フォンジ氏はあなたにその写真を送ってほしいとか、それを取りに来たいとか、言っていませんでしたか？」

「言っていました」

「言っていた？」

「はい」

「それに対してあなたは何と言ったのですか？」

「写真のせいで私は殺されると言いました。もし私がすべてを渡してしまって、それらが証拠に加えられたら、お返しに私に何をくれるというのですか？　彼らは私を殺しに掛かりますよ。そうでしょ？　私の母は死にかけていました。お返しに、何を私にくれるというのですか？」

ロレンツは当時のことを思い出して、急に感情が高ぶりだした。ロレンツはいつも危険の中にいた。実は母親の死にも、疑わしい部分があったのだ。死因は原因不明の麻痺だったとされている。だが死ぬ前に、母親自身もＣＩＡが病院の注射に何らかの毒を混入させたのではないかと疑っていたようだ。母親の死を看取ったロンレンツは、「母は知りすぎたのだわ。やつらは注射したのよ。ジャック・ルビー〔注：ルビーも獄中で〝病死〟している〕をやったのと同じやつらじやつでね」と力なく語ったという。

この母親の死によって、ロレンツを守ってくれる政府関係者もいなくなり、ロレンツは孤立無援の状態になったのだ。助けを求めようにも、誰を信じたらいいかも分からなかった。

母親の死後見つかった写真は、決定的な証拠となることをロレンツも知っていた。ＣＩＡやスタージスも、何としてでもその写真を闇に葬り去ろうとするだろうということも知っていた。下院の委員会だって信用できなかった。委員会スタッフの中にＣＩＡの回し者がいるかもしれないのだ。ロレンツはとにかく、危険を回避することで精一杯だった。

マクドナルドは聞いた。「あなたの証言では、あなたはフォンジ氏に……」

ロレンツがマクドナルドの質問を制するように自分から答えた。「私は彼に写真を持っていると言いました。だけれども、ウソをつかれたうえ、一人だけ残された後では、その写真を渡すわけにはいかないとも言いました」

マクドナルドは、ロレンツの当時の心情を察することはできなかった。なぜそのような重要な写真を委員会スタッフに手渡さなかったのか理解できずにいたので、あきれながら言った。

「やれやれ、あなたの言っていることにはついていけません」

これにはロレンツは怒りを覚えた。「そうでしょうとも。あなたは全体の話がまったく分かっていませんから」

マクドナルドも負けてはいなかった。「われわれは全体の話を理解しようとしているのですよ。あなたの証言では、あなたは……」

ロレンツは付け加えた。「ファジアンが見つかれば、写真も見つけることができるでしょう。私はファジアンに〝写真を受け取ったら逃げなさい。私だったらそうするわ〟と忠告しました」

「いつあなたは、ファジアンにそれを渡したのですか?」

「約八カ月前です」

「それはあなたが彼に話した後のことでしたか?」

「いいえ。話したのではなく、私は彼にあげたのです。母は十二月十七日に亡くなりました。母の旅行カバンの中に写真を見つけたとき、それを彼に渡したのです」

「なぜ彼に写真を渡したのですか?」

「なぜですって? 私が持っていれば殺されるからです」

「誰があなたを殺すと思っているんですか?」

「フランクに聞きなさい」

ロレンツは、マクドナルドがあまりにも理解力がないので苛立った。

「私はあなたに聞いているんですよ」

「フランクです」

「フランク・スタージスがあなたを殺すんですか？」

「はい」

「なぜ、フランク・スタージスがあなたを殺すんですか？」

「私が知りすぎていることを知っているからです」

こう答えながらロレンツは、マクドナルドがどうしてこうも状況が把握できないのか訝（いぶか）しがった。

マクドナルドはなおも食い下がった。「しかし、あなたが十八年間もこうしたことを知っていることを彼は知っていたわけでしょう？」

「彼は私に命令したり、脅したり、彼が本気であることを証明したりしましたから」

「いつ彼は、あなたを脅したのですか？」

「この二年半の間、私が言われた通りにしない場合は脅し続けました」

「私はあなたを殺そうとする理由を知りたいだけです。あなたは、証拠、つまり写真を持っていると証言しましたね」と、マクドナルドは聞いた。

「二枚です」

「二枚ね」

「一枚ではありません」

「そしてもし、それら二枚の写真が、実際にあなたがフランク・スタージスやリー・ハーヴィー・オズワルドとフロリダ州エバーグレイズの訓練場で十五年前に一緒だったことを証明するものであれば、その写真というのは今日ここであなたが証言したことすべてを補強するのに大いに役立つわけですね」と、マクドナルドは皮肉を込めて言った。

「もちろんそうです」とロレンツは答えた。

「その写真は非常に大事な証拠というわけですね」

「だけど、それを持っていれば私の命も危ないわけです。そうでしょう？」

「ここにわれわれがいて、あなたは今、証言している。あなたは証拠写真を持っていたと証言した」

「その通りです」

「それで突然、それらの写真はなくなってしまった。分かりませんね。われわれも見つけ出してみようじゃありませんか」と、マクドナルドはさらに皮肉を込めた。

ロレンツは言った。「ＦＢＩが一枚持っています。もう一枚はファジアンが持っています」

「そのファジアン氏は、今どこにいるのですか？」

「行方不明、あるいは死んでいるかも」

「そもそも彼とは、どこで出会ったのですか？」

「ファジアン氏は、私がＦＢＩの仕事をやっているときに、かかわり合いになったのです。彼はマフィアとの接点でした」

「なぜ彼のところに行ったのですか?」

「ファジアンのことを話すと長くなります」

ロレンツには、マクドナルドに何を話しても無駄なように思えてきた。

「われわれはもちろん、その話を全部聞きたいとは思いませんが、仮に写真が存在したとするならば、なぜあなたがそのように大変重要な写真をファジアンに渡してしまったのか、その理由が知りたいのです」

ロレンツが困惑しているのを見て取った弁護士のクリーガーが、ロレンツに助け舟を出して聞いた。「答えたいですか?」

するとマクドナルドは、クリーガーに向かって敵意を持って言った。「意見は議長に言って下さい」

クリーガーは「残念です、議長」と言って黙った。

気まずい沈黙を破ってロレンツが口を開いた。「あなたたちでチェストン〔注:ロレンツが写真を渡したFBI捜査官〕を呼んで、彼から写真を手に入れたらいいじゃないの。そうしたら、私がファジアンの死体を掘り起こしてあげるわよ。フランク(・スタージス)は三人の人間の命を脅したのよ。そしてその三人ともこの八カ月の間にいなくなったわ〔注:ファジアン以外の二人が誰だかは不明〕」

マクドナルドが聞いた。「ロレンツさん。なぜあなたは、その写真を誰か別の人に渡すことをしなかったのですか?」

「私の母がもう一枚の写真を二月〔注:一九七七年二月とみられる〕まで隠していたからです。

母は死にました。私は二枚目の写真を見つけることができないでいたんです。一枚はＦＢＩのところにありました。もう一枚は二月に旅行カバンの中のリネン類の間にあったのを見つけたのです。そのときまでに、もう十分なほどいろいろなことが起きていたのです」

マクドナルドは、事態の深刻さをほとんど理解していなかった。ロゼリやジアンカーナは実際に口封じで殺されていた。ロレンツにも危険が忍び寄ってきていたのは明白であった。危険を回避する、あらゆる手段をとる必要があった。写真を人に渡したのもそのためだ。自分に何かあったら、それまでのＣＩＡの悪事を暴いておく必要もあった。そんな思いから七七年七月にロレンツは陳述書を書いたのだ。

録音テープ

マクドナルドはロレンツのそうした思いなど気にせずに質問を続けた。

「ロレンツさん。七七年の十月、フランク・スタージスと電話で話をしませんでしたか？」

「はい、しました」

「あなたは録音しましたね？」

「はい」

「その会話を録音したテープはどこにあるのですか？」

「家にあるどこかの箱の中です。まだ荷を解いていないのです」

「家に帰ったら、テープを見つけ出して、われわれが聞けるように手配していただけませんか？」

「いいですよ」

「できますか?」

「はい。フランクが教えてくれたようなものです。彼は私のことを録音し、私は彼のことを録音しました」

「すると、まだあなたはそのテープを持っているのですね?」

「そのほか多くのテープと一緒に持っています」

「そのフランクとの会話は何だったのですか?」

「先程のテープですか?」

「はい、彼がニューヨークにやって来るという会話です。彼がニューヨークに来るたびに、私はFBIの事務所に電話して自分自身を守らなければなりませんでした。彼は話を作り上げるためにこちらに来たがったのです。彼はいつも新聞ネタを提供していますから。実際、それが彼の仕事です。記事ネタを売り込もうというのです。この二年半というもの、いつも私のことをネタにしてきました。それが一番よく売れるからです。彼はいつも、記事を売って儲けていました。ダラス行きの件が明らかになったとき、それは私が漏らしたのではありませんでしたが、フランクが電話をかけてきました。私はフランクの声の調子で分かりました。私はテープを再生していませんが、彼は〝特殊部隊がお前にしゃべってもいいと認めたのか〟と言って、間接的に特殊部隊の存在を匂わせて私を脅したのです。そしてその後、別の脅しも受けました」

特殊部隊こそ、都合の悪い人物を次から次へと始末する、非情にして非合法の活動部隊であった。彼らの手により、一体何人の人間が消されていったのだろうか。

マクドナルドは「特殊部隊」の話には興味を示さず、質問の焦点をダラスに向けた。

「彼（スタージス）とは、ダラスの件について話したのですか？」

「ダラスの話をしました。それから、同じく五九年から私が知っている、ニューヨークのフランク・ネルソンという男から別の脅迫がありました。〝お前はダラスの件をぶちまけやがったな。どうしてそんなことをしたんだ？〟って」

ネルソンは、ＣＩＡやＦＢＩ、マフィアと関係がある武器商人だ。カストロ暗殺計画にも携わった。ロレンツは一九五九年に、カストロ転覆計画を練っていたＣＩＡのエージェントからネルソンを紹介された。ロレンツの口ぶりから、おそらくケネディ暗殺事件にも絡んでいたとみられる。

「その会話もテープに録音しましたか？」

「はい」

「それもまだ持っていますか？」

「はい。同じテープには別の会話も入っています。スペイン語を話す女が電話を掛けてきて、〝お前はもう終わりだよ〟と私に告げました」

スタージスの罠

「議長、もう一つだけ質問があります。これが最後です。ロレンツさん。あなたが今日述べた出来事〔注：スタージスらとのダラス行きの件〕というのは六三年に起きたことですね？」

「はい」

「記録のために、なぜその話を七七年まで秘密にしていたか教えてもらえますか？」
「なぜかですって？　第一に、報道機関にダラスについてばらしたのは、私ではありません。第二に、母が死にそうになるまで、私は確信が持てずにいたのです。第三に、私は報道機関とうまくやっていくために、その情報を認めたのです」

少し補足しよう。

第一の点に関しては、ダラス行きのことを話すことは自分の命を危険にさらすことでもあった。だからロレンツは、ずっと沈黙を守っていた。スタージスが蒸し返さなければ、新聞に載ることもなかったのだ。第二の点は、母親が預けていた写真の件を指していると思われる。第三の主張については、参考までに次のような事実関係がある。

ロレンツを脅した疑いで逮捕されたスタージスは一九七七年十一月三日、証拠不十分で無罪放免となった。翌四日記者会見を開いたスタージスは、ジョンソン元大統領は共産主義者と並々ならぬ関係があった〔注：この発言は重要なので、後で解説する〕とか、ロレンツはKGBから脅されていたなどと話した。このためロレンツもテレビ番組に出演するなどして、FBIのためにKGBを見張っていたことや、カストロ暗殺計画に参加したことなどを認めたのだ。つまり、ロレンツのほうから積極的に話をしたわけではなかった。主導権はいつもスタージスが握っており、スタージスがロレンツの過去を小出しにばらすので、ロレンツが仕方なしに事実関係を認めるというパターンが続いていた。

しかしマクドナルドには、そうした状況が分からなかった。

「すみません、あなたが何のことを言っているのか分からないのですが」

「その後、報道機関が私のところへ来たのです。それに私は、アンゴラへ行くつもりはなかったので、フランクとは喧嘩状態にありました。私はニュージャージーでフランクが望むようにソ連人を罠にはめるつもりもありませんでした。とにかく大きな理由は、私がフランクと一緒にアンゴラへなど行くつもりがなかったことです。彼の計画では、私はアンゴラにいるカストロの軍事顧問のところに潜入することになっていたのです」

マクドナルドにアンゴラの作戦のことを説明しなければならないのかと考え、ロレンツは少しうんざりした。マクドナルドにはスタージスの意図など分かるはずもなかった。スタージスはロレンツの口を封じるためにアンゴラ行きをロレンツに勧めたのだ。それは危険を顧みない冒険好きの人間には誘惑となったかもしれないが、そのときのロレンツには、CIAによる陰謀、つまり都合良くロレンツを消し去る策略にしか思えなかった。

マクドナルドはややキツネにつままれたように聞いた。「彼はあなたをアンゴラにいるフィデルの軍事顧問のところに潜入させたかったのですか?」

「その通りです」

呪われた写真

マクドナルドはもう、アンゴラのことまで詳しく聞く余裕はなかった。これまで聞いた話でさえ、マクドナルドの理解を超えていたのだ。アンゴラの話までされたら、収拾がつかなくなる。そこでマクドナルドは、スタージスについて聞くことにした。

「なぜ七六年に彼はあなたのところに来たのですか?」

「私が知りたいぐらいだわ。分かりません。彼はよく電話を掛けてきました。何回も、ポルトガルや英国、フランスから。そして飛行機に乗るよう言いました。そうすれば、あの二人のキューバ人が面倒をみてくれるとも言いました。ダラス行きのときに一緒だったあのキューバ人兄弟です」

「あのダラス行きのときの?」

「はい」

「スタージスはその二人と、今でも一緒に仕事をしているということですか?」

「はい、そうです。私は、〝いいえ、フランク。私にとってそういう時代は終わったのよ。母も死にかけているし〟と返答しました。

するとと彼は〝アンゴラに行きたくないのか?〟と聞き返しました。それで彼は、私のところに飛んできたのです。彼は私の息子の父親と大喧嘩しました。そのために私は家を失ったのです」

「ロレンツさん。写真に関してですが、あなたのアパートに写真が何枚か残っていますか?」

「おそらくあります。私のアパートは引っ越して来たばかりなのでごった返しています。それに部屋も小さいので、すべてが箱の中に入っていて、半分は倉庫に、半分は地下室に眠っています」

「もちろんお分かりでしょうが、もし写真を提供していただければ、非常に興味深い証拠となるんです」

「私はファジアンを見つけようとしています。私は彼の仲間からブルックリンに呼び出されました。彼らは私のせいで彼が殺されたと疑っていました」

ある日突然、証拠の写真を持っていた人物が消えてしまう。ＣＩＡにとって、都合の悪い人間を闇に葬り去るのは難しいことではなかった。マフィアだろうと、一般市民だろうと、関係ない。ターゲットになった人間はどこへ逃げようと、どこに隠れようとも見つけ出され、そして殺される。ロレンツにはＣＩＡの怖さがよく分かっていた。

書き加えられたメモ

マクドナルドが議長に対して言った。「議長、私の質問はこれで終わります。それから、われわれは証人が提出した彼女自身による陳述書について質問をしてきました。そこで、今日の証人喚問中ずっと話題になったところの彼女の陳述書を、ＪＦＫ証拠物件百二十三号として記録に残したいと思います」

このとき、弁護士のクリーガーが陳述書に何者かによって書き加えられた事実についてただした。

「議長。いま提案された証拠物件の十二、十四、十五ページに証人のものによらない書き込みや下線があることに注意していただきたい。誰が書き加えたかについてわれわれは関知しません。また、どうやってマクドナルド氏や貴委員会がこの陳述書を手に入れられたかも、われわれの関知しないところです。

十二ページの書き込みに関してですが、八行目の〝アレックス〟の後の言葉の上と下に証人によらないところの手書きの言葉が書いてあります。誰の手書きであるかは、われわれの関知しないところであります。

十四ページには、二段落目のページの左側に証人の手によらないところの書き込みが一行あります。誰の手によるものなのか不明です。

十五ページには、右上のところに手書きで〝ブレーメン、ドイツ〟と書かれています。これも証人の書き込みではありません。最初の段落の今度は左側に、証人が書いたのではない書き込みがあります。

そのページの下には、四行ほど下線が引かれていますが、これは証人によるものではありません。加えて、その次の行から最後の行にかけて〝フランク〟という言葉が下線とともに丸で囲んであり、〝われわれだけに言った〟とか何とか書かれています。ゼロックスが悪いため残りは何と書かれているか分かりませんが。このことは、この陳述書がいつの時点か何者かによりフランク・フィオリーニに見せられたことを推測させます。

これらの書き込みは、記録の一部として取り扱われるべきです。同時に、誰の書き込みで、なぜ証人が極秘裡に第三者に提出した陳述書に書き込みがされたのかを解明することは貴委員会調査員の義務ではないかと考えます。

この指摘が認められれば、その物件が証拠として供せられることになんら異論はありません」

議長が尋ねた。「クリーガー氏が言及した陳述書への書き込みについて意見のある委員はいますか？」

マクドナルドが発言した。「陳述書に書き込まれたメモに関するクリーガー氏の意見は正しく、われわれとしても、彼が指摘した箇所に従って、書き込まれたメモを削除するなど彼女の陳述書を訂正すべきではないでしょうか。私には、誰がそれらを書き込んだのか分かりませんが、証拠物件として、そうしたメモは削除しておくべきでしょう」

クリーガーが意見を述べた。「私は削除してほしいと言っているのではありません。それらも証拠の一部なのです。議長、私は削除すべきだと思いません。私はそれらを残しておきたい。強くそう希望します。削除すべきではないのです」

議長が聞いた。「つまり、その陳述書に書き込まれたメモは、誰が書いたか分からないということですね」

マクドナルドも意見を述べた。「明らかにメモに書き込みがしてあります。私はどうやって当委員会がこの陳述書を手に入れたかも、委員会の委員と調査員の一体どちらが手に入れたかも定かではありません。メモが書き加えられたかどうかも、われわれの知らないところであります。彼女の手によって書かれた部分のみがわれわれの興味の対象です」

議長が意見をとりまとめた。「それでは、その陳述書は委員によって提案された制限を条件とすることで証拠として認めることにします」

こうしてロレンツの陳述書は、ＪＦＫ証拠物件百二十三号として正式に認められた。

マクドナルドが議長に言った。「議長。事務局員に手渡したコピーは、書き込まれたメモの部分が消されています。このコピーは休憩中にクリーガー氏に見てもらっており、今お手元にあるのは、メモが書き込まれているコピーです。われわれはメモを消しており、それが今事務局員の持っているコピーです」

これを受けて議長が発言した。

「いいでしょう。われわれはずっとメモについて議論してきましたから、メモに関するすべての意見は、そのメモの説明とともに記録に残しておくべきでしょう。委員会の方から最後に質問はありませんか？

クリーガー氏は、さらに説明が必要だと思われる分野に関して、いくつかの質問をしたいと主張しておられます。（クリーガーに向かって）この際、議論を展開させるための質問がありますか？」

「はい、議長。たくさんあります。まず私は、司法省、ＦＢＩ備え付けの手紙を証拠として提示したい。それらは一九七一年十月二十九日に証人に送られて来たもので、担当者であるジョン・Ｆ・マローンのサインがしてあります。マクドナルドさん。ご覧になりますか？」

マクドナルドはクリーガーのやり方にあまり賛同できずにいた。「議長。それを証拠とすることに何ら異議はありませんが、その手紙が何を意味するのか弁護人の説明を求めます。それは非常に一般的な手紙です」

反抗的なマクドナルドの態度にクリーガーが反論した。「マクドナルドさん。手紙はそれ自体、意味があるものです。証人のＦＢＩでの働きを高く評価している手紙なのです。だから、それ自体非常に意味があるのです。誰からも説明の必要のないものです」

マクドナルドはなおも執拗に意見を述べた。「議長。私も有益な証拠だとは思います。ＦＢＩに協力したという証拠にはなるでしょう。だけれども、その手紙が証人のもとに送られた理由を知るのに役立つかどうかは別問題です」

マクドナルドは依然としてロレンツに不信感を持っているのは明らかだった。

クリーガーが言った。「ならば、ご自由に彼女に質問して下さい。あなたは質問の形で証人に聞きたいのですか？」

「ええ」

「質問したければ、聞きなさい。私はその手紙を出すだけで十分ですから。質問したいのならどうぞご勝手に。そうすれば関係ないことが分かってくるだけですから」

「私の理解では、議長、五分かそこらの質問時間がありましたが、それを保留します」

議長が言った。「その手紙を証拠として認めます。証拠物件として番号が付いていますか？」

事務員のウィルズが答えた。「ＪＦＫ証拠物件百二十四号です」

ＪＦＫ証拠物件百二十四号が登録された。

これを受けて議長が宣言した。「証拠として認められました」

この後、ロレンツの弁護士であるクリーガーは、依頼人のロレンツに対する補足質問を始めムーズに進む。

る。ドッドやマクドナルドと異なり、揚げ足を取ることもないので、質疑応答も、明瞭かつス

弁護士クリーガーによる質問

クリーガーがロレンツに聞いた。「ロレンツさん。今あなたにお見せしているＪＦＫ証拠物件百二十三号、つまり手書きの十六ページに渡る陳述書ですが、あなたが自発的に書いたものですか？」

「はい、そうです」

「完成したものですか？」

「いいえ、完成していません」

「誰がこの陳述書を準備するように言ったのですか？」

「税関のスティーブ・ズカスです」

「彼はどんな人ですか？」

「彼は情報部員もしくはフロリダ州マイアミの入国管理局関税局長です」

「なぜ彼はあなたにこの書類を準備するように言ったのですか？」

「彼はダラスへの旅行の件を知っていたからです」

「誰によるものですか？」

「誰に聞いたのかは正確には知りません。シークレット・サービスの誰かです。私が保護されているときにそれを書くように言われたのです」

ドッドが割り込んだ。「弁護人、私には答えがよく聞こえなかった。もう一度質問とその答えを繰り返してくれませんか？」

クリーガーが速記者に頼んだ。「質問と答えを読んで下さい」

質問と答えが速記者によって朗読された。

「彼女は誰の旅というより誰から聞いたというように答えたと思いますが、多分そこが問題点です」と、クリーガーはロレンツの答えが質問とかみ合わなかった理由について説明、ロレンツに対して質問を再度繰り返した。「ロレンツさん。私のあなたへの質問は、ズカスが知ったのは誰によるダラス行きのことですか、というものです」

ロレンツが質問を理解して答えた。「フランクのです」

クリーガーが質問した。「つまり十一月十六日にマイアミからダラスに向かった、あの同じ八人のことを言っているのですね？」

「はい」

「ズカスは誰からその情報を入手したか、あなたに言いましたか？」

「彼はシークレット・サービスのメンバーからだと言っていました」

「だけど彼は、名前は言わなかった？」

「言いませんでした」

「私が先ほど議長に話した十二、十四、十五ページを見ると、ある部分はあなたによる書き込みではありませんね？」

「その通りです」

「ロレンツさん。あなたはウォーレン委員会の証拠物件十八号のコピーを見たことがありますか？」

「はい、あります」

「証拠物件十八号とは何ですか？」

「リー・ハーヴィー・オズワルドのノートからのページで、フィオリーニの名前が書かれています」

これはオズワルドとスタージスの関係を示す重要証拠だった。

クリーガーが質問した。「あなたは米国市民ですか？」

「はい、そうです」

「あなたの母親も米国生まれですか？」

「はい、そうです」

「CIAに最初に雇われたのはいつですか？」

「私は一九五九年、五九年の終わり、それに六〇年の初め、CIAの準部員でした」

「誰がCIAの仕事のためにあなたを雇ったのですか？」

「フランク・フィオリーニです」

「誰があなたの上級担当部員だったのですか？」

「フランク・オブライエンとフランク・ランドクィストです」

「最初の仕事は何だったのですか？」

「フィデル・カストロから、彼のファイルから書類を盗むことです」

「そのとき、あなたはハバナを基地にしていたのですか？」

「いいえ。ニューヨークとマイアミです」

「どれだけの期間、ＣＩＡに雇われていたのですか？」

「約一年です。一九五九年八月から一九六一年まで」

「あなたと一緒にした仕事以外で、フランク・フィオリーニがしたＣＩＡの仕事について彼と話したことがありますか？」

「はい」

「あなたは、彼がやったＣＩＡのほかの仕事を知っていますか？」

「はい」

「どんな仕事ですか？」

「ラファエル・トゥルジロ〔注：ドミニカ共和国の専制君主〕の暗殺、武器庫襲撃、反カストロ部隊への武器調達」

これから分かることは、スタージスが武器庫襲撃だけでなく要人暗殺など殺しのプロでもあったということだ。

「フィオリーニの直属の上司は誰ですか？」

「エドゥアルドです」

手続き論議

この時点に至るまでクリーガーとロレンツは、あらかじめ用意した紙を読んでいた。それは正確を期するため二人で相談して書いたものだったが、マクドナルドが嚙みついた。「すみません、議長。邪魔したくはないのですが、弁護士と証人はただ、用意された質問と答えの紙を読んでいるだけです。多分、その紙を提出してもらえば、それで時間の節約ができると思いますが」

クリーガーが反論した。「マクドナルドさん。時間が少しは節約になるかもしれませんが、これらの質問と答えには、これまで明らかにされていなかったことがあるのです。私は何も、既に記録されている証言をここでまた繰り返し聞くつもりはありません。私が聞いている質問は、証人と私の間である程度この公聴会のために用意されたものですが、いまだに質問されていない新しいものです。この委員会に記録として残すべき大事な事柄ばかりだと感じています。この大量な書類の中には既に質問されたものもあります。だからこそ、書類を提出せずにこうして質問しているのです」

ドッドが議論に参戦した。「それではその書類を使わずに、ただあなたが質問して彼女が答えるだけでもいいではないですか。時間が掛かるというのなら、それはそれでいい。ここは劇の製作現場ではない。答えを導くには、そんな脚本を読むよりずっといい方法がある。だから、議長。紙を読まないように言って下さい」

クリーガーがなおも紙を読む方式に固執した。「議員、これは、どんなに想像力を働かせても、脚本とは違います。今、私たちはあなた方の前にこの証人が知っている真実と事実をもたらそうと努力しているのです。それにはこれが一番手っ取り早くて簡単な方法なのです」

ドッドが反駁した。「私は簡素さを議論しているのではない。私は、われわれが真実を把握するのにそういう方法が役立つとは思えないという事実を議論しているのです。あらゆる正当な観点から、あなたは質問をし、証人が答えるという方法にしてもらいたい」

クリーガーは引き下がらなかった。「それはまさに今、彼女がやっていることではないですか」

ドッドが怒りをぶつけた。「その紙をどけなさい」

「いやです」とクリーガー。

議長が間に入ってクリーガーに聞いた。「あなたはその書類を証拠として提出するつもりですか？」

クリーガーは答えた。「するつもりはありません。証人自身の声による答えにより委員会が恩恵を受けることができるよう、このまま直接質問し答えるというスタイルを続けたいと思います。そうすれば必要な情報をあなた方は手に入れることができると確信しています。私の経験から言って、こんなにも大量な書類を提出したら、要点が分からなくなってしまうでしょう」

事態を収拾しようとフィシアンがクリーガーに質問した。「弁護人、質問がどれだけかかるか聞いてもよろしいかな？」

クリーガーは「約十五分で終わるでしょう」と答えた。

ドッドが提案した。「議長。こういうのはどうでしょう。弁護人が質問書を読みたければ、それはそれで構わない。だけど、証人は答えを読んではならない。そうすれば私は異議を唱えるつもりはない。しかし、答えを棒読みにするのはどうしたって認められない。どういう意図があるのか知りませんが、そんなことをしたら、物笑いの種になるだけだ」

クリーガーはなおも主張を曲げずに言った。「全くその反対です、議員殿。事実を知るには、これが一番早くて簡単な方法なのです」

最初からクリーガーのことを気に入らなかったドッドが皮肉を込めて言った。「一番早くて簡単な方法が最善であるのは、極めて希だ」

クリーガーがこれに答えた。「これが最善の方法です。信じて下さい。私の三十年の経験がそう言っているのです。法廷弁護士としての三十年の経験です」

議長が再び間に入った。「証人自身の弁護士により直接尋問や反対尋問を行うようなことは、当委員会の規則を実際に逸脱しています。だけれども、厳密な規則解釈よりもわれわれの前にすべての事実が明らかにされることの方が良いことも事実だと思います。ドッド氏が指摘していることは、われわれは弁護士が質問されるにやぶさかではありませんが、証人には直接答えていただきたい、ということなんです。つまり答えをただ棒読みにするのはどうも好ましくない。もし弁護人が証人の記憶を新たにしたいがために紙を見るのはいいとしても、ただ答えを読むのでは、それが適正であるとはいえませんな」

ドッドが結論を出した。「私は証人と弁護士が質問と答えをあらかじめ準備してやりとりをしていたと記録にとどめたかっただけです。でもこれからは、弁護士の質問に対しては、証人は紙など読まずに自分の言葉で答えることを求めます」

クリーガーとロレンツはそれに従った。

こうして委員会委員とロレンツの弁護士との手続き論議は一応決着した。

ロレンツとテロリスト集団

クリーガーが質問を再開した。「ロレンツさん。あなたはアルファ66と呼ばれる組織の革命行動家の一員として反カストロ運動にかかわったことがありますか？」

「はい、かかわっていました」

「誰がその作戦のためにあなたを雇ったのですか？」

「アレックス・ロークとフランク・フィオリーニです。それに反カストロ国際旅団も」

「反カストロ運動のための訓練に関連して使った資金を、フランク・フィオリーニは誰から得ていたのですか？」

「エドゥアルドからです」

「エドゥアルドを個人的に知っていましたか？」

「はい、何度か彼と話をしました」

「エドゥアルドは別の名前でも知られていましたね？」

「ハワード・ハントです」

「あなたはどうやってエドゥアルドとハワード・ハントが同一人物だと分かったのですか？」

「ある担当部員がウォーターゲート事件の裁判の日に食卓の上に置いた写真からです。ニューヨーク・タイムズに乗ったのと同じ写真です」

「つまり、あなたはエドゥアルドとハワード・ハントが同一人物であるとは、ウォーターゲート事件があるまで知らなかったのですね？」

「そうです」

「それ以前はあなたにとって彼はただエドゥアルドだった？」

「そうです」

「一九五九年から六一年にかけて、彼とフランク・フィオリーニとは友人だったのですか？」

「はい、そうです」

「彼らは何回も会っていた？」

「はい」

「間違いなく？」

「間違いありません」

「一九五九年から六一年までの期間に、ピッグズ湾作戦の準備にあなたと参加したキューバ人はどんな人たちでしたか？」

「反カストロのキューバ人でした」

「名前を言えますか？」

「ペドロ・ディアス・ランツ、オーランド・ボッシュ。多くは生きていますが、多くは死にました」

「一九六〇年の終わりごろ、マイアミの隠れ家でオズィーに会ったと言いましたね？」

「はい」

「誰があなたに彼を紹介したのですか？」

「フランクです」

「どのフランクですか？」

「フィオリーニです」

「フィオリーニやエドゥアルド、ほかの誰でもいいのですが、彼らからオズィーがCIAに雇われていると聞いたことはありますか？」

「私はそうだと思い込んでいました。オズィーは、エドゥアルドが私たちに配った資金で買った物資を取ってきたり、使ったりしていましたから」

「彼はあなたの言うオペレーション40の一員になったのですか？」

「はい」

「あなたの知る限り、フィオリーニ、エドゥアルド、ボッシュらはダラスで何らかの作戦を計画していましたか？」

「はい、何らかの作戦を計画していました」

「それは一九六三年の秋のことですね？」

「はい」

「彼らが何を計画していると思いましたか？」

「武器を盗むんだと思っていました」

「ダラスで米国大統領を殺す計画であると、彼らのうちの誰かが当時、あなたに打ち明けたことはありましたか？」

「いいえ。彼らはいつも、ピッグズ湾事件で援護しなかったことでやつは報いを受けるだろうとしか言っていませんでした」

「ダラスのモーテルについてのあなたの証言ですが、ダラスにいる間、あなたたち八人がどう行動するかのルールを作ったのは誰ですか？」

「フランク・フィオリーニです」

「フィオリーニ以外にモーテルから外出してもいいとされた人はいましたか？」

「ペドロがフランクと外出して戻ってきましたが、私がいる間はほかに誰も外出しませんでした」

「訪問者が一人いたと言いましたね？」

「はい」

「そしてあなたはその訪問者を見たと？」

「はい」

それはジャック・ルビーのことだった。

「その当時、あなたはその訪問者の名前を知っていましたか？」

「いいえ」

「彼を以前どこかで見かけたことがあると思いましたか？」

「キューバで」

「キューバのどこです？　覚えていますか？」

「ハバナ・リヴィエラ・ホテルです」

「彼はそこで何をしていたのですか？」

「同じ人物であったか確信がありませんでしたが、当時はそうだと思いました。確かではありませんでしたが、彼は賭博場の用心棒か何かだったと思ったのです」

ロレンツは事実、ジャック・ルビーを見た可能性が強い。ルビーは五九年にキューバに渡り、当時キューバのマフィアボスだったサントス・トラフィカントと関係する賭博場の経営者をたずねていたのだ。このことはロレンツの記憶と一致した。

クリーガーは続けた。「ダラスのモーテルに現れたその男の名前を知ったのはいつでしたか？」

「私がテレビでその男の顔をもう一度見たときです」

「テレビでその男は何をしていたのですか？」

「彼はオズワルド、つまりオズィーを撃ったのです」

「その男の名前は何ですか？」

「ジャック・ルビーです」

「あなたの知る限り、その男はダラスのモーテルに、あなたが先程述べた分以外で訪ねて来たことはあったのですか？」

「私が彼を見たのは一度だけです」

クリーガーの質問はさらに続いた。

「一九五九年から六三年までの期間、フィオリーニとエドゥアルドはともにＣＩＡの被雇用者だったのですか？」

「はい、組織の人間でした」

「組織の人間とはどういうことですか？」

「フランクはエドゥアルドのことを組織の上司だと呼んでいました。組織、すなわちＣＩＡです」

「あなたの知っている限りで、デーブ（デービッド）・ウォルターズとフィオリーニとは関係があったのですか？」

「ある時点で、私の娘の父親である将軍がデイド郡の刑務所に投獄されていたときに、フランクがデービッド・ウォルターズに心臓病の仮病を使おうと持ちかけたことがあります。心臓病の仮病を使おうと持ちかけたのです。将軍が心臓病の仮病を使えば、病院に行くと見せかけてデイド郡の刑務所から出獄することができるからです。フランクはデービッド・ウォルターズに接触しました。将軍がデービッドにキューバの件で渡した寄付のこともありましたし……」

「キューバの件とは反カストロ運動のことですか？」

「カストロの脅威に対抗することです」

スタージスとケネディ暗殺

クリーガーの質問の焦点はスタージスとケネディ暗殺事件に移った。

「フランク・フィオリーニとは一九七六年に再び新たな関係を持つようになったと言いましたね？」

「はい」

「そして彼はあなたに電話をしてきて、あなたも七六年から七七年まで何回か彼と会った」

「はい」

「あなたが彼に会うときは、いつもFBIに報告しましたか?」

「はい」

「あなたはこれまで、フィオリーニに対し、ジョン・F・ケネディ大統領暗殺に関与したかどうか聞いたことがありますか?」

これは先に、ロレンツが話そうとして中断した質問でもあった。

「彼の方から自発的に話したのです。それから私は彼に聞きました。私は彼のことを信じませんでした。すると彼は家の中では話せないと言うんです。それで外に出ると、彼は〝どうしてやっていないと言えるんだ?〟と言ったのです。私は〝そんなの信じないわよ〟と言いました。彼はダンベリーのお返しに政府をやっつけてやると言っていました。というのも彼は、ウォーターゲート事件でダンベリー刑務所に十四カ月も服役しなければならなかったからです。彼は本を書いたりしませんでしたが、彼は新聞記事を書いたり、講演したりすることができました。彼は〝どうしてやっていないと言えるんだ〟と言ったのです」

これはスタージスによる告白にほかならなかった。スタージスは「お前は弾丸一つであのような損傷を作り出せると思っているのか」ともロレンツに語っている。作戦は完璧だったのだ。おそらく何かの合図で、複数の場所からケネディ大統領に向けて銃弾が発射された。しかも証言できる目撃者もほとんどすべて口を封じた。もはや誰もケネディ暗殺の背後に陰謀があったことを証明できる者はいなかった。おそらくロレンツ以外は。

クリーガーが質問した。「フィオリーニはあなたに、ワシントンにはＰＲ担当者がいると言っていましたか？」

「はい」

「彼が呼ぶいわゆるＰＲ担当者とは、誰のことですか？」

「ジャック・アンダーソンです」

既に説明したようにアンダーソンは、ケネディ暗殺はカストロがやったと信じていた。このカストロ陰謀説はまさに一部のＣＩＡと反カストロキューバ人が主張していた説だった。彼らはカストロを悪に仕立て上げることで武力によるキューバ侵攻を強引に押し進めようとしていたのだ。

アンダーソンのカストロ陰謀説は、スタージスらにとってはまさに「ＰＲ」であった〔注：ウォーターゲート事件でハワード・ハントらとともに逮捕された元ＦＢＩ捜査官ゴードン・リディによると、一九六〇〜七〇年代にＣＩＡとマフィアの密接な関係を暴露する一連の記事を書いたアンダーソンを殺害しようという計画がハントとの極秘会合で話し合われたが、結局その計画は実行されなかったという。筆者はその理由が、カストロ陰謀説を唱えているアンダーソンの「ＰＲ担当者」としての利用価値を評価したためだと思っている〕。

ところが、暗殺グループの思惑は大きく外れはじめる。リンドン・ジョンソン大統領はＣＩＡがもたらした「カストロ陰謀説」をまんまと信じたものの、皮肉なことに、それを信じたがゆえにカストロ陰謀説を握りつぶす。前年のキューバ危機を何とか乗り越えたばかりのアメリカがキューバに侵攻すれば、米ソ両大国の激突は避けられなくなることを恐れたからだ。そのためジョンソンは、カストロとケネディ暗殺を結びつけるような証拠はすべて隠蔽、ウォーレン委員会にはオズワルドの単独犯行と結論付けさせた。

だがこれは、CIA内部の暗殺グループには大誤算であった。ケネディを殺したものの、真の目的である、キューバを共産主義者カストロの手から取り戻すという「大義名分」が達せられなかったからだ。

スタージスは事件から約十四年経過した一九七七年十一月四日の記者会見で、ジョンソンがケネディ暗殺事件の〝真相〟を隠蔽したことや、ジョンソンが共産主義者の団体から支援を受けていたと吹聴する。スタージスにとって、ケネディ暗殺後キューバに侵攻しなかったジョンソンは、共産主義国家の肩をもった裏切り者に映ったのであろう。

実際には、ジョンソンは共産主義国家の肩をもったわけではなく、米ソ間の戦争、すなわち第三次世界大戦に発展することを恐れたのだ。

スタージスによる一連の発言の意味を理解するには、彼を含むCIAの暗殺グループがカストロを犯人に仕立て上げようとしたという仮説がいちばん説得力をもつわけである。詳しくは、拙著『ジョン・F・ケネディ暗殺の動機』(近代文芸社刊)を参照してほしい。

CIAの仕業

「あなたはFBIに雇われたことがありますか?」と、クリーガーは聞いた。

「私はＦＢＩの工作員でした」

「いつのことですか？」

「不規則ですが、一九六五年から一九七七年までです」

「その期間、ＦＢＩでのあなたの上司は誰だったのですか？　名前を挙げて下さい」

「ジョン・コッター、アル・チェストン、ウォルト・テイラーら多数です」

「アル・チェストンとは、アレックス・ロークがエバーグレイズで撮影した写真を渡した男性と同じ人物ですか？」

「はい」

「大体いつごろチェストン氏に写真を渡したか覚えていますか？」

「ウォーターゲート事件の裁判の後です。ウォーターゲート事件の最中は、ニューヨーク・タイムズに写真が出るまで特にそのことを気にしていませんでしたから」

「あなたはニューヨーク市警に雇われたことはありますか？」

「はい」

「どんな仕事をしたのですか？」

「情報活動から始めました。私は警察の制服を着て助手を務めたこともあります。麻薬取り締まりもやりました。それに児童ポルノや殺人の捜査など合計十年勤めました」

「あなたはウォーレン委員会で証言を求められたことはありましたか？」

「いいえ」

「あなたが知り得る限りで、ＣＩＡはケネディ大統領暗殺に何らかの形で関与していますか？」

「フランクはCIAが関与していると言っていました。フランクはCIAが彼の友達、それに私の友達を消し去ったと言っていました。フランクはCIAの仕業だと言っていました」

ロレンツにとってはCIAこそが、ケネディ暗殺の謎を解くカギを握っていると思わずにいられなかった。

「あなたの知る限り、リー・ハーヴィー・オズワルドもCIAに雇われていたのですか？」

「彼は準部員と呼んだ方がいいと思います。どちらかというと……」

ここでドッドが「あなたの言っていることが聞こえないんですが」とクレームを付けた。

ロレンツは口を少しマイクに近づけて続けた。「彼は準部員と呼んだ方がいいと思います。直接には知りませんし、彼が何かのサインをしているのも見たことがありません。ただ、彼は私たちと一緒でした。彼はオペレーション40にいたのです」

クリーガーが聞いた。「もし知っているのなら答えて下さい。彼はどうやって報酬を受け取っていたのですか？」

「ほかのみんなと同じように支払いを受けていました」

「どういうことですか？　誰が彼に支払ったのですか？」

「エドゥアルドがフランクに支払い、フランクがそれを分配したのです。残りは資材購入に充てられました」

「それは現金でしたか、小切手か何かでしたか？」

「現金でした」

「どうして、こうした人たち、つまり反カストロのキューバ人たちは、ケネディ大統領を嫌っていたのですか？」

「ピッグズ湾事件が原因です。彼らは、約束されていた空からの支援を受けられなかったからです。そのため、フランクは彼が訓練した多くの部下を失いました。彼は責任を負いながら、キューバ人と向き合わなければならなかった。彼自身はキューバに行かず、こちらに残っていましたから」

「今はピッグズ湾事件のことを話しているのですね？」

「はい。フランクはその作戦を指揮していました」

スタージスはピッグズ湾事件で上陸する部隊の訓練を担当し、スタージスの上司にあたるハントがピッグズ湾事件の作戦に関するＣＩＡの担当者だった。

クリーガーがスタージスの役割についてロレンツに念を押した。「彼は米国から指揮していた。彼はキューバ上陸には参加しなかった。そういうことですね？」

「はい」

「あなたの知り得る限りにおいて、フィデル・カストロはケネディ大統領暗殺計画に何らかの形で関与していたのですか？」

カストロに罪を被せようというのは、スタージスたちの作戦の一環だった。

「いいえ、彼は関係ありません」とロレンツはきっぱりとカストロの関与を否定した。

「フィデル・カストロ自身は、ケネディ大統領についてどういう風に思っているとあなた個人に言っていましたか？」

「フィデルは誰も憎んではいませんでした。フィデルは誰に対しても個人的な憎しみは持っていませんでした。もちろん、彼は何度か命を狙われ、それについて怒っていました。そうした暗殺の企てがあったとき、私は彼と一緒でしたからよく分かります。彼は反カストロのキューバ人との間で問題があることを知っていました。しかし、ケネディに対して個人的な憎しみは持っていませんでした。彼は彼を亡き者にしようとしているのが、いわゆるＣＩＡか反カストロキューバ人だということが分かっていましたから」

「ケネディ暗殺に関連して、あなたはこれまでに連邦や議会の委員会、あるいはほかの委員会で、証人として召喚され、宣誓証言したことはありましたか？」

「いいえ」

「今日ここで、あなたが証言しようと決めた動機は何ですか、ロレンツさん？」

「特に動機はありません。ただ、私の知っていることが、公的人物の殺人事件を解決する手助けになるならば、と考えたのです」

「私の質問はこれで終わります、議長」

クリーガーの質問が終わった。

議長による最終質問

クリーガーによる質問の後、今度は議長が最終質問をするため発言した。

「もしほかの委員に質問がなければ、私が質問したいのですが……。（ロレンツに向かって）あなたはジャック・ルビーをキューバのリヴィエラ・ホテルで見かけたと言いましたね？　それが一体いつだったか分かりますか？」

「七月二十六日運動の名誉会員としてフィデルと一緒にいた最初のころだったに違いありません。フィデルはカジノを閉鎖しようとしていました。彼は給仕たちと会合を持っていました。そのときロビーで、ジャック・ルビーを見ました。確信は持てませんが、そのときだと思います。彼はフィデルの部下に抗議していました。フィデルの部下たちは、ギャンブル台をひっくり返したり、スロットマシーンをたたき壊したりしていましたから。このことから私は、ジャック・ルビーが賭博場の用心棒か何かで、マフィアのために仕事をしているのだと思ったのです。フィデルはキューバではマフィアのような暴力組織の存在を許しませんでしたから」

「その場にジャック・ルビーはいたのですね?」

「彼は止めようとしていました」

「賭博場の所有者の代理として、ギャンブル場破壊に抵抗していたのですか?」

「はい、フランク(・スタージス)も同様でした」

「それが最初のころなのですね?」

「一九五九年八月。七月か八月です」

「ウォルターズ氏はCIAとつながりがあったと言っていましたね?」

「いいえ。フランクがCIAとつながりがあったのです」

ロレンツにとってウォルターズは単なる悪徳弁護士だった。

「私が誤解していました。私は、ウォルターズがスタージス、すなわちフィオリーニとつながりがあると、あなたが言ったと思っていました」

「フランクは銃を買っていました。彼はまた、マルコス・ペレス・ヒメネス将軍から援助金を得ていました。そうした資金は、ウォルターズを通して合法的な金にされ、フランクに渡されたのだと思います。だから彼らはお互いに知っていたのです」

ウォルターズはいわばマネーロンダリングをやっていたわけだ。実際、金の面でスタージスとウォルターズはいいコンビだった。

「ヒメネス将軍からの資金？」

「その通りです」

「スタージスへ」

「はい」

「この際、他のメンバーに質問があれば、質問をして下さい」

議長の最終質問が終わった。ここでフィシアンが質問をしたいと申し出て、認められた。

オズワルドの謎

フィシアンもマクドナルド同様、ロレンツの驚愕すべき体験について半信半疑であった。とくにケネディが殺された直後、なぜ暗殺集団とともにダラスに行ったことを警察に話さなかったのか、などとフィシアンは疑問を呈する。賢明な読者ならば、すでにその答えはご存知だろう。その細部のやりとりは、ここでは省略する。

その後フィシアンは、オズワルドとオペレーション40のメンバーによるダラス行きについて質問する。

「証人に日付の件で確認したいのです。（一九六三年）十一月十七日の夜、リー・ハーヴィー・

オズワルドとダラスのモーテルにいたということになっていますが」

依然として、ダラス行きの日にちが問題になっていた。ロレンツが思い出すように言った。

「私は十八日に発ったので……」

ロレンツも日にちについて混乱していた。

フィシアンが聞いた。「あなたたちは十六日にマイアミを出発した」

「はい」

「二日かかりましたね。つまり、あなたは十六日の朝、マイアミを発ち、ダラスに向かった。そして二日かかった。ということは、一日目の夜は運転し続け、次の夜か、次の夜のいつかの時点であなたたちはそのモーテルに泊まった。ということは十一月十八日になるでしょう」

「十一月十八日です」

「十六日の朝発ったのなら、二日かけて運転……」

「私は昼間出発したのです」

「そうですか。私に確認させて下さい」

「私はダラスに向け、昼間発ちました」

「あなたはマイアミを午前中に出発したのですか?」

「いいえ、午後です」

「午後。オーケー、ならば分かります。それではあなたたちは十六日の夜と十七日の昼間はずっと運転し、十七日の夜のいつかの時点でダラスに着いた」

「はい」

「あなたは十七日ダラスで泊まり、翌日飛行機でダラスを発った。そうですね？」

「いいえ。十九日か二十日です。正確な日にちは覚えていません」

十五年も前のことなのでロレンツの記憶は曖昧になっていた。

「では、こういう風に聞かせて下さい。ダラスのモーテルでその七人の男たちと何泊一緒に泊まったのですか？」

「二泊です。多分。それよりは長くないと思います」

「いいでしょう。それでは一九六三年十一月十六日から十九日までの間ですね？」

「はい」

「それ以前では、リー・ハーヴィー・オズワルドを最後に見たのはいつですか？」

「それ以前？」

「そう。今度は少し過去の話に戻りつつあります。それ以前で最後にオズワルドを見たときです」

「家の中です。十六日の前では、彼をボッシュの家で見ました」

「いいでしょう」

「二週間前かもしれません」

「というと、大体十一月の初めごろですね」

「はい」

「つまり、あなたは一九六三年十一月一日ごろ彼を見かけた」

「はい」

「そこからもう少し過去に遡りましょう。ボッシュの家で彼を見かける前に最後に彼を見たのはいつですか？」

「おそらく隠れ家か、訓練場です」

「隠れ家で？　あなたがビラを折っていたとかいうあの隠れ家ですか？」

「はい」

「それはいつだと言いましたっけ？」

ロレンツは少し苛立った。自分の記憶がおぼろげであることに加えて、フィシアンがあまりに細かく日時を聞き出そうとしたからだ。「正確には分かりません。でも何だって言うんです？　八月から十一月まで三カ月もあるんですよ」

フィシアンは聞いた。「ということは、八月に隠れ家で（オズワルドに）会ったのですか？」

「いいえ。八月には将軍の本国送還があったのです」

「それでは、あなたはそのときはオズワルドに会わなかった。ならば、将軍の本国送還とボッシュの家で彼を見たときまでの間に、オズワルドを見かけたことはありますか？」

「隠れ家で」

ロレンツは隠れ家でオズワルドに会ったことをはっきりと覚えていた。しかし、それがいつのことだったのか。ピッグズ湾事件、ヒメネスの本国送還、ケネディ暗殺。あまりにも多くのことがロレンツの周りで起きすぎていた。ロレンツはめまいがした。

フィシアンが言った。「そうですか。それでは、将軍の本国送還があった八月の後で、かつボッシュの家における会合の前に、あなたは彼に隠れ家で会ったのですね？」

「はい」と、ロレンツは細かい日時などどうでもいいと思って答えた。

「ということは、九月とか十月といった話をしているわけですね？」

「はい、大体その辺りです」

「隠れ家で彼に会うより前では、最後にオズワルドを見たのはいつですか？」

「おそらく訓練場か、ボッシュの家です。ボッシュの家の方かもしれません」

「エバーグレイズの訓練場で彼に会ったのは何年だと言っていましたか？」

「一九六〇年か六一年です」

「六〇年から六一年にかけて」と、フィシアンはもう一度念を押した。

「はい」

「それはピッグズ湾事件の前ですね？」

「はい」

「本当ですか？」

「ピッグズ湾事件は一九六一年四月です」

「あなたは六一年四月の前に彼を見たと確信しているのですか？」

「はい。なぜならアレックスが写真を撮っていますから」

ロレンツはフィシアンの質問にうんざりしていた。ロレンツはなぜ、フィシアンがこんなにもオズワルドに会った日にちにこだわるのか分からないでいたからだ。

フィシアンはロレンツの発言が正確かどうか知ろうとして質問した。

「その訓練の目的は、ピッグズ湾事件に参加もしくは手助けをすることだった？」

「はい」

「だからピッグズ湾事件の前に違いないということですね？」

「はい」

「あなたは、一九六一年四月に先立つ六一年初めから六三年の隠れ家で彼に会うまでの二年間に、オズワルドを見たことはありますか？」

「いいえ。だけどフランクとは接触がありました。アレックスとも接触がありました」

「今はオズワルドだけの話をしているのです」

「覚えている範囲ではありません」

「いいでしょう」

「その期間は私が将軍と一緒だった時期です」

「最初にオズワルドに会ったのはエバーグレイズの訓練場だったと証言しましたね？」

「はい、最初はそうです」

「まさに一番初め」

「一番初めではありません。一番初めは隠れ家で、その次に訓練場で彼を見たのです」

「それでは別の機会にも隠れ家で会っているのですね？」

「はい」

「いいでしょう。そしてそれも六〇年か六一年だった？」

「そうです。その早い時期です」

「六一年の早い時期ですか？」

「六〇年の早い時期です。六一年にはピッグズ湾事件があり、私は将軍と関係を持っていました。だから六〇年だと思います」

「ピッグズ湾事件の前、さらに訓練場で彼に会う前、あなたは隠れ家で彼に会っていたというのがあなたの証言ですね？」

「はい」

「それで最初に彼に隠れ家で会ったのは、ピッグズ湾事件の一年ぐらい前だった？」

「六〇年だと思います」

「六〇年のいつかということですね？」

「六〇年の終わりのころです」

「そうですか。では、あなたが言う日付が正確だかどうか再確認します。最初にリー・ハーヴィー・オズワルドに会ったのは六〇年にマイアミの隠れ家だったと言いましたね」

「はい」

「次に彼を見たのは、六〇年初めから六一年にかけてエバーグレイズのキャンプ場やいろいろな場所で訓練を受けているときだったのですね？」

「はい」

「そしてその後、再び隠れ家で彼に会った？」

「はい」

「それからダラス行きの二、三週間前の十一月の初めにボッシュの家で彼を見かけた」

「はい」

「その通りですか？」

「はい」

ロレンツはただ、うなずくだけだった。

「そしてダラスに行くときに彼に会い、ダラスでの短い滞在中にも彼は一緒だった？」

「はい」

「ほかの機会にリー・ハーヴィー・オズワルドに会ったことはありますか？」

「覚えている限りありません」

「彼に会ったというのはこれですべてですね？」

「はい」

「今言った日付についても確信している？」と、フィシアンは執拗に聞いた。

「はい。覚えている限り、ほかに会っていません」

「日付について確信できるのはなぜですか？　隠れ家で最初に会ったときからエバーグーズの訓練場で見かけたときまでの一年間で、何か記憶を確かにするものがあったのですか？」

「写真がありました。それから周りで起きた事件も」

ロレンツにとって一年前に再び見つけた写真と自分の周りで起きた事件の記憶だけが頼りだった。

「もう一度言って下さい」とフィシアンが聞いた。

「アレックスが撮った写真です。どこへ行くときでもアレックスは写真を撮っていました」

「そう」

「その写真を見たときに何もかも思い出しました。それで、それを渡したのです」

証言の矛盾

フィシアンはここまでのロレンツの証言を聞いて、ロレンツとロレンツの弁護士に翻弄されたと感じていた。フィシアンは機会が到来すれば逆襲を始めようと考えていた。その機は熟したように思えた。フィシアンにとって、オズワルドを見たとするロレンツの証言が、自分が知っている事実と異なることは明白だったからだ。その事実をロレンツに突きつけ、たじたじにさせ、さも鬼の首を獲ったかのようにフィシアンは勝ち誇りたかった。

しかし、フィシアンが本当に真相を知りたかったのなら、証人を自分の罠にはめるよりも、ロレンツがピッグズ湾事件の前にオズワルドに会ったと証言した時点で、オズワルドがその時期、米国にいたはずがないことを指摘すべきだったのではないか。ロレンツはこの委員会での証言の後、写真に関して訂正を申し入れていることを考えるとなおさらだ。

記憶の根拠になっていた写真が撮られた日付は一九六〇年ではなく、六三年の八月十八日から同年九月二十日にかけてフロリダで撮られたと訂正したのだ。写真にはフランク・フィオリーニ、リー・ハーヴィー・オズワルド、ジェリー・パトリック・ヘミング、マリタ・ロレンツらが写っていたとロレンツは主張している。

フィシアンがあえて時期の矛盾点を最初に指摘せず、反撃の機会をうかがっていたのは、おそらくロレンツを最初から信じる気になれなかったからではないか。

フィシアンが口を開いた。「ロレンツさん。あなたの弁護士は、議会の委員会の前で偽証するとどういうことになるか説明しましたか？」

「ええ、しました」

「それを理解しているのですね？」

「はい」

「それらの日付について証言を変えたいとは思いませんか？」

「いいえ、思いません」

「それらの日付について証言を変えたいとは思わないのですか？」とフィシアンはしつこく聞いた。

ロレンツの答えは同じだった。「いいえ、思いません」

「リー・ハーヴィー・オズワルドは一九六二年の六月まで、ソ連から戻ってきたことはない〔注：オズワルドは五九年十月、ソ連に〝亡命〟したことになっている。当然、これには裏がある〕という厳然たる文書による証拠があるのですよ」

フィシアンは得意になった。これでロレンツがうそつきであることが立証できると確信したからだ。

ロレンツは困惑しながら答えた。「私はそんなことは知りません」

フィシアンは言い放った。「それ故に、六〇年にあなたが隠れ家で彼に会っているはずがない。六〇年においても六一年においても、エバーグレイズで彼に会えるはずがない。加えて、それらの場所で写真を撮れるはずもなければ、その時期に撮った写真も持っているはずがないのだ」

「本当に？」

ロレンツは慌てふためくと同時に混乱した。そんなロレンツを見て、フィシアンがとどめを刺すように断言した。「不可能です」

ロレンツはなおも反論した。「そんなこと知りません」

ロレンツは本当にオズワルドが六〇年に会ったと信じていた。まさか、その年にはソ連にいたなど、ロレンツには初耳だった。

確信と疑念

フィシアンが追い打ちをかけた。「ではあなたが、日付についてなぜこんなデタラメな情報をこの委員会でしゃべったか説明してもらいましょうか？」

「私はデタラメな情報なんて話してないわ」とロレンツは怒って言った。

「ロレンツさん。私はちょっと前にあなたの証言について慎重に吟味しました。そしてあなたは、ピッグズ湾事件の前にリー・ハーヴィー・オズワルドに確かに会ったとわれわれに証言したのですよ」

「そう証言しました」

「二度も証言しましたよ」

「はい」

「リー・ハーヴィー・オズワルドはその期間ずっとソ連にいたのです」

「そんなことは知りません。知らなかったんです。私が会ったリー・ハーヴィー・オズワルドは写真の男とも隠れ家にいた男ともフランクが知っている男とも同じ人物です。彼があなたの情報によるとどこにいたか何て私は知りません。知りません。彼について言われている、そうした仮説など読んだこともないんですから」

「それは仮説などではありませんよ」

ロレンツは感情を抑えきれずに、早口で話した。「私は自分が真実を語っていると知っています。もしあなたが真実はいらないというのなら、お気の毒様としか言いようがないわ。私は無償でここに来ているのよ。何も得るものはないのよ。何も。あなたは殺人事件の捜査をやっているわけでしょう。私に喧嘩を売ったり、私を裁判にかけたりするようなことは止めてちょうだい」

フィシアンはさらに皮肉を込めて、ロレンツを突き放した。「われわれも完全で誠実な証言さえ得られればね」

ロレンツは訴えるように言った。「ちゃんと証言したじゃないですか。私はあなたたちに完全で誠実な証言をしたんです。私はほかの人のことは知りません。私には失うものはないし、隠し立てすることもありません。何もありません」

フィシアンは言った。「あなたは、隠れ家やエバーグレイズの訓練場で出会った人物がダラスで会った人物と同一であると確信していると証言しましたね？」

「実際、そうです」

「モーテルで会った人物と」

「そうです」

「同じ時期に二人のリー・ハーヴィー・オズワルドが存在するのをどう説明するのですか？」

「説明できません。だけど私は、自分が会った男のことを知っています。彼は嫌なやつで、私は彼が嫌いでした。私はここにいる必要なんて全くないんですよ。何も得るものがないんですから」

ロレンツ証言の信憑性が崩れ落ちるのを見て取ったフィシアンは勝利の味を噛みしめながら言った。「ありがとう。これで終わります」

ウソの記録

フィシアンとロレンツの論争はおそらく、委員会のメンバーの印象としてフィシアンの圧勝に終わった。彼らにとってロレンツの証言に矛盾があるのは、疑う余地がなかった。ソ連にいた人間をマイアミで見ることはできない。委員会室には奇妙な沈黙が支配していた。ロレンツ証言の衝撃度と、一体どこまでロレンツを信じていいか分からない戸惑いのような感覚が微妙に混じり合い、静かな緊張感を作り出していた。

しかし、いわゆる「文書による記録」がいかにウソで満ちているかということは、この後に紹介するエピソードからもわかる。ロレンツが一九五九年の強制出産により子供を産めない体になっていたとする医者の診断記録が、参考資料として委員会のメンバーに配られていたのである。これはウソの診断記録であった。ＣＩＡが望めば、医者の診断書だろうと出入国記録であろうと、偽造することは難しいことではない。オズワルドがどれだけの期間ソ連に滞在したかも、必要とあらば簡単に記録を改竄することができたであろう。オズワルドの出入国記録の

〝変更〟など多くのアリバイ工作の一つでしか過ぎないのではないだろうか。

朝から始まったロレンツの長時間にわたる証言も、後わずかで終わろうとしていた。その一瞬の静けさを破ってドッドが発言した。

「議長」

議長がドッドに質問を許可した。

ドッドがロレンツに聞いた。

「あなたの子供たちの誕生日はいつですか？」

それは今までの緊張をほぐすようなたわい無い質問だった。

ロレンツは気を取り直して静かに答えた。

「娘のモニカは六二年三月九日、ニューヨーク生まれです。息子は……」

「モニカは誰の娘……」

「将軍、マルコス・ペレス・ヒメネス将軍です」

「もう一度誕生日は？」とドッドが聞いた。

「六二年三月九日。息子のマーク・エドワードは六九年十二月十三日、ニューヨーク生まれです」

「オーケー。ニューヨークのドクターズ病院の患者になったことはありますか？」

「なったことがあるって……」

ロレンツはドッドが変な質問をしたので思わず聞き返した。

ドッドが質問の一部を繰り返した。「ドクターズ病院です」

「ドクターズ病院の患者ですか？」

「五九年に」

「いいえ」

「ないのですか？」

「何のために？」

ロレンツには何の質問なのか少しも見当がつかなかった。

ドッドが続けた。「ただ五九年にドクターズ病院の患者だったかどうかだけ知りたいのです」

ドッドの質問には訳があった。ロレンツ証言に先立って事前に配られたロレンツの経歴の中で、ロレンツが五九年にドクターズ病院で左の卵巣の摘出手術を受け、さらに翌年にはルーズベルト病院で右の卵巣を摘出、子供が産めない体になったと書いてあったからだ。それらはFBI情報源で信頼できるはずだった。しかし、ロレンツはその後二人も子供を生んでいる。ドッドはこの情報が正しいかどうか知りたかった。

ロレンツは質問の意図が分からないまま答えた。「いいえ、ありません」

「六〇年の初めにルーズベルト病院の患者だったことはありますか？」

「はい。五九年か六〇年のころにあります」

「その病院に入院した理由は何ですか？」

「私は敗血症にかかっていました。だけどそれがこの委員会と何の関係があるっていうんですか？」

「ただ質問をしているだけです」

「私はへたくそな中絶手術、キューバでの中絶手術〔注：実際は中絶手術ではなかったとみられる〕の結果、敗血症を患っていたんです」

「そこ（ルーズベルト病院）で手術を受けたのですか？」

「はい」

「手術の結果はどうでしたか？　その手術の目的は何だったのです？」

「私の命を救うことです」

「つまり何だったのです？」

ロレンツは答えをただ繰り返した。「私の命を救うことです」

「彼らは何かを取り除きましたか？」

「肥大したところとか、掻爬術とか」

依然としてロレンツには質問の意味がピンとこなかった。

ドッドはさらに聞いた。「ドクターズ病院の患者ではなかったという証言ですね？」

「患者ではありませんでした」

ロレンツにとってドッドの質問は全く意味をなさなかったが、当時、カストロのせいでロレンツが手術を受け、子供が産めない体になったと騒いだタブロイド紙があったことをぼんやりと思い出していた。

嘘つき呼ばわり

埒が明かなかったので、ドッドが別の質問をした。

「フィシアン氏は日付のことを持ち出しました。記録のために申し上げますが、ロレンツさん、公的な記録に残っているのです。リー・ハーヴィー・オズワルドは五九年十月十六日にモスクワに着き、六二年六月十三日の水曜日にニューヨークに戻ってきたのです」

「そのことについては、私は知りません」

ロレンツにはこう答えるしか答えようがなかった。

ドッドが続けた。「私はただ、五九年十月の後半から六二年六月という期間の重要性を認めていただきたいだけなのです。そこには二年半、いや二年半以上の年月があるということです。そして残念なことに、その期間はあなたがフロリダ州エバーグレイズの訓練場でリー・ハーヴィー・オズワルドに会ったと、この委員会に対して証言した期間と重なるのです」

「十月ですか？」

「五九年十月です」

ロレンツは依然として混乱していたので、気が抜けたようにこう言った。「私はまだキューバにいました」

「それは知っています。五九年十月にリー・ハーヴィー・オズワルドはモスクワにいて、六二年六月十三日まで米国に戻ってこなかったのです」

「それについては知りません。それが私と何の関係があるって言うの？」

「でもあなたは、リー・ハーヴィー・オズワルドを見たと証言しましたね」

ロレンツはだんだん腹が立ってきた。「いいですか、私は好きでここにいるんじゃありません。自発的に来てあげているんです」

ドッドがロレンツの突然の反応に驚いて聞いた。「何ですって？」

ロレンツははっきりと言った。「見たものは見たんです。そうでしょ。あなたがどんな情報を持っていようと私は知りません。私には全く関係ありません」

ロレンツの予想外の剣幕にドッドは「ありがとう」とだけ言って引き下がった。ここでこれ以上議論してもしょうがないと思ったからだ。

ロレンツは興奮が冷めずにさらに言った。「チェストン氏が持っている写真を探しなさい。そうすれば私は、ピノ（・ファジアン）が持っているであろうもう一枚の写真を見つけ出してあげるわ」

冷ややかで鋭利な空気が流れていた。議長が雰囲気を和やかにする口調で、他の委員に対して聞いた。「これで質問は終わりですね」

マクドナルドが議長に聞いた。「議会での投票はまだあるのですか？」

「いいえ」

マクドナルドがそれではとばかりに発言した。「ロレンツさん。私はもう一つだけ質問があります。第一に、あなたの弁護士は知っていると思いますが、あなたは二度、ここにいる必要がないと言いましたが、あなたには証人としての召喚令状が出ているのです」

ロレンツは意地になっていた。「私はずっと国外にいたってよかったんです」

ロレンツは召喚令状が出る前、自分と自分の子供たちの命を守る目的も兼ねてバハマの首都ナッソーに隠れていた。

マクドナルドはそれでも追及した。「でもあなたは召喚令状によってここにいるんです」

ロレンツが答えた。「私がここにいるのは手助けになると思ったからです。反対尋問されたり、嘘つき呼ばわりされたりするためではありません」

委員会終了

マクドナルドが言った。「ロレンツさん。あなたの弁護士があなたに質問していたとき、確かフィデル・カストロがジョン・F・ケネディ暗殺に関与したと思うかと聞かれましたね。そのとき何と答えたか覚えていますか?」

「はい」

「何と答えましたか?」

「彼が関与しているとは思わないと言いました。フィデルは暗殺事件とは全く関係ないと思います」

カストロがケネディ暗殺に絡んでいたと今でも信じている人がいることを、ロレンツは信じることができなかった。カストロ陰謀説は、スタージスが言ったように、反カストログループのプロパガンダにすぎないのだ。

マクドナルドが聞いた。「それからあなたの弁護士は、どうしてそう思うのかとたずねましたね?」

「私は、フィデルのことをよく知っているからだと答えました。私はフィデルのことを知っていると思っています」

「私はあなたの答えから、あなたがフィデルと話したことがあると思ったのです」

「暗殺の後、彼と話したかということですか？」

「いいえ、暗殺の前に、です」

マクドナルドの質問には、ロレンツがカストロの命令でケネディ暗殺に関与したかどうかをチェックする狙いがあった。

ロレンツが答えた。「暗殺の前？　フィデルの命を狙ったすべての企みについて、彼は個人的に誰かを脅すことはありませんでした。だけど、私が殺された場合には、その責任を負うものに対し仕返しをすると言っていたそうです」

ロレンツの答えが意図した内容と違ったので、マクドナルドが再び聞いた。「あなたの弁護士が、なぜフィデルがケネディ暗殺に関与していなかったと思うかと聞いた質問に対し、私が覚えているところでは、あなたがフィデルと個人的に話をしていたからだと答えたと理解しているんですが」

「いいえ、そんなことはありません」

やりとりを聞いていたクリーガーが、マクドナルドの質問にクレームをつけた。「もう一度速記者に読み上げてもらったらいいではありませんか。そうすれば彼女の答えが何だったか判明しますよ」

マクドナルドが議長に聞いた。「見つけるのに時間がかかりますか？」

議長が言った。「速記録を遡って、それを読み上げるより、質問が適切に理解できたか聞けばいいでしょう」とロレンツにちゃんと答えるよう促した。

ロレンツが口を開いた。「ケネディ暗殺の後のことですか？」

マクドナルドが時間の無駄だと思い発言した。「議長。これ以上質問しても効果があがると思えないので、質問はこれで打ち切ります。私は議長の決定に従います」

これを受けて議長が総括に入った。

「証人に対する質問はもうないと思います。

私から言いたいことがあります。証人は何度も、証言を補強するテープや、証人が少なくとも一時期所有していた写真について言及しました。さらに、フランク・スタージスがポルトガルなどヨーロッパから電話を掛けてきた事実や、証人がＦＢＩの仕事をしていたという事実についても言及しました。もし、証人がこうした事実を補強する書類を見つけたら、当委員会にとって非常に役立つでしょう。電話の記録やＦＢＩから受け取った証明書の類、さらには、あなたの証言を補強する写真やテープなど、もしこれらがあれば、委員会としてはいつでも受け入れる用意があります。

あなたの証言は非常にドラマティックなものでした。それだけに信頼性の問題も非常に重要なのです。委員会はその真相を究明したいと思っています。だからあなたが証言したことを補強する録音テープや写真、証拠書類が見つかったら、委員会としては是非ともそれらをもらい受けたい。

われわれの規則では、証言の最後に五分間、証人なり、証人の弁護士なりが意見を述べることができるようになっています。残りの時間はこの五分間ルールを適用しようと思います。証人並びに証人の弁護士はこの際、何か意見を述べられたいのであれば、発言を認めます」

クリーガーがロレンツと一言相談した後に答えた。「議長。証人も私も満足しております。

これ以上意見を述べるつもりはありません」

とにかくロレンツとクリーガーにとっては、証言することに重要な意味があったのだ。真実をロレンツが語ればそれでよかった。後は議会なり、司法当局なりが判断すればいいことだった。ロレンツは義務を果たしたのだ。その安堵感がロレンツと弁護士にあった。

議長が言った。「ありがとう、クリーガーさん。証人はこの後も召喚状が出されたままの状態にあります。今日、証人が証言されたことをさらに明確にするのに役立つであろう証拠書類、写真、それにテープの類について、われわれはいつでも受領する用意があることをもう一度強調しておきます。

今日、あなたが証言に来てくれたことを感謝します。委員会はこれで休会する」

クリーガーがこれに答えた。「ありがとう、議長」

同委員会は午後四時五十分をもって終了した。

闇と光

約七時間半もの長時間にわたるロレンツの証言が終わった。外はもう、日が暮れかかっていた。夕日がエジプトのオベリスクをかたどったワシントン記念塔の向こう、ポトマックリバーの川辺に建つリンカーン記念堂のはるか先の方へと姿を消そうとしていた。

これでよかったのだろうか——。ロレンツは今日の証言を振り返った。この証言を受けて下院特別委員会は真相究明に向かって突き進んでくれるのか。それとも、うやむやに終わってしまうのか。ただひとつだけ言えることは、真実を語るというアメリカ国民としての義務をロレンツが果たしたということだ。

やれるだけのことはやったのだ。証言できることはすべて委員の前で話した。ロレンツは自分に言い聞かせた。未来永劫隠しおおせる真実などないのだ。少なくともロレンツの証言は、国家的な陰謀という巨大な暗闇の中で真実を探り出すための第一歩を踏み出したことにほかならない。

太陽が西の彼方に完全に隠れると、闇がワシントンDCを包み込むように降りてきた。夜露を含んだ風が心なしか肌に冷たく当たった。闇の中には沈黙がたたずみ、長く停滞する気配があった。しかし、長い目でみれば、それもつかの間のことだ。ロレンツはそう思ったにちがいない。やがて朝が来れば、沈黙の闇の向こう、東の空から、キャピタル・ヒルの頭上に再び光が差し込んで来ることを疑う余地はなかった。

エピローグ

初代委員長の述懐

筆者は一九九九年四月、下院暗殺調査特別委員会初代委員長のトマス・ダウニングを訪ねた。ワシントンDCから車を三時間走らせたところにあるヴァージニア州の法律事務所でダウニングは、遠く離れた東洋から、はるばるケネディ暗殺事件について調べに来た筆者の取材に快く応じてくれた。ダウニングは今でも、ケネディ暗殺はオズワルドの単独犯行ではなく、CIAに支援されていた亡命キューバ人のグループによる陰謀であったと確信していた。

「下院特別委員会設置当初は、委員のほとんどがケネディ暗殺は陰謀であったと信じていた。委員会はきっとその陰謀を解明することができると思っていた」と、ダウニングは当時を振り返る。

しかし、委員会にも限界があった。委員長であったダウニングも、議員としての任期が途中で終わってしまい、委員長職を他の議員に譲らなければならなくなった。委員の入れ替えも何度かあった。

委員会の長期にわたる調査活動に比べて、議員の任期が短すぎたのかもしれない。その中で、CIAの息のかかった議員が委員会に忍び込む透き間が生じたのかもしれないし、あるいはウォーレン委員会のときと同様に巧妙な誘導がなされ、意図的な報告書が作成されたのかもしれない。ロレンツ証言から約八カ月経った七九年一月に出された下院特別調査委員会の報告書は、致命傷を与えたのはオズワルドだが、オズワルド以外に狙撃手がいた疑いもあるという、陰謀の可能性を匂わせる程度の内容で終わってしまった。

「(報告書は) 今ひとつ踏み込みが足らず、失望した。はぐらかされた感じだった」と、顔をゆっくりと横に何度も振りながらダウニングは言った。そこには、及ばなかった自分の力を悔やむ姿がかすんで見えた。

その後のロレンツ

委員会で発言したロレンツはその後、どのような人生を歩んだのであろうか。

自伝を読むと、その後もしばらくは波乱の人生が続いたようだ。ＣＩＡからたびたび嫌がらせを受けた。命を狙われたこともあったという。

一九七九年十月にカストロが国連で演説するためにアメリカを訪問したとき、その危機が訪れた。シークレット・サービスの男たちが、ロレンツにアメリカから出て行くよう告げた。カストロが訪米する数日前には、当時住んでいたコネティカット州のロレンツの家に銃弾が撃ちこまれ、馬や豚やヤギなど飼っていた動物が殺された。

ロレンツは子供とカナダのモントリオールまで車で逃れ、当地のキューバ大使館に保護を求めた。保護を受けていた二日間、キューバ大使館の外では、武装した情報部員がロレンツを監視していた。

ロレンツは隙を見つけて大使館を出て、今度はかつて住んでいたニューヨークのアパートに向けて車を走らせた。情報部員たちはすぐにロレンツを追った。道中は、ハリウッド映画さながらのカーチェイスであった。彼らは、幅寄せしてロレンツの車を道路から突き落とそうとしたり、ロレンツの車に向かって発砲してきたりした。ロレンツも負けまいと、撃ち返した。

命からがらニューヨークに逃げてきたロレンツを待っていたのは、すっかり荒れ果てたアパートであった。かつての住み家は物色され、火炎瓶による襲撃を受けていた。電気も止められていた。ロレンツたちはその後六週間、その暗くて寒い、廃墟のようなアパートの一室で身を潜めるようにして暮らした。

すでに〝逃走資金〟は底をついていたので、所持品を路上で売って、何とか食いつないだ。やがてその住み家からも立ち退きを言い渡され、寝場所を転々と渡り歩いた。キューバへの亡命も考えた。しかし、子供たちを連れてキューバ大使館へ向かうたびに、CIAの情報部員から殺すと脅された。

一九八〇年三月、ロレンツは彼らのマンハッタンにある事務所に呼び出され、「最後通牒」を突きつけられた。

CIAにとって、知りすぎた女であるロレンツが邪魔物であることに変わりはなかった。しかし、すでにマスコミに名前が知れ渡っているロレンツをあからさまに消すことも難しい状況であった。そこで彼らは、ロレンツに選択を迫った。CIAの下でキューバから逃れてきた難民の世話をするか、自殺するかであった。

情報部員はロレンツに銃を渡して言った。「今から隣の部屋に行って頭をぶち抜くのもよし、あるいは、お前の忌々しいボーイフレンドがアメリカの沿岸に投げ捨てるマリエリト（キューバのボートピープル）の面倒をみるもよし。どちらかを選べ」

もちろんロレンツには、自殺するつもりなど毛頭なかった。白紙のＣＩＡの書類にサインして、ペンシルヴァニア州にある、キューバ人難民キャンプに向かった。

難民キャンプ

キューバからの難民たちは、広大な予備軍基地の倉庫や兵舎に収容されていた。ロレンツの仕事は、アメリカに着いたばかりのキューバ人たちのために通訳をしたり、身元を調査したりするものだった。それは軍情報部の任務でもあった。

軍情報部は、そこにいるすべてのキューバ人が純粋な難民であるとは考えていなかった。スパイや過激派分子も混ざっていると疑っていたのだ。ロレンツは、パスポートを持っているキューバ人を探し出し、パスポートを回収したりもした。パスポートがなければ、キューバに簡単に戻ることもできなくなるからだ。

誰がドイツ語やロシア語、フランス語など外国語を話すかを調べるのも、ロレンツの仕事であった。それによって、東ドイツなど共産圏に行ったことがあるキューバ人や、アンゴラに派兵された疑いのあるキューバ人の目星をつけるのだった。軍情報部は、誰がスパイで、誰がテロリストになりそうかを注意深く、かつ入念に調べていた。そして、アメリカのためにスパイになってくれそうな人材も探していた。

こうした難民が発生した背景には、カストロが秩序の乱れを嫌い、法律や規則の適用を厳しくしたことがあった。キューバでは、反政府活動や公序良俗を乱す行為は厳しく取り締まられた。ちょっとした反政府的な落書きをした少年や、ゲイの人たちが、風紀を乱したということで刑務所送りとなった。

このためキューバの刑務所はどこも満杯となり、これ以上収容できない状態になった。そこで政治犯的な受刑者をキューバから追放したのだ。経済制裁による食糧難で、刑務所で大勢の受刑者を収容しておくわけにはいかないという事情もあった。

そうした難民は次から次へとアメリカに漂着し、マイアミからバスに乗せられて、ロレンツが働くキャンプに送られてきた。兵舎はすぐに満杯状態となり、収容者の間に軋轢（あつれき）を生み、緊張が高まっていった。

難民キャンプにおいても秩序を保つ努力が必要だった。難民たちは、早くアメリカ社会に出たいと思っていた。しかし軍当局は、彼らを自由に国内に放つことはできなかった。まず危険人物でないかどうか見極め、精査しなければならなかった。調査が終わっても、彼らに身元保証人が現れないかぎり、実質的に難民キャンプの塀の外へ出て行くことはできなかった。

難民たちの苦悩と悲劇は、保証人が見つかった後も続いた。すべての保証人が善意の人ではなかったからだ。保証人に引き取られていったキューバ人の中には、男も女も性の奴隷にさせられたり、不当に安い賃金で働かされたり、都合よくメイドにさせられたりするなど、変態性欲や搾取の対象にされた者も多くいた。まさに奴隷市場の様相を呈していた。

難民キャンプのスタッフは、保証人をふるいにかける作業に追われた。だが、保証人に連れられて外に出て行くキューバ人たちのその後をチェックする仕組みなど存在しなかった。

ロレンツが働く難民キャンプでは、キューバ難民の人口が十二万五千人に達し、もはや収容能力を大幅に超えてしまった。そこでロレンツが働くようになって八カ月後、難民を全員、アーカンソー州のフォート・チェイフィ基地に移すことになった。

フォート・チェイフィ基地は、前のキャンプ地よりも気候は穏やかで、敷地も広大だった。軍関係者や国際救助委員会、赤十字などが応援に駆けつけ、難民の整理や苦情・要望の相談に当たった。

難民の受け入れ態勢は前のキャンプ地よりも整っていた。だが難民にとっては、リクリエーション施設や教育施設もない、鉄条網で囲まれて混みあった収容所であることに変わりはなかった。いつ外に出られるかもわからない、精神を追いつめる牢獄のようでもあった。

やがて、退屈と不安と絶望に耐え切れなくなる難民も出てきた。ロレンツのようにスペイン語を話せる衛兵も少なかったことから、難民と衛兵の間で小競り合いがしばしば発生した。キューバの出身地別にグループを作って抗争を繰り広げたり、宗教的儀式に没頭するようになったり、キャンプ地から脱走したりする者も後を絶たなくなった。

しかし、収容施設から脱出できたとしても、キャンプの周囲の町やコミュニティが歓迎してくれるわけでもなかった。最初は好意的だった周囲の人たちも、保証人に引きとられて外に出てきたキューバ難民が殺人や強盗を犯したことがマスコミに大々的に取り上げられるようになると、態度を一変させた。キューバ人は厄介者だという先入観が生まれ、犯罪に走るキューバ人が実はごく少数であったにもかかわらず、キューバ人はすべてコミュニティの敵であるとみなす風潮が出てきた。

アーカンソーが、白人至上主義者の集まりである、悪名高いクー・クラックス・クラン（KKK）のお膝元であることも事態を悪化させた。KKKはキューバ人を憎み、隙あらばキューバ人を退治しようと考えていた。基地から脱走したキューバ人は、その対象となった。

彼らは〝射撃大会〟を開き、脱走キューバ人を闇に葬り去ることもあった。一般のキューバ人五点、性病にかかっているキューバ人十点、重罪犯のキューバ人十五点、スパイのキューバ人二十五点などと得点を設定して、文字通りキューバ人狩りを楽しんだ。

KKKの共鳴者は、キャンプの警備員や衛兵の中にもおり、殺されたキューバ人に関する書類が〝紛失〟することもあった。被害者の記録がなければ、犯罪として捜査することもできなかった。

キャンプ地内の悲惨な生活は続いていた。被害者は多くの場合、子供や女性といった弱者であった。彼らはしばしば、性欲と暴力のはけ口とされた。衛兵も弱者の味方ではなかった。騒ぎ立てる子供や暴れる者はみな、棍棒で叩かれたり、強力な鎮静剤であるソラジンを注射されたりした。

自殺や虐待や病気で、いったい何人の子供たちが犠牲となったのだろうか。ロレンツの目の前で、何人ものキューバの子供たちが息を引き取っていった。ロレンツはそのたびに、やり場のない怒りでいっぱいになった。

キャンプ場で一年半ほど働いた後、ロレンツはニューヨークへ戻った。しかしキャンプ地でみた惨状は、目に焼きついていた。義憤に似た感情がフツフツと湧きあがり、居ても立ってもいられなくなった。

折しも、民主党のカーター政権誕生でキューバへの渡航制限が緩和された時期でもあった。ロレンツは一九八一年九月、カストロに会うためにキューバへと向かった。

キューバ再訪

案の定、キューバのホセ・マルティ空港で、ロレンツは足止めを食った。お尋ね者の女スパイが、性懲りもなく二十一年ぶりにキューバの地に戻ってきたのだ。

士官六人とカストロの顧問団が、代わる代わるロレンツを尋問した。尋問されながら、ロレンツは心の中で叫んでいた。「殺したければ殺しなさい。どうせアメリカに帰ったらCIAに殺されるんだから」

ロレンツにとっては決死の覚悟であった。なんとしても、キューバの子供たちの窮状をカストロに直接訴えたかった。カストロの厳しい法執行が、アメリカでの悲劇を生んでいる。ロレンツは尋問者に対して何度も繰り返して言った。「フィデルと二人だけで話をさせて」「伝言して欲しくてキューバまで来たわけではないわ」「いいえ、私は誰かに言われて来たのではありません」

尋問者たちは、ロレンツの処遇を決めかねていた。ロレンツはベンチで六時間も待たされた。水が欲しいと言うと、衛兵はマシンガンを床に置いて、グラス一杯の水をもってきてくれた。その衛兵の雰囲気から、ことがうまく運びそうな気がしてきた。

さらに三十分が過ぎた。突然ドアが開き、軍服を着た保安・検閲担当の士官二人が入ってきて告げた。「ロレンツさんですね？　われわれと一緒に来てください」

ロレンツたちは車に乗って、ハバナの街を抜けた。街中には「チェ、万歳!」「カミロ、万歳!」などと書かれたポスターが貼られていた。二十二年前に初めて嗅いだ、異国のジャスミンの香りも漂っていた。懐かしい街並み。やがて車は、見事に手入れされた並木道を通って、屋根に衛星受信アンテナが立っている一軒の家の前で停まった。

二人の衛兵がロレンツのスーツケースを持って、その家の中へ入っていった。ロレンツも二人に続いて中に入った。扇風機がブンブンと、うなりをあげて回っていた。見知らぬ老人が近づいてきて、ロレンツの手を取って、その手にキスをした。それから彼は、ロレンツの両手を深く握り締めて言った。「セニョーラ、ようこそキューバへ。お帰りなさい」

衛兵はロレンツを、階上にある「移民の館」という綺麗な部屋へと案内した。衛兵がロレンツのスーツケースを下へ置いた。ダブルベッド、ナイトテーブル、バスルームのある部屋だった。兵士の一人が、カストロがこちらに向かっているところだとロレンツに告げた。

灰皿には半分ほど吸い掛けた葉巻が置いてあった。誰が吸っていた葉巻だろうか。カストロはアメリカのメディアのインタビューで、健康に悪いから禁煙したと話していた。

ロレンツは、兵士に向かって聞いた。「彼はまだ吸っているの?」

兵士は答えた。「ええ、でも小さな葉巻を吸っています。大きな葉巻の数は減らしています」

やがて遠くから足音が聞こえてきた。緊張が走り、部屋にいた兵士たちはたちまち気をつけの姿勢をとった。

カストロとの再会

ロレンツはドアの正面にあるベッドの端に、背筋を伸ばして座っていた。足音がドアの前で止まった。カストロがドアを開ける前から、懐かしい葉巻の匂いが部屋に漂ってきた。

部下を引き連れたカストロが部屋に入ってきた瞬間、ロレンツは思わずベッドから立ち上がった。カストロは立ち止まり、ロレンツを見つめ、ロレンツも凍りついたように動かずにカストロを見つめた。カストロが衛兵たちに向かって命令した。「もういいぞ」

ロレンツは再び、ベッドの端に腰をおろした。これまでのいろいろな思いが交錯して、何と言ったらいいかわからなかった。とにかくロレンツは、カストロをかつて殺そうとした危険極まりない女スパイなのだ。正直、カストロがまさか会ってくれるなどとは思っていなかった。

衛兵たちが部屋の外へ出て行くと、カストロは自分でドアを閉め、ロレンツを再び見つめた。緩やかな沈黙。時間が静かに回りだす。カストロとロレンツの間には、二十一年間の空白が横たわっていた。カストロの髪は少し白くなり、お腹の周りには贅肉がついていた。しかしそれ以外は、あのときのままであった。

ロレンツが沈黙を破った。

「久しぶりね。何年も会えなくて寂しかったわ」

カストロは部屋を少し歩き回った後、ロレンツに手を差し伸べ、ロレンツの手を握り締めた。

「お帰り、私のかわいい暗殺者くん」

ロレンツは微笑み、カストロは口を開けて笑った。徐々にではあるが、五九年当時の二人の記憶や感触がよみがえってきた。二人とも何も言わず、ただ声を上げて笑った。そして無言でただ抱き合った。懐かしい、あのときの抱擁そのままであった。心の中で、涙があふれそうになった。

「時間がたちすぎたわね、フィデル」

「お前はまだ生きているじゃないか」

「あなたもね。私に感謝しなさいよ」

「ああ、わかっているよ」

ロレンツは難民キャンプでの悲惨な子供たちの話を切り出そうとした。しかし、カストロに再会したことによって湧きあがる圧倒的な感情のほうが勝ってしまう。

「フィデル、あなたは私に借りがあるわ」

「え、何て言ったんだい?」と、カストロは聞き返しながら、ロレンツを抱きしめた。

「もう昔の話よ、フィデル」

「ああ、お互い、とても若かったな」

「あなたのせいで、私の評判は台無しになったわ」と、ロレンツは話を続けた。赤ん坊を奪われたロレンツは、「独裁者の哀れな愛人」として反カストロのプロパガンダに利用され、暗殺失敗の落伍者としてキューバ侵攻作戦の駒にされそうになった。

カストロはすぐには答えずに、ロレンツの肩に手を回した。そして、おもむろに言い返した。

「お前はどうなんだ? お前は? お前はペレス・ヒメネスのもとに走り、やっと関係を持った。あいつは、ハゲでデブの醜男だ。それなのにお前は、あいつの子供まで産んだ」

ロレンツは不意を突かれた。ヒメネスの話を持ち出されるとは思わなかったのだ。

「ペレス・ヒメネスのことは言わないで」と、自分の狼狽を取り繕うように言った。

カストロは顔をそむけ、ロレンツに背を向けた。カストロが憎み蔑んでいたベネズエラの独裁者の愛人になったことに対する無言の抗議であった。

ロレンツは半ば開き直って言った。

「そうよ！　確かに私は彼の子供を産んだわ！　でも、私はあなたの子供も産んだはずよ。あの子はどこにいるの？　私がここに来たのは、お互いのロマンスの話をするためではないわ」

カストロは窓辺に歩み寄り、やがて厳かに言った。

「ペレス・ヒメネスと関係をもったこと以外は、不問に付そう」

これに対しロレンツはたたみかけるように言った。

「フィデル、愛していたのよ。多分今でも、私はあなたを愛しているわ。でも、私がどんなに苦しんだか想像できる？　さんざんなぶられた挙げ句、アメリカ政府の捨て駒になって。そのような中で、二人の子供を育て上げたのよ。それが簡単な人生だったと思う？」

「二人の子供だって！」

「そうよ、二人よ。一人はヒメネスの子、もう一人は、あなたが知る必要もない人の子で、男の子よ。ここに来たのは、お互いの私生活について話すためではないわ。別の理由で来たのよ。第一に、あなたはとても元気そうで、私は離婚している。ここに戻ってきて暮らしてもいいと思っているわ」

「ここでずっと暮らすつもりか？」

カストロには、ロレンツがキューバに戻ってきた理由がわからなかった。永住する目的で来たのか、あるいは誰かに頼まれて来たのか。

「フィデル、私にはアメリカに二人子供がいるわ。私は誰かの代理でここに来たわけでもなければ、どの情報機関に頼まれてきたわけでもない。私は私よ」

「そうであればいいがな」

「私は帰ったら、多分殺されるわ。CIAは私がここに来たことを知っているもの」

「帰る必要はないさ。ここにいればいい！」

「カーター大統領が渡航制限を緩和しなければ、私はここに来ることができなかった……」

「彼はいい男で、好感がもてる。私はケネディのことも好きだった。カーターも好きだな」

そう言い終わるとカストロは、部屋の中を歩きはじめた。

ロレンツはずっと、カストロに言わなければならない言葉を探していた。だが、なかなかきっかけがなく言い出せない。そこでとりあえず、葉巻の話をすることにした。

「まだ大きな葉巻を吸っているのね。ニューヨークの新聞には、禁煙をしていると書いてあったわ」

「アメリカの報道などそんなものだろう」

こうしたたわいないやりとりが続いた後、カストロがロレンツに言った。

「お前は相変わらず、とてもきれいだ」

「そう、あなたが愛する殺し屋が戻ってきたのよ。殺したければ殺してもいいわ」

「やめてくれ！　そんなことはしない。なぜ戻ってきたんだ？」

「あなたを殺すためかもしれないわよ。三百万ドルでね。あなたの部下たちは私のバッグの中身を調べもしなかったわよ」

「お前にはできないよ。するつもりもないだろう」

「変わってないわね、フィデル。今も自信満々ね！　あなたがキューバのために成し遂げたことは素晴らしいと思っているわ」

そう言うとロレンツは、ベッドに腰をおろして気を落ち着け、いよいよ意を決し、本題に入った。

「どうしてここに来たかわかる、フィデル？　この二年間というもの、あなたのことをずっと考えていたわ。私はその間、軍の施設でキューバ難民の世話をしていたのよ。そこで死んだ人たちのことを思うと、涙が止まらないわ」

「何があったんだ？」とカストロは聞いた。

「どうしてあんなに多くの難民をアメリカに送り込むの？」

「食料が不足しているし、刑務所も定員オーバーだ。みなの面倒をみることはできない」

「フィデル、六百人の子供が……」

「反乱分子の子供、必要とされていない子供、私が養うことができない子供だ」

「いいわ。そうだとしても、彼らがアメリカで、どのような目に遭ったかわかる？」

自分が見放した子供たちが、アメリカでもっと悲惨な境遇にいる――そう聞いて、カストロは一瞬、言葉を失った。ロレンツの隣に腰掛け、目を大きく見開いて「どうなったんだ？」と聞いた。

感情があふれ出し、ロレンツは一気にまくし立てた。

「自殺した難民のいったい何人が、最期にあなたの名前を呼んで死んでいったかわかる？　肌の色が違うという理由で殺された難民がいるのを知っている？　私はあなたを糾弾するために来たのよ。私はあなたに、私が感じたように苦しんで欲しいの。あなたの名前を呼びながら私の腕の中で息を引き取った子供の苦しみを感じて欲しいの。〝フィデルに愛しているって伝えて〟と、自殺した十六歳の男の子が血で書いたシーツをあなたに渡したいの。あなた宛てよ。あなたが見捨てた子供の一人からよ。あなたを殴ってやりたかったわ。この二年間、私が流した涙をあなたの目からも流させたいわ。悪いキューバ人もいれば、いいキューバ人もいたわ。でもみんな、キューバの血が流れていたのよ。六百人の孤児、それに独身男性や家族たち。彼らはあなたのキューバ人だったのよ。フィデル！　あんなに多くの人々を追放するなんて、キューバはいったいどうなってしまったの？」

隣に座ってじっと聞いていたカストロは、ロレンツの話が終わると立ち上がって、言った。

「彼らは国を出たがったので、行かせてやったのだ」

「あなたが間違ったことをやったのかどうかはわからない。私はただ、私が覚えている多くの、多くの子供たちの言葉を伝えたいの。撃ち殺された小さな男の子たちのことを伝えたいのよ。彼らに対する虐待のこともね。私が言わなければ、あなたは一生気づかないままだわ」

「私の閣僚評議会と話をするかい？」

「やめてよ。あなたがキューバでしょ！」

　カストロもようやく、事態の深刻さを理解したようであった。少なくとも、ロレンツの言葉に突き動かされたことは確かだ。カストロは無言のままロレンツの顔を見つめ、手をつかんだ。

「お前の子供たちをキューバに連れておいで。家はある。すべてを揃えておこう」

「今となっては、子供たちも付いて来ないでしょうね。もう大きくなったし、観光でなら来るかもしれないけど。それよりフィデル、私にはもう一人、私の手で育てられなかった男の子がいるはずよ。あなたのもとにね。その子のことについて教えてちょうだい。知りたいのよ、フィデル。私の心にはポッカリと大きな穴が開いているわ。あなたが私の母との手紙のやりとりで、私とあなたに似た男の子の写真を送ってきたのを知っているわ。その子は今どうしているの？」

　カストロは部屋の中を歩き回りはじめた。明らかに動揺しているようであった。ロレンツはたたみかけた。「教えて。私たちの男の子のことを。あなたと私の血が流れている子供のことを」

「キューバで生まれた子はみな、父親のものだ」

「答えになっていないわ。それはあなたが作った革命法の話でしょ。どの子供にも母親がいるわ」

　カストロはこぶしを握り締めた。ロレンツが子供のことを持ち出したことで機嫌が悪くなったようであった。ロレンツはこれ以上怒らせてはまずいと思い、言葉を補った。

「子供に会いたいの。生きているの？　お願いよ、フィデル！」

「あの子はお前のものではない。キューバの子だ」

わが子

「少しだけでも会うことはできない？　それとも国際的な事件がお望み？　私は明日銃殺にされても構わないわ。ただ、彼が元気で生きているか知りたいのよ」とロレンツは言った。

「もちろん！　彼は元気で生きているよ」

「わかったわ。私の望みは彼に会いたいだけ。彼に会いたいわ、フィデル。それは母親の権利よ」

「お前にはほかに二人の子供がいるだろう。この子は必要ないはずだ」

カストロは腹立たしげにドアの方に歩いていった。ロレンツは出て行こうとするカストロの腰にすがりついた。

「フィデル、お願い。教えてくれるだけでいいの」

ロレンツは泣き出していた。

「マリタ、あの子を国外に連れ出させるわけにはいかないんだ」

「フィデル、アメリカに連れて帰るつもりはさらさらないわ。会うだけでいいの。せめて一目その子に会わせて。そうしたら帰るわ」

カストロは答えずに、バルコニーに出て葉巻をふかした。ロレンツもカストロの後からバルコニーに出た。「私は女よ。母親でもあるわ。あなたの命を救ったこともある。取引をしたいだけ。息子に会わせて。そうしたら二度と迷惑はかけないわ。私たちのことがアメリカのマスコミに書かれてしまったことは謝るわ。アメリカのマスコミはいつもこうなのよ」

カストロはずっと黙ったまま、考え込んでいるようだった。カストロとロレンツはしばらく、CIAのことや、ロレンツの娘のことについて言葉を交わした。やがてカストロはロレンツの腰に腕を回し、ロレンツはカストロの肩に頭をあずけた。だんだん心が打ち解けてくるようであった。

カストロが口を開いた。「マリタ、階下にいた老人が息子のことを話してくれるよ」

「私たちの息子よ」

「彼は元気だよ。だが私の息子だ」

「わかったわ。一目会いたいだけなの。それ以上は求めないし、今後連絡を取ることもしないわ。だから彼に会わせて」

カストロはロレンツの肩に手をかけ、ロレンツを抱きしめて言った。

「一度だけ、彼に会わせよう。彼はいい子だ。彼は医者だ。お前も誇りに思うだろう」

「医者ですって?」と、ロレンツは思わぬ言葉を聞いて、涙があふれてきた。「何の医者なの?」

「小児科の医者さ」

「私がなりたいといつも思っていた職業よ」

「彼はいい子だ。階下にいた老人が育ての親だ。ちょっと待ってくれ」

カストロはそう言うと、ドアを開け放したまま部屋から出て行き、隣の部屋に向かって「アンドレ!」と叫んだ。

「アンドレですって?」

ああ、それが息子の名前なのだ、とロレンツは思った。

涙の対面

アンドレはおそらく休んでいたのだろう。慌てふためいた様子で部屋に入ってきた。ロレンツにとって赤ん坊の泣き声の記憶しかない息子は、成人した長身の若者になっていた。白い肌に黒のカーリーヘア。カストロそっくりの鼻に、ロレンツに似た目と口。一目で自分の子だとわかるアンドレが、ズボンのジッパーを上げながら、そしてベルトをズボンに通しながら母親の目の前に現れたのだ。ちょっと滑稽な出会いであった。

「お前に紹介したい人がいる」と、カストロが息子に言った。

ロレンツは再びアンドレをまじまじと見つめた。カストロの面影。二十二年前の記憶。涙が止まらなくなった。

カストロはドアを閉めると、再びアンドレに向かって「この人だよ」とでも言うようにジェスチャーでロレンツを示した。

アンドレは姿勢を正し、礼儀正しくロレンツの手を取り挨拶した。

「はじめまして」

ロレンツは相変わらず、さめざめと泣いていた。すかさずアンドレが言った。

「ああ、セニョーラ、どうか泣かないで下さい」

ロレンツはアンドレをただ抱きしめた。アンドレは戸惑っていた。「この女性は頭がおかしいのか？　なぜこんなにも泣きながら、私を抱きしめるのだろう」といぶかしがっているようだった。

カストロは一度、二人から遠ざかり、再び戻ってきてアンドレに告げた。

「お前の本当の母さんだよ」

アンドレは明らかに驚いた様子だった。実の母親との初めての出会い。父親から話では聞いていた母親が急に目の前に現れたのだ。一瞬アンドレは凍りついたようになった。

やがて、アンドレは口を開いた。

「お母さんと呼んでもいいですか？」

ロレンツにとって、それは願ってもない申し出であった。

「もちろんよ。あなたに会いたかった。あなたのお父さんが会わせてくれたのよ。あなたの人生を邪魔するつもりはないわ。ただ一目会いたかったの」

「パパが以前、話してくれました。会えてうれしいです」

「私はあなたに会ったことがないのよ。オムツを替えたこともなければ、おっぱいをあげたこともない。私は薬を飲まされて、連れ去られたの。私はあなたが死んだものだと思ったわ。私にはほかに二人子供がいるの。男の子と、とてもきれいな女の子よ」

「えっ！　本当ですか？」

ロレンツはアンドレの顔を両手で包み込み、見つめた。

「こんなに立派に育ってくれて、うれしいわ。それ以上、言葉が見つからないわ」

アンドレが答えた。

「大丈夫です！　何も言わなくても。あなたに会えて本当にうれしいんですから。パパから聞いていいます。でも僕には別の両親もいるんです。階下にいる老人は大学教授です。私は軍人ではなく、医者になりました。命を救いたいんです。僕もパパも、その仕事を誇りにしています」

ロレンツはベッドに座って、アンドレに言った。

「あなたにあげたいものがあるの。母親らしいことは何もして上げられなかったから、その埋め合わせをしたいの。何かあげなくっちゃね」

「そんなことはいいです。何でも持っていますから」

ロレンツは息子に会えるかもしれないと思って、テープレコーダー、ポラロイドカメラ、ジーンズ、スニーカーをスーツケースに入れて、持ってきていた。目ざとくポラロイドカメラを見つけたカストロが、ロレンツとアンドレに割り込んできて言った。

「いいだろう。アンドレにはテープレコーダー、そして私にはカメラだ」

奇跡のような笑顔が三人を包み込んでいた。

ロレンツの消息

数奇な半生を送ったロレンツの物語も、幕を閉じるときが来たようだ。ロレンツの自伝は、この三人の団欒（だんらん）の場面で終わっている。そのため、その後ロレンツたちの間でどのような会話が交わされ、また別れがあったかなどの詳細はわからない。おそらくは、息子とカストロに最後の別れを告げて、そのまま後ろ髪をひかれるようにして、二人の子供が待つアメリカへ戻ったのだろう。しかし厳密に言えば、三人の団欒が実際どうであったかも含め、すべて推測するしかないのである。

その後のロレンツの足取りについては、点と点をつなげるような断続的な情報しかない。しかし、その中でも特筆すべきは、スタージスの上司である元ＣＩＡ情報部員ハワード・ハントの民事裁判で果たしたロレンツ証言の役割であろう。

きっかけは、保守系の雑誌『スポットライト』が報じたケネディ暗殺事件に関する記事であった。ハントがケネディ暗殺事件にかかわっていたとＣＩＡ上層部が認めはじめたと報じたのだ。これが闇の勢力によるトカゲの尻尾切り作戦の一環であったのか、あるいは独自取材による本当のスクープであったのかはわからない。

反撃に出たのは、ケネディ暗殺犯呼ばわりされたハントであった。ハントは早速、発行責任者である「リバティ・ロビー」を相手取り、名誉毀損の民事裁判を起こした。一審でハントは勝利したが、すぐに再審が決定。ＪＦＫ暗殺研究家であるマーク・レーンがリバティ・ロビー側の弁護を引き受けることとなり、ハントがケネディ暗殺事件に関与していたかどうかを審議する前代未聞の裁判となった。

メディアが注目するなか、一九八五年二月六日に判決が下された。その判決は、意外であると同時に衝撃的であった。陪審員は被告のリバティ・ロビーの勝訴とし、ハントの訴えを退けたのだ。その際、陪審長のレスリー・アームストロングは、被告側が提示した証拠によりＣＩＡがケネディを殺し、ハントがその中心的役割を果たしたと確信したとの意見を述べている。そして、その決定的な証拠の一つが、ハントがスタージス率いる反カストロ暗殺団とともにケネディ暗殺直前にダラスにいたとするロレンツ証言であったのだ。

その八年後の一九九三年、ロレンツはスパイ活動と愛の遍歴を描いた自叙伝『マリタ』を出版、話題となった。日本でも一九九七年に訳書『諜報員マリータ』（新潮社）が出版された。

ロレンツはその後一九九七年ごろまで、メリーランド州ボルチモアで、姉のヴァレリー・ロレンツが経営するギャンブル依存症患者の矯正施設で働いていたことがわかっている。そのころロレンツは、森の中の庭付きのコテージで平穏に暮すことを夢見ていたという。

筆者は米国滞在中の一九九八年秋ごろから一九九九年春にかけて、ロレンツとコンタクトを取ろうとしたが、結局居場所がわからずじまいだった。そのころロレンツは、ニューヨークの貧困層が住む地区の薄暗いアパートで生活保護を余儀なくされるような暮らしをしていたらしい。ロレンツは股関節をかなりひどく痛めていたが、手術をするだけの貯えがない状態だったという。

そのようなロレンツをドイツ人映画監督ウィルフリード・ハイスマンが見つけ出し、二〇〇〇年にロレンツを主人公にした約九十分のドキュメンタリー映画『Ｄｅａｒ Ｆｉｄｅｌ』を製作した。その後一時消息がわからなくなり、映画関係者の間では、ロレンツは健康状態がすぐれず、二〇〇二年に亡くなったとの噂も流れた。

ロレンツは本当に亡くなったのだろうか。筆者は新聞記事などをネットで検索、ロレンツの死亡記事を探したが見つからなかった。『Ｄｅａｒ Ｆｉｄｅｌ』の製作関係者もその後のロレンツの消息を知らないという。そこで死亡説を採っていた映画関係者に直接連絡を取ったところ、実は確証があるわけではなく「また聞きであった」という返事が返ってきた。「振り出しに戻る」である。

そんなある日、ロレンツの娘モニカがホームページを開設したことを知った。モニカはスタント兼女優として働いているという。重要な手がかりだ。すぐにモニカにメールを送った。二〇〇六年四月下旬のことである。返事はなかなか来ない。もう一度メールを送った。それから一週間ぐらい経っただろうか。私の受信ボックスにモニカからの返信が届いていた。

「こんにちは。母のことを気遣ってくれてありがとう。母は元気よ。マリタは今でも愉快で、頭もはっきりしているわ」

ようやくたどり着いた貴重な情報。ロレンツは生きていた。ロレンツはその後ニューヨークから米西海岸に引っ越すなど、元気で暮らしているらしい。だが、モニカを通じてロレンツのインタビューを申し込んだところ、連絡が途絶えた。何度メールを送っても、返信はない。すっかり居留守を使われている気分である。過去の暗い事件の数々とは、もう決別したということだろうか。

あとがき

ロレンツ証言に関する筆者の考察

マリタ・ロレンツは「歴史の生き証人」だ。カストロのキューバ革命、ピッグズ湾事件、ケネディ大統領暗殺、弟のロバート・ケネディ暗殺、ウォーターゲート事件、下院のケネディ暗殺調査特別委員会、キューバ難民問題——。波乱の六〇年代、七〇年代に次々と起きた歴史上の事件、出来事に少なからぬ関係があった。ロレンツの生涯は、あの歴史とともにあったのだ。

しかし、ロレンツの証言についての評価は、意見が分かれている。事実、下院暗殺調査特別委員会でロレンツが、最後には委員らにより執拗に揚げ足を取られたことは紹介したとおりだ。この後、実際にロレンツの証言を補強する決定的な物証、特に写真が提出されたという記録はなく、最終的に委員会はロレンツの主張を裏付ける証拠は見つからなかったという結論に達したようだ。

確かに、オズワルドを目撃したという日時以外でも、ロレンツの発言には矛盾やはっきりしていない点が目立つ。ロレンツは、ノートに記した陳述書ではダラスでハワード・ハントがモーテルに来たと明言しているが、委員会の証言ではハントのことをはっきり見ていないと言葉を濁す。だが、その後のハントの民事訴訟での証言、それに一九九三年に出版された自伝を読むと、ダラスのモーテルでケネディが暗殺される前日の二十一日にハントを四十五分から一時間も見かけたと断言しているのだ。さらに、ダラスに向けマイアミを出たのは、陳述書では真夜中過ぎであると主張しているのに、証言では昼間出発したとしている。暗殺前、ロレンツがダラスに何日までいたかについても、証言では十九日前後、その後のハントの裁判や自伝では暗殺前日の二十一日までいたことになっている。

それでは、ロレンツの証言は、委員会の結論のように、信じるに足るものではなかったということなのか。彼女はウソをついたのか。筆者はそうは思わない。ロレンツ自身が言っているようにウソをついて得することは彼女には何もない。偽証をしてまで証言する必要など全くないはずだ。多くの矛盾点はあるものの、大筋では話の内容は一貫しており、むしろ、その大筋こそ、研究家は注目すべきではないだろうか。

委員会で一番問題となったロレンツのオズワルドをめぐる発言に関しては、いくつかの仮説が成り立つ。一つ目は、ロレンツがオズワルドと似た別の人物をかつてに彼だと思い込んでしまった、という仮説。しかし、これだと、名前まで一致するはずがない。

二番目の仮説は、オズワルドの影武者、つまり何らかの極秘作戦を遂行するためCIAが〝オズワルドの替え玉〟を複数用意していた、というものだ。

オズワルド複数説を採る研究家は多い。というのも、一九六〇年一月三日付けのFBIの捜査記録には、オズワルドの出生証明を使った詐欺事件の可能性があるとの記述が出てくる。次にオズワルドがソ連にいたとされる六一年一月二十日には、オズワルドと名乗る男ががっちりした体格のラテン系の男と車の販売店に現れ、「民主キューバの友」という団体のためのトラックを探していた。六三年十一月一日、ウォーレン委員会がオズワルドはダラスで働いていた証拠があるとした日には、オズワルドとみられる男が、フォートワースの銃砲店に来て武器を購入している。極めつけは、ケネディ暗殺の約二カ月前、オズワルドと名乗る男がメキシコのキューバ領事館とソ連大使館を訪れたことだ。ところがCIAがメキシコに現れたオズワルドだとした写真は、オズワルドとは似ても似つかない体格の男だった。

こうしたオズワルド替え玉説主張者の中に、元CIA工作員、ロバート・マローもいる。マローによると、オズワルドの替え玉には少なくとも、外見の替え玉であるセイモアと、声の替え玉であるエチェヴェイラの二人がいた。メキシコでオズワルドを名乗った男は、エチェヴェイラであったため、出回った写真がオズワルドと似ていなかったのだ。

オズワルド複数説をロレンツの証言に当てはめると、一九六〇年と六一年に見たのはマローの主張するセイモアであった可能性が出てくる。場合によっては、ダラスに同行したオズワルドもセイモアであったかもしれない。ロレンツが出会ったオズワルドが無口であったことも説明がつく。おそらくセイモアは声が本物のオズワルドに似ていなかったのだろう。

しかし、ロレンツは写真を見たうえで自分の会ったオズワルドと同一人物だと断言しているわけで、双子でもない限り（オズワルドにはロバートという兄か弟がいるが、双子ではない）、ロレンツがセイモアとオズワルドを間違える可能性は低いように思える。

第三番目の仮説は、ロレンツの勘違いだ。ロレンツ自身が後に、オズワルドに会ったことを証明する写真が撮られたのが一九六〇年ではなく、六三年八月か九月であると訂正したように、オズワルドに会ったのはピッグズ湾事件の前ではなく、六三年であったという可能性もある。

証言の後十年以上経った九三年に出版された彼女の自伝『マリタ』にも、六三年にオズワルドに会った記述しか出てこない。記憶があいまいになって、混乱したとも解釈できる。

第四番目の仮説は、すでに紹介したが、ソ連にいたはずのオズワルドが実はフロリダで訓練を受けていたというもの。オズワルドが何度かソ連から帰国していたにもかかわらず、偽のパスポートを使うことなどによりＣＩＡがオズワルドの渡航記録を都合のいいようにでっち上げていたのかもしれない。オズワルドと名乗る替え玉をソ連に送り込むことによって、あたかもオズワルドがソ連に滞在したかのように工作することも十分に可能だ。

四つの仮説の中で私は、二番目の仮説と四番目の仮説が真実に近いのではないかと思っている。オズワルドの替え玉がいたことは、マローの証言からもほぼ間違いないだろう。ＣＩＡは綿密に、極秘作戦に必要なオズワルドという人物をつくり上げていった。オズワルドと名乗る人物をソ連に送り込んだのも、ＣＩＡの作戦の一環であろう。共産主義に染まった狂信者をつくり上げ、何かの工作事件の際には犯人にでっち上げる。

ケネディ暗殺事件ではまさに、オズワルドが犯人にでっち上げられた。オズワルド本人はまさか自分がケネディ暗殺犯に仕立て上げられるとは思っていなかっただろう。オズワルドが逮捕後に漏らしたように「おとり」、もしくは「かも」にされたのだ。

いずれにしても、ロレンツが持っていたとするオズワルドの写真が見つかれば、ロレンツ証言の信憑性が飛躍的に増す。しかし、ロレンツからＦＢＩ捜査官に渡されたとされる写真が見つかったという報告はなく、ピノに渡したもう一枚もピノとともに消滅した。推測するに、ロレンツはほかの誰よりも、その写真の危険性を認識していたのだ。

ケネディ暗殺事件に関してCIA関与説を採る研究家は多いが、同じCIA関与説でも、マリタ・ロレンツとロバート・マローの証言は、自分の体験に基づいているだけに別格である。ここではマローの証言について深くは説明しないが、二人ともCIAのスパイ、そして工作員として間接的ではあるが、ケネディ暗殺に関与した計画・実行犯グループの一員といえるからだ。

二人はおそらく面識はないとみられるが、二人の証言は驚くほど一致するばかりか、実に完璧に補完し合っている。一致する部分では、二人ともCIAが暗殺の背後にいることを認識したうえで、亡命キューバ人とマフィアが関与していたと断言。CIA情報部員、ハワード・ハントが暗殺にかかわったとするロレンツに対して、マローもハントの関与を匂わせている。

二人とも、一九六〇年ごろからCIAの支援を受けていた「オペレーション40」などの亡命キューバ人非合法活動グループがカストロ暗殺を企て、かつその反カストロの流れの中でケネディ暗殺をも実行したとロレンツは確信、マローも疑いを持っている。

補完し合う部分では、マローはケネディ暗殺に使われたとみられるイタリア製ライフル四丁を調達。ロレンツは、ライフル三、四丁をマイアミからダラスに運び、おそらくは暗殺を実行したであろうグループと行動を共にしていた。

ロレンツは、ハント直属の部下であるフランク・スタージスと親しく、オペレーション40の仲間であるがゆえに、実行犯グループと極めて近いところにいた。だが、ハントの上司が誰であるかなど、CIA上層部がどのように暗殺計画にかかわっていたかは知らない。

一方マローは、ハントが実行犯グループと関係あることを薄々感じながらも、誰が実際にケネディを撃ったのかは知らない。しかし、ハントの上司であるトレイシー・バーンズやチャールズ・キャベルといったＣＩＡ上層部が暗殺計画に関与していた可能性に気付いている。つまり、実行犯と接点を持つハントの風上をマローが、風下をロレンツが見事に証言で描いてみせてくれるのだ。

もちろん、二人の証言の中にも矛盾がないわけではない。特にロレンツが証言したオズワルドとの出会いの時期は、オズワルドが旧ソ連にいたとされる時期と重なっており、結局これが大きな矛盾点となり、ロレンツの証言は暗殺に関する下院特別委員会で事実上の証拠不十分とされる最大要因となったのだ。

しかし、部分的にそうした矛盾はあるものの、二人の証言は全体的にみれば実に具体的で説得力がある。また、矛盾点もロレンツの記憶違いやＣＩＡによる手の込んだ工作などで説明することができることはすでに述べた。それから考えると、彼らの証言は真実であり、唯一最大の矛盾点があるとすれば、それは彼らが殺されずに、よくここまで真実を伝えることができたということだろう。

彼らの証言や著作を読んでいくと、彼らが殺されそうになりながら幾多の危険をくぐり抜けてきたことが分かる。彼らは慎重で、何をしたらＣＩＡが彼らを抹殺しにかかるかも心得ていた。二人とも少なくとも十年は沈黙を守り、時機を待っていたに違いない。ロレンツは自著『マリタ』の巻頭で、両親や家族だけでなく、暗殺を遂行しないでくれた殺し屋にも献呈の辞を述べている。多分に幸運、もしくは奇跡の要素がないと証言は明るみに出なかったのかもしれない。

（注：ロバート・マローは反カストロ亡命キューバ人右派のマリオ・ガルシア・コーリーによる非合法活動の一部を請け負ったＣＩＡ工作員。もともとは電気技師で、ケネディ政権時代にアメリカ国内でキューバペソの偽造計画にかかわったため、コーリーとともに捕まった。服役後、一九七二年には共和党候補として議会に立候補した。しかし、ニクソン陣営から資金援助を受けられなかったこともあり落選。一九七六年には『裏切り』という本を出版。その中で一九六〇年にニクソン副大統領とコーリーの間で密約があったことを暴露したうえで、暗殺の責任はＣＩＡとコーリーの反カストロ非合法活動部隊にあると結論付け、下院暗殺調査特別委員会が発足するきっかけをつくった。

筆者は元下院議員のトマス・ダウニングを通じて、マローとのインタビューを試みたが、結局接触できなかった。マローは自分自身が命を狙われている恐れがあるため、非常に用心深く、どこに行くときでもピストルを背広の下の脇のところに携帯、しばしそのことを吹聴することにより自分の身を守っている、という）

マリタ・ロレンツ関連年表

一九三二年　マリタ・ロレンツの母親アリス、女優兼ダンサーとしてパリに向かう途中、ドイツ人船長と恋に落ち結婚

一九三九年　八月一八日　マリタ・ロレンツ、ドイツで生まれる

一九四一〜一九四五年　第二次世界大戦中、ロレンツはドイツで過ごす。母親はレジスタンスの諜報活動に従事

一九五九年　一月　一日　カストロの革命軍がバティスタ政権を打倒（**キューバ革命**）

二月二七日　ロレンツ、フィデル・カストロとキューバで出会い、恋に落ちる

三月　キューバでカストロと再会、愛し合うようになる

四月半ば　ロレンツ、カストロの通訳としてニューヨーク、ボストン、ワシントンDCを訪問。このころロレンツの妊娠が発覚

八月下旬　ハバナでカジノの手入れをした際、ロレンツとフランク・スタージスが出会う

一〇月半ば　ロレンツ、何者かに拉致され、強制出産。その際、敗血症を患い、治療のため米国へ。以降、CIAとFBIに監視されながら、反カストロのプロパガンダに利用される

一二月　ロレンツ、キューバでカストロと〝再会〟。二日後には米国に戻る

一九六〇年　時期不明　ロレンツ、カストロ暗殺のためキューバに行くが失敗。その責任をと

らされ、CIAがバックアップする暗殺集団「オペレーション40」に入れられ訓練を受ける。武器庫襲撃に参加

一〇月　共和党の大統領候補リチャード・ニクソン副大統領とCIAと亡命キューバ人右派ガルシア・コーリーとの間で、カストロ政権打倒後にコーリーが大統領になるとする密約が成立

一一月　民主党のジョン・F・ケネディが米大統領選でニクソンを破る

一九六一年　一月　ケネディ、大統領に就任

時期不明　ロレンツ、訓練中に銃撃され負傷、オーランド・ボッシュの治療を受ける。キューバ侵攻作戦から外れる

四月一七日　アメリカの支援を受けた反カストロ・亡命キューバ軍がキューバのピッグズ湾に侵攻するが失敗**（ピッグズ湾事件）**

六月ごろ　マリタ、ベネズエラの元独裁者マルコス・ペレス・ヒメネスの愛人となる

七月　ケネディ政権、反カストロ亡命キューバ人に対する取り締まりを開始

一九六二年　三月　九日　ロレンツ、ヒメネスの娘モニカを出産

一〇月下旬　**キューバ・ミサイル危機**

一二月一二日　ヒメネス、デイド郡拘置所に連行

一九六三年　八月一六日　ヒメネス、ベネズエラへ強制送還

九月二四日　アレックス・ローク行方不明に

一一月中旬　ロレンツ、スタージス率いる殺人集団「オペレーション40」のメンバーと武器を持ってダラスへ向かう

一一月二二日　テキサス州ダラスを遊説中の**ケネディ大統領が暗殺**。オズワルドが容疑者として逮捕される
一一月二四日　オズワルド容疑者、ジャック・ルビーに射殺される
一九六四年　時期不明　ロレンツ、ヒメネスを追ってベネズエラへ。ジャングルに放置される
九月二四日　ウォーレン委員会、ケネディ暗殺はオズワルド単独犯行と結論
時期不明　ロレンツ、ニューヨークに戻る
一九六五年　時期不明　ロレンツ、キューバ人ウンベルトと結婚
一九六六年　七月一四日　ロレンツの父親、死去
一九六七年　一月　三日　ジャック・ルビー、獄中で死亡。死因はガンとされる
三月三一日　ジョンソン大統領、ニュースキャスターのＨ・Ｋ・スミスにカストロがケネディを暗殺したのだと吐露
一九六八年　六月　五日　**ロバート・ケネディ暗殺**
時期不明　ヒメネス、釈放されてスペインへ
一九六九年一二月一三日　ロレンツ、マークを出産
時期不明　ロレンツ、ウンベルトと離婚しＦＢＩ捜査官ルイスと結婚。ＦＢＩの諜報活動に従事するようになる
一九七二年　六月一七日　スタージスと反カストロ亡命キューバ人の五人組がウォーターゲートの民主党本部に侵入し、逮捕される。後に侵入を指示したハワード・ハントとゴードン・リディも逮捕。ニクソン大統領を巻き込む**ウォーターゲート事件**に発展
一九七三年　三月二九日　ニクソン大統領、ヴェトナム戦争終結を宣言

一九七四年　八月　八日　ニクソン、一連のウォーターゲート・スキャンダルで辞任発表
一九七五年　六月　CIAによるカストロ暗殺計画に加わったシカゴのマフィア、サム・ジアンカーナ暗殺
一九七六年　二月　ロレンツ、ルイスと離婚
七月　カストロ暗殺計画の中心人物、ジョン・ロゼリが他殺体で発見
九月　下院ケネディ暗殺調査特別委員会発足
九月二一日　元チリ外相がワシントンで爆殺。オーランド・ボッシュやノボ兄弟といった反カストロ亡命キューバ人が関与した疑い
一〇月　六日　キューバの民間航空機爆破、乗客・乗員七十三人死亡。ボッシュら反カストロ・亡命キューバ人の犯行とみられる
一九七七年　九月二〇日　ニューヨーク・デイリー・ニューズがケネディ暗殺事件にかかわったとするロレンツのインタビューを掲載
一〇月　ロレンツ、スタージスと下院ケネディ暗殺調査特別委員会について話し合う
一〇月三一日　モニカ、スタージスに向け発砲。スタージスは強制容疑で逮捕
一一月　三日　スタージス、無罪放免に
一一月　四日　スタージス、記者会見でジョンソン大統領がケネディ暗殺事件の真相を隠蔽したと主張
一二月一七日　ロレンツの母親、死去
一九七八年　五月三一日　ロレンツ、下院ケネディ暗殺調査特別委員会で証言
一九七九年一〇月　カストロが国連で演説するため訪米。その間、ロレンツはCIAに命

を狙われる

一九八〇年　三月　ロレンツ、キューバの難民キャンプで働くことになる

一九八一年　九月　ロレンツ、カストロと息子のアンドレにキューバで再会

一九九〇年　　　　ジョージ・ブッシュ大統領（父ブッシュ）、テロ容疑者ボッシュの米国滞在を許可

二〇〇〇年一一月　ジョージ・W・ブッシュ（子ブッシュ）、大統領に当選。フロリダ州の選挙で不正が行われた疑い

二〇〇六年　七月上旬　カストロ、緊急手術を受け、弟ラウルに一時権限を移譲

主要参考文献

米国立公文書館関係

＊一九七八年五月三十一日、下院ケネディ暗殺調査特別委員会におけるマリタ・ロレンツの証言記録
＊一九七八年四月三日、下院ケネディ暗殺調査特別委員会のメンバーによるキューバのフィデル・カストロ議長に対するインタビュー
＊一九七七年七月に書かれたとみられるマリタ・ロレンツ直筆の陳述書
＊一九七七年七月二十九日、ロバート・マローに関するメモ
＊一九七六年に上院特別情報委員会で作成されたカストロ暗殺計画の年表
＊一九七五年八月七日、ロバート・マローとのインタビュー記録

関連書籍

＊Mark Lane, *Plausible Denial : Was the CIA Involved in the Assassination of JFK?*, Thunder's Mouth Press, 1992
＊Marita Lorenz with Ted Schwarz, *Marita : One Woman's Extraordinary Tale of Love and Espionage form Castro to Kennedy*, Thunder's Mouth Press, 1993
＊Robert D. Morrow, *First Hand Knowledge : How I Participated in the CIA-Mafia Murder of President Kennedy*, S.P.I. Books, 1992
＊布施泰和『ジョン・F・ケネディ暗殺の動機』近代文芸社、二〇〇〇年
＊マリータ・ローレンツ、テッド・シュワルツ著、北川和彦訳『諜報員マリータ』新潮社、一九九七年

◉著者について

布施泰和（ふせ やすかず）

ジャーナリスト。1958年東京生まれ。英国ケント大学留学を経て国際基督教大学教養学部卒業。1982年共同通信社入社、富山支局、金融証券部、経済部記者などを経て1996年退社して渡米。ハーバード大学ケネディ行政大学院とジョンズ・ホプキンズ大学高等国際問題研究大学院に学び、行政学修士号と国際公共政策学修士号をそれぞれ取得。帰国後は専門分野の国際政治・経済、メディア論だけでなく、古代文明や精神世界など多方面の研究・取材活動を展開している。著書に『ジョン・F・ケネディ暗殺の動機』（近代文芸社刊）、『「竹内文書」の謎を解く』、『不思議な世界の歩き方』（いずれも小社刊）がある。

著者ホームページ：www.h7.dion.ne.jp/~fuse/

カストロが愛した女スパイ

◉著者
布施泰和

◉発行日
初版第1刷　2006年10月20日

◉発行者
田中亮介

◉発行所
株式会社 成甲書房

郵便番号101-0051
東京都千代田区神田神保町1-42
振替 00160-9-85784
電話 03(3295)1687
E-MAIL mail@seikoshobo.co.jp
URL http://www.seikoshobo.co.jp

◉印刷・製本
中央精版印刷 株式会社

Printed in Japan, 2006
ISBN4-88086-205-3